킬러 KILLER PRESENTATION
프레젠테이션
Using Bible

"Original edition published in English under the title of *Killer Presentation 2nd Edition.*"

Published by How To Books Ltd
Spring Hill House, Spring Hill Road
Begbroke, Oxford OX5 1RX

All right reserved. No part of the this work may be reproduced
or stored in an information retrieval system (other than for
purposes of review) without the express permission of the
publisher in writing.

The right of Nicholas B. Oulton to be identified as the author
of this Work has been asserted by him in accordance with the Copyright,
Designs and Patents Act, 1988
ⓒ 2007, Nicholas B. Oulton

Korean translation copyright ⓒ 2011 by Golden Owl Publishing Co., LTD
Korean translation rights arranged with How To Books Ltd .
through PubHub

이 책의 한국어판 저작권은 PubHub 에이전시를 통한 저작권자와의 독점계약으로 (주)황금부엉이에
있습니다. 저작권법에 의해 한국 내에서 보호를 받는 저작물이므로 무단전재와 복제를 금합니다.

청중의 ▶▶▶ 니즈를 ▶▶▶ 명중시킬

킬러 프레젠테이션

KILLER PRESENTATION

니콜라스 B. 아울튼 지음 | 이경 옮김

Using Bible

BM 황남부엉이

"좋은 프레젠테이션 슬라이드란
발표자가 그것을 설명하거나 완성하기 전에는
이해되지 않는 슬라이드이다!"

이 책은 4차원 파워포인트 프레젠테이션에 대한 책이다.
좋은 슬라이드가 이해되기 위해서는
'시간'과 '해설'이라는 2가지 차원이 더 필요하다.
당신은 시간의 흐름에 따라 슬라이드가 완성되는 것을 보아야 하고,
발표자가 설명하는 것을 들어야 한다.

| 저자 소개 |

니콜라스 B. 아울튼
Nicholas. B Oulton

니콜라스는 공인된 마케터이자 전문적인 진행자이다. 그는 15년이 넘는 세일즈와 마케팅 경력이 있으며, 지난 10년간은 사람들의 프레젠테이션을 개선시켜 주는 일에 매진해 왔다. 또 'm62 비주얼커뮤니케이션'의 설립자이기도 하다. m62(www.m62.net)는 클라이언트가 프레젠테이션을 더 잘할 수 있게 돕는 회사로, 현재 영국 리버풀과 미국, 싱가포르에 사무실을 두고 있으며 그동안 수많은 상을 받았다. 설립자인 니콜라스 아울튼 역시 〈인사이더 매거진〉이 선정하는 '42세 미만의 영향력 있는 42인'에 뽑혔으며, '올해의 영국 북서부 지역 사업가'로도 선정된 바 있다.

니콜라스 아울튼은 세계 각국의 클라이언트들을 위해 수천 건의 실제 프레젠테이션 컨설팅을 해왔고, 이론이 아닌 경험을 통해 보다 효과적이며 누구나 배워서 사용할 수 있는 프레젠테이션 방법을 찾고자 노력했다. 그 결과 첨단 기술과 견실한 프레젠테이션 테크닉이 조화되어 있고, 청중이 기억하는 정보의 양을 최대화할 수 있는 비주얼 프레젠테이션 방법을 개발하였다. 이 현실적인 접근법으로 m62는 전 세계의 수많은 클라이언트들로부터 국제적인 명성을 얻게 되었다. m62의 대표적인 클라이언트로는 재규어, 시만텍, 포드, 바이엘, 파나소닉, 히타치 데이터 시스템즈, EDS, 스토리지텍, 프록터 & 갬블, 콜게이트, 프라이스 워터하우스 쿠퍼스, 퀸타일스, 그리고 마이크로소프트 등이 있다.

니콜라스의 미국 클라이언트들은 그를 '프레젠테이션학 교수'라고 부른다. 그는 커리어의 절반 이상을 미국에서 강의하고 프레젠테이션했으며, 클라이언트들이 프레젠테이션에서 최대의 효과를 얻을 수 있도록 도와왔다. m62의 '킬러 프레젠테이션' 세미나는 실용적이면서도 놀라운 경험을 주기로 널리 정평이 나있으며 참석자들의 반응도 매우 좋다. 사람들의 말을 들어보면 당신 역시 이 책의 내용이 어떨 것인지 느낄 수 있을 것이다.

"이 세미나가 왜 성공했고 반응이 좋았는지 이제 알겠어요. 엄청난 정보를 담은 니콜라스의 프레젠테이션 이야기들은 사람들이 하루 일과를 끝내고서라도 들을 만한 가치가 있습니다. 친근하고 재미있는데다가 교육적 효과가 있고, 더구나 여기서 들은 내용을 바로 다음날 써먹을 수도 있으니까요!"

데이비드 브로스콤 | 비즈니스 마케팅 그룹 CIM 대표이사

| 추천사 |

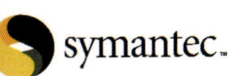

이 사람들은 지구상의 어느 누구보다 파워포인트 프레젠테이션에 대해 잘 알고 있다. VP 글로벌 마케팅, 시만텍

지금까지 본 것 중 가장 훌륭한 파워포인트 교재이다. 이 책은 세계를 보는 당신의 시각을 바꿔 줄 것이다.

피터 딜라헌티, 세일즈 디렉터, 코러스

파워포인트에 대한 생각의 리더.

존 팀펄리, 마케팅 디렉터, 프라이스 워터하우스 쿠퍼스

회사 행사 또는 격의 없는 모임을 폭넓게 경험해 본 사람으로서, 파워포인트에 관련이 있거나 흥미를 가진 사람 누구에게나 이 프레젠테이션 세미나를 추천한다.

데이비드 브로스콤, 비즈니스 마케팅 그룹 CIM 대표이사

동료들과 만든 상당히 일상적인 슬라이드 쇼를 순식간에 흥미롭고 마음을 움직이는 프레젠테이션으로 바꾸는 것을 보고 깜짝 놀랐다. 불안해하던 팀을 지도해 주어 감사드린다. 우리에게 큰 도움이 되었다.

크리스 토빈, 유럽, 중동, 아프리카 지역 MD, 바이엘

지난 한 주 동안 우리는 몇 번이나 프레젠테이션을 성공시켰다. 6년 동안 이런 성공률은 처음이다! 새로 준비한 세일즈 프레젠테이션은 정말 효과가 있었다.

마크 비티, 유럽, 중동, 아프리카 지역 부사장, 스트림

그들이 가르쳐 준 방법은 현실의 사례로 보았을 때 나의 예상을 훨씬 뛰어넘었다. 지금까지 많은 프레젠테이션 강의를 들어 보았지만, 비즈니스를 성공시키기 위한 정말 실용적인 조언을 준다는 점에서 이것만큼 유용한 강의는 없었다.

로저 토마스, 마케팅 매니저, AIG

새로 제작한 회사 개요 슬라이드는 우리의 세일즈 인력에게 많은 도움이 되었다. 우리가 필요로 했던 것, 즉 강력한 효과의 그래픽과 애니메이션을 넣어 기존의 프레젠테이션을 다듬어 준 것에 대해 감사드린다. 당신의 팀은 우리가 가진 기존의 개념과 메시지를 유지하면서도 우리의 이야기를 전하는

훨씬 보기 좋은 방법을 알려 주었다.

셀라 미시리안, 국제 마케팅 디렉터, S1

글로벌 세일즈팀이 m62의 훈련을 받은 덕분에 우리는 우리의 가치를 클라이언트에게 전하는 방법을 바꿀 수 있었다. 세일즈 인력이 현장에서 더 효과적으로 일하게 되었다는 점에서 볼 때 이것은 올해 우리 회사가 행한 가장 중요한 일이었다.

데이비드 릴리, 대표이사, 이노벡스

우리 직원들은 더 자신감 넘치고 전문적이며 능숙하게 프레젠테이션을 할 수 있게 되었고 고객의 반응도 대단히 좋다. 새로운 대행사들이 항상 좋은 인상을 받기 때문에 그들과 파트너십을 쌓는 데도 큰 도움이 되었다.

젬마 딕슨, 인력개발부서 책임자, 랭커셔 스포츠

| 추천 서문 |

끔찍한 프레젠테이션이
왜 이렇게 자꾸 등장하는가?

이 글을 쓰는 지금 나는 50대 초반이다. 내가 학교에 다닐 때는 흑판과 분필을 쓰던 시절이었다. 내가 일하기 시작했을 때는 오버헤드 프로젝터와 포일을 썼다. 지금은 노트북과 데이터 프로젝터의 시대이며, 마이크로소프트 파워포인트로 누구나 손쉽게 멋진 프레젠테이션 자료를 만들 수 있다. 그런데 끔찍한 프레젠테이션이 왜 이렇게 자꾸 등장하는가?

내 경험에 의하면 아직도 대다수의 사람들이 프레젠테이션을 제대로 할 줄 모른다. 그들은 파란색 배경 위에 작은 글자가 휙 하고 끊임없이 나타나는 화면을 자랑스럽게 보여 주며, 대개 이 화면에 뜬 글자를 그대로 읽는다. 정말 불쾌하지 않은가? 몇 년 동안 훈련에 투자해도 대부분의 마케터와 세일즈맨들은 아직도 자기 자신과 자기 회사, 자기 회사의 관심과 제품에 대해서만 끊임없이 떠들어댈 뿐이며, 청중과 청중이 원하는 것을 말하는 사람은 거의 없다. 어떻게 해야 이 문제를 해결할 수 있을까?

지금까지 내가 만나본 사람 중 가장 뛰어난 진행자인 니콜라스 아울튼의 도움을 받는 것이 가장 좋은 해결책 중 하나가 될 것이다. 그는 선천적인 재능 이상의 것을 가지고 있다. 그는 사람들을 가르치는 과정에서 많은 것을 배웠고, 프레젠테이션에 대해 엄청나게 고민했으며, 철저한 조사를 거쳐 일했고, 이제 그는 어느 누구도 따라갈 수 없는 기술을 가지고 자신의 해법을 실천하고 있다. 니콜라스는 청중을 즐겁게 해주는 프레젠테이션, 그리고 계약을 따낼 확률을 높여 주는 프레젠테이션을 만들어 성공적인 국제사업을 일구었다.

그러나 이 책은 세일즈맨만을 위한 것이 아니다. 클라이언트의 지원을 구하는 사회사업가, 고아원을 짓기 위해 기금을 모으려는 자원봉사자에게도 도움이 될 것이다. 또한 사람들의 생각을 움직이고 불안한 주가를 구하고자 하는 국제 유한회사의 대표이사에게도 도움이 될 것을 확신한다.

당신이 무엇을 하는 사람이든, 프레젠테이션으로 상대를 설득해 그들로부터 무엇인가를 얻고자 한다면 이 책을 읽어라. 이 책에서 말하는 것들을 받아들인다면, 분명히 다음에는 더 나은 프레젠테이션을 할 수 있을 것이다.

조너선 하트

영국 동부 지역 디렉터 | 공인된 마케팅 기관 | 무어 홀
쿡햄 | 메이든헤드 | SL6 0QH | 영국

| 저자 머리말 |

내 목적은 파워포인트에 대한
여러분의 생각을 바꾸어
더 나은 프레젠테이션을 할 수 있도록 돕는 것이다
작은 야망이 아니다

프레젠테이션하는 법은 고위관리직까지도 포함하여 비즈니스 세계에서 사람들이 가장 배우고 싶어 하는 기술이며, 가장 배우기 어려운 기술이기도 하다. 이 과제를 해결해 줄 수 있는 소프트웨어가 있다고 상상해 보라. 이것이 바로 파워포인트의 약속인데, 파워포인트를 제대로 활용하는 법은 지금까지 많이 알려지지 않았다. 파워포인트는 회사 생활에서 중요한 부분이며, 파워포인트 사용법을 배우는 것은 살아가는 데 필요한 기술을 익히는 것이다. 이때 파워포인트를 배운다는 것은 '파일-삽입-그림' 식의 단편적인 학습이 아니라 '원하는 메시지를 전달하는 법'을 배우는 것이다.

이 책은 파워포인트를 '새롭게' 사용하는 법을 알려 준다. 이 책은 글머리 기호와 클립아트의 사용을 금지한다. 청중들의 생각을 발표자가 원하는 방향으로 강제하지 않으면서도 청중의 생각과 상상력을 활용하여 그들의 몰입을 돕는 방법을 알려 주며, 대기업들이 직면하고 있는 가장 큰 문제, 즉 거리와 언어의 장벽을 넘어 어떻게 우리의 생각을 빠르고 효과적으로 소통할 것인가를 파워포인트로 해결하는 법을 전해 준다.

어떻게 그렇게 될 것이라 확신하는지 묻는다면 미리 언급해둘 것이 있다. 우리는 m62 설립 이래 수년 동안 이 책에서 말하는 기술들을 실제로 이용해왔다. 이 책의 모든 기술은 실험을 거쳤다고 할 수 있다. 우리는 전 세계의 클라이언트에게 여러분이 생각할 수 있는 거의 대부분의 언어로 5천 개가 넘는 파워포인트 프레젠테이션 자료를 작성하고 디자인해 준 경험이 있다. 이 기술들은 어디에나 통하며 아주 효과가 있음을 확신한다. 지루한 프레젠테이션을 아주 특별하게 바꿀 수 있고 무엇보다 비즈니스를 직접 성공시키는 방식으로 프레젠테이션의 효과를 극대화할 수 있다. 이 책을 자신의 방식대로 활용한다면 문자 그대로 당신의 인생을 바꾸어 줄 것이며, 당신의 프레젠테이션과 프레젠테이션의 성취를 변화시킬 것이다.

이 책의 첫 번째 판이 품절된 것을 알고 나서, 나는 독자들에게 개정판에 무엇이 추가되었으면 좋겠는지 물었다. 가장 많이 돌아온 답변은 이 책의 내용을 뒷받침하는 연구조사에 대한 정보, 특히 수동적 연상 절차를 뒷받침하는 이론에 대한 설명이 부족하다는 것이었다. 그래서 이 개정판의 부록에는 킬러 프레젠테이션의 이론과 실제에 영향을 미친 기억에 관한 중요한 자료들을 개괄적으로 소개하였다.

이 책을 쓴 목적은 간단하다. 파워포인트에 대한 여러분의 생각을 바꾸어 지금부터 더 나은 프레젠테이션을 할 수 있도록 돕는 것이다. 작은 야망이 아니다. 이 책이 여러분에게 도움이 되기를 바란다. 각 장의 마지막에는 내용을 요약해 놓았다. 내가 그것을 글머리 기호로 정리한 것은 이책의 대단한 아이러니이다. 독자 여러분이 유머로 받아주기를 기대한다.

니콜라스 B. 아울튼
nick@killerpresentations.com

상담자, 멘토, 지지자, 코치, 실험 대상, 현실주의자, 실용주의자, 친구, 엄마, 파트너, 연인, 그리고 소울메이트인 아내 데비에게 감사의 말을 전한다.

차례

| Introduction |
저자에게 듣는다

프레젠테이션 책은 많다. 왜 또 다른 책이 필요한가?	24
어떻게 하면 프레젠테이션을 잘할 수 있을까?	27
꼭 파워포인트를 써야만 하나?	28
'좋은' 프레젠테이션은 어떤 것인가?	30
왜 프레젠테이션에 대한 관점의 전환이 필요한가?	33
프레젠테이션에서 디자인이 가장 중요하다고?	37

PART I
파워포인트가 아니다, 프레젠테이션이다!

파워포인트는 악마다 혹은 아니다 ... 44
- 파워포인트로 인한 죽음 ... 44
- 칼 때문이라고? 칼을 쓰는 사람이 문제다 ... 48
- 당신은 파워포인트를 얼마나 잘 알고 있는가? ... 49
  'B' 키의 마력 | 필요한 슬라이드를 즉시 불러내는 방법
- 파워포인트를 지금과 '다르게' 사용하라고? ... 53
  Killer Idea ● 슬라이드는 스스로 설명하지 않아야 한다 ... 60
  Killer Idea ● 그림은 글보다 많은 말을 전한다 시각화에 신경 쓰자 ... 60
- 주의를 분산시키는 발표자의 적 4가지 ... 61
  내용 | 발표자 | 디자인 | 애니메이션
  S·U·M·M·A·R·Y ... 63

PART II 메시지, 당신이 원하는 것과 청중이 원하는 것

메시지 전달을 위한 준비운동   66
    Killer Idea ● 청중은 글머리 기호에 집중하지 않는다   68
– 청중이 집중하는 시간은 얼마나 될까?   70
    집중을 연장하기 위한 전략 | 타이밍 전략 | 주의 집중 전략
– 시작하는 순간 두 개의 길이 열린다–초기 의사결정 IPD   77
    S·U·M·M·A·R·Y   79

목표 설정에 대한 뻔한 질문   80
– 나의 목표는 무엇인가?   80
    SMART한 목표 | 목적에 따른 프레젠테이션의 4가지 유형 | 설득과 교육, 둘 다가 목표일 때 세일즈를 위한 해법 | 필요한 단어를 보면 목표가 보인다
– 청중의 목표는 무엇인가?   89
    S·U·M·M·A·R·Y   90

프레젠테이션의 목적 : 교육   91
– 배울 사람에게 뭐가 필요한지를 먼저 파악하라   91
– 교육 프레젠테이션의 구조를 알고 시작한다   93
    교육 프레젠테이션의 속도 | 집중시간 조절하기 | 중간 중간 요점 되풀이하기 | 열린 질문과 닫힌 질문
    S·U·M·M·A·R·Y   99

프레젠테이션의 목적 : 설득, 특히 세일즈 100
- 성공적인 세일즈 프레젠테이션의 과정은 이렇다 102
  1. 공감 | 2. 신뢰 | 3. 특성과 혜택이 명확히 구분되는 가치 제안 | 4. 정당화 | 5. 마무리, 질문과 대답, 마무리
  Killer Idea ● 설득을 하려면 신뢰를 얻어야 한다 106
- 세일즈 프레젠테이션의 구조를 알고 시작한다 109
- 킬러 슬라이드는 어떻게 만드나? 112
- 특성과 혜택을 찾아주는 '그래서요? 게임' 114
  S·U·M·M·A·R·Y 118

PART III
시각화, 프레젠테이션의 기본 재료들

시각화에 대한 쓴 소리들 122
- 큐카드를 버려라 122
- 글머리 목록은 지루하다 127
- 클립아트는 항상 쓸모없고 진부하다 129
- 시각화하라는 말은 이렇게 하자는 뜻이다 133
- 제대로 된 프레젠테이션 준비 과정이 알고 싶지 않은가? 137
  Killer Idea ● 큐카드를 버려라, 글자가 아니라 이미지를 사용하라 140
  Killer Idea ● 이중 매체가 아닌 멀티미디어가 답이다 141
  Killer Idea ● 정보의 속도와 흐름을 조절하라 142
  Killer Idea ● 4차원(4D) 프레젠테이션? 145
  S·U·M·M·A·R·Y 147

시각 장치를 다루는 가장 좋은 방법   148

- 청중은 어디를 보나?   148
- 청중의 시선을 조종하는 몇 가지 중요한 기술이 있다   149
  - Killer Idea ● 완성하기(Build up)   149
  - Killer Idea ● 흐리게 하기(Fade down)   152
  - Killer Idea ● 강조하기(Highlight)   154
  - Killer Idea ● 확대하기(Zoom-In)   154
- 다이어그램은 어떤 것이 있고, 어떤 때 사용하나?   156
  - 벤 다이어그램 | 마름모 | 도식 | 피라미
- 매트릭스는 환경의 변화를 보여 줄 때 유용하다   160
- 2D, 3D, 4D 모델링은 주목도가 높다   161
- 사진은 클립아트만큼 위험하다   162
  - 사진을 잘 사용하는 법 | 적절한 사진 크기와 해상도
- 지도는 훌륭한 시각 장치다   164
- 컴퓨터 화면을 선명한 화질로 슬라이드에 넣고 싶다면?   165
  - 프레젠테이션에 사용할 선명한 캡쳐 화면을 얻는 방법
  - Killer Idea ● 시각적 이어짐(Segue)은 당신을 프로처럼 보이게 만든다   166
- 타이틀 바를 효과적으로 사용하자   167
- 그래프는 말이 너무 많다   169
  - 목적에 맞는 그래프 선택법 | 엑셀 그래프 불러오기의 맹점
- 플로차트는 정돈된 느낌을 준다   176
- 미디어의 두 얼굴, 선을 지켜야 산다   177
  - 멀티미디어 | 사운드

S·U·M·M·A·R·Y   179

PART IV 디자인, 같은 재료라도 만드는 사람에 따라 다르다

프레젠테이션 디자인이 가야 할 곳   182

- 디자인의 목적은 그래픽의 완성도가 아니다   182
- 내 슬라이드가 나와 딴소리를 하고 있다니?   186
- 그래프가 할 말만 하게 만들자   188
   단순하게 만들기 | 정보의 양을 적당하게 유지하기
- 인상적인 프레젠테이션을 넘어 효과적인 프레젠테이션으로!   193
   시각적 열쇠 | 통합 마케팅 커뮤니케이션과 브랜딩
- 좋은 디자인에는 공통점이 있다   195
- 왜 우리의 클라이언트 기업은 ID를 사용할까?   197
   기업 ID의 장점 | 파워포인트 템플릿
- 디자인은 주관적이다, 그러나 객관적으로 지켜야 할 선은 있다   202
   글자 규칙 | 레이아웃 규칙 | 그래프 규칙 | 당신만의 체크리스트
- 퇴근을 앞당기는 작지만 유용한 사용법들을 익혀 두자   207
   당신만의 도구 모음 만들기 | 'Shift' 키 | 'Ctrl' 키 | 'Alt' 키 | 키 조합하여 사용하기 | 개체 선택하기 | 자주 쓰는 기호를 간단하게 입력하기 | 마우스 오른쪽 단추 사용하기 | 대문자나 소문자, 첫 글자만 대문자로 바꾸기 | 글자 크기 조정하기 | 눈금 및 안내선
   S·U·M·M·A·R·Y   212

넘치면 망하는 애니메이션   213

- 애니메이션의 목적은 당신의 재미가 아니다   213
   애니메이션의 규칙 | 애니메이션이 머물 시간은 딱 3초뿐!
- 애니메이션의 네 가지 유형 중 당신의 선택은?   215

― 애니메이션의 구체적인 예를 들면 이렇다　　　　　　　218
　　화살표 | 플로차트 | 바퀴 모양 | 그래프 | 반복되는 슬라이드 | 반복되는 개체 | 화면 전환
　　S·U·M·M·A·R·Y　　　　　　　　　　　　　　　　　221

PART V 발표자, 당신은 왜 거기 서 있나?

발표자가 전달해야 할 것들　　　　　　　　　　　　224
　　Killer Idea ● 발표자의 역할이 작아져도 성공할 수 있다　　224
― 프레젠테이션 발표자로서 당신의 수준은 몇 단계인가?　　226
― 청중의 집중을 끄는 몇 가지 방법을 알아 두자　　　　　228
　　화면으로 이끌기 | 발표자에게로 이끌기
― 발표자의 언어는 쉽고, 명확해야 한다　　　　　　　　　229
　　지루하지 않게 본문을 읽는 방법 | 인용문을 발표하는 방법
― 발표장에 들어가기 전에 당신이 반드시 알아야 할 것들　234
　　S·U·M·M·A·R·Y　　　　　　　　　　　　　　　　　235

실수를 줄여 줄 마지막 힌트　　　　　　　　　　　　236
― 프레젠테이션 상황에 따라 준비할 것이 다르다　　　　　237
　　일대일 프레젠테이션 | 대규모 그룹 프레젠테이션 | 유인물 | 평가
　　S·U·M·M·A·R·Y　　　　　　　　　　　　　　　　　241

기억과 프레젠테이션, 그 복잡한 내용 중 당신이 '꼭' 건져야 할 것

- 당신의 기억력은 얼마나 좋습니까? 244
- 기억에 관한 연구 조사에서 우리가 건질 것 245
- 작동 기억은 글자가 효과적이지 않은 이유를 말해 준다 248
  글자가 프레젠테이션을 방해하는 이유 | 시각적 인지 부조화의 효과
- 기억하려고 하는 능동적 연상기호 절차 252
- 기억시키기 위한 수동적 연상기호 절차 253
  덩어리 묶기 – 5개 정도로 묶으면 더 잘 기억된다
  단순 반복과 정교한 반복 – 반복하면 더 잘 기억된다
  관련성 – 이미 알고 있는 것에 관련된 것이 더 잘 기억된다
  시각화 – 글보다 그림이 더 잘 기억된다
  기억의 우선순위 – 처음 것과 마지막 것이 더 잘 기억된다
  서술 연상작용 – 단어보다는 이야기가 더 잘 기억된다
  청각 연상작용 – 리듬을 타면 더 잘 기억된다
- 정보를 구조화시키면 더 잘 기억된다 263
  직선 구조 | 계층 구조 | 행렬 구조 | 확산 활성화 구조 | 방사형 구조
  S·U·M·M·A·R·Y 그러니 오래 기억시키기 위해 우리가 할 일들 267

스마트! 프레젠테이션

- 또 다른 프레젠테이션 도구, 키노트와 프레지   272
- 프레젠테이션의 새로운 동반자 스마트폰   275

- FAQ   280
- 맺음말   282
  Killer Idea ● 인상적인 프레젠테이션을 넘어 효과적인 커뮤니케이션으로!   285
- 찾아보기   286

| 감사의 글 |

자사의 프레젠테이션 자료를
이 책에 쓸 수 있도록 허락해 준 클라이언트들에게
감사를 전한다

우리는 이 회사들과 일하는 것을 자랑스럽게 생각한다. 우리의 목표는 그들을 돕는 것이지만, 물론 우리도 그들을 통해 배운다. 이는 우리의 모든 클라이언트들에게도 마찬가지이다. 그러므로 함께 일할 수 있게 해 준 것에 대해, 그리고 이 책의 메시지를 전하는 수단으로 그들의 자료를 사용할 수 있도록 허락한 것에 대해 이들 모두에게 감사드린다. 그들의 도움에 정말 감사하고 있다.

AIG, Bayer, BDB, Blue Sheep, Bran & Luebbe, Brownlow eCommerce Solutions Limited, Diaper, EDS, egg.com, Europanel, GSK, Hilton WorldWide Services, Hitachi Data Systems Limited, Imperial Tobacco, Innovex, Jaguar, Lancaster University, McNicholas Constructions Services, Metalspinners, Microsoft, Panasonic, Peter Norvig-Gettysburg PowerPoint Presentation, RTC North, S1, Sorsky, Storage Tek, Syddal Engineering, W E Hill, Yahoo

| Introduction |

저자에게 듣는다

떠오르는 대로 말하는 것보다
종이에 적는 것이 훨씬 효과적이다. | 레슬리 헨슨 |

프레젠테이션 책은 많다. 왜 또 다른 책이 필요한가?

지금까지 프레젠테이션을 주제로 한 책들은 아주 많이 나왔다. 목적은 전부 하나다. 바로 그룹이나 개인 앞에서 자신감 있고 명쾌하게 정보를 전달하는 방법을 알려 주는 것이다. 나도 꾸준히 사서 읽기는 하지만 그런 책들은 대부분 기본적인 특성이 비슷하다. 그런 책들은 우리가 '소프트 스킬'이라고 부르는 것들인 개성과 자신감과 관련된 기술, 즉 어떻게 말하고 어떤 자세로 서고 시선은 어디를 향할 것인지, 또 무엇을 말하고 어떻게 말할 것인지, 어떤 시각 자료를 어디에서 쓸 것인지 같은 것들을 다룬다.

그렇다면 왜 또 다른 책이 필요할까? 앞서 말한 모든 것들은 물론 아주 중요하지만 내가 보기에는 핵심이 빠져 있는 것 같다. 지난 시간 동안 나는 프레젠테이션의 효과를 강하게 해주는 '하드 스킬'이 있다고 주장해 왔다. 하드 스킬은 개인의 성격이나 자신감 등에 크게 좌우되지 않고도 프레젠테이션을 변화시켜 주며, 보다 효과적으로 성공적인 프레젠테이션을 만들 수 있다.

소프트 스킬(soft skill)은 성격에 기반을 둔 인간관계의 기술을 뜻하는 m62식 표현이다. 연습하고 연마할 수는 있지만 가르쳐 주기는 어려운 기술이며, 거의 타고난다고 볼 수 있는 '무언의 기술'이다. 하드 스킬(hard skill)은 기술과 지식, 경험에 기반을 둔 규칙이며, 누구나 배워서 쓸 수 있는 '명백한 기술'이라고 할 수 있다.

이 책은 그저 또 하나의 프레젠테이션 책이 아니다. 이 책은 프레젠테이션에 대해 다르게 생각하는 법을 알려 주며, 더 중요하게는 파워포인트를 지금까지와 다르게 쓰는 법을 알려 줄 것이다. 물론 이 책은 다른 책들을 대체하는 것이 아니며 시각 자료의 역할 부분을 제외하면 그 책들이 말하는 좋은 조언들에 동의한다. 그 대신 이 책은 소프트 스킬을 더 잘 활용하여 파워포인트로 청중에게 보여 주는 내용을 근본적으로 바꿈으로써 그들에게 더욱 강한 인상을 주고 프레젠테이션 내용을 더 확실하게 각인시키는 법을 알려 줄 것이다.

따라서 이 책은 파워포인트를 어떻게 쓸 것인지를 알려 주는 책이다. '사진을 어떻게 넣을까' 같은 사용법이 아니라 '파워포인트를 써서 어떻게 진정으로 효과적인 프레젠테이션을 창조하고 전달할까'를 말하는 책이다. 이런 것을 말해 주는 책은 지금까지 없었다.

Background

- 1950년대 중반, 내분비선 세포에 있는 것과 유사한 알갱이가 심방에서 나온 심장 내막 세포에서 관찰되었다. 이로써 심장이 내분비 기관으로도 작용할 수 있다는 사실을 처음으로 발견한 것이다.
- 학자들은 오랜 세월 동안 GFR과 알도스테론 이외에 체액 밸런스를 조절하는'제3의 요소가 없는지 찾고자 했다.
- 1981년, 심장 분비를 조절하는 제품인 심방성 나트륨 펩타이드(ANP)가 처음으로 소개되었다. 이것은 나중에 나트륨뇨 배설 항진과 혈관 확장을 유도하는 것으로 나타났다. 또한 ANP는 레닌 앤지오텐신 알도스테론 계에는 길항제 역할을 한다.
- 1988년, 같은 계통의 분자가 돼지의 뇌에서 발견되었고 BNP(뇌 나트륨 펩타이드)라 명명되었다. 이것은 심실 심근 세포가 만드는 것으로 나중에 밝혀졌다.
- 1990년, 세 번째 펩타이드인 CNP가 신경계와 혈관 상피에서 발견되었다.
- 최근에는 DNP라고 하는 네 번째 펩타이드가 보고되었다.

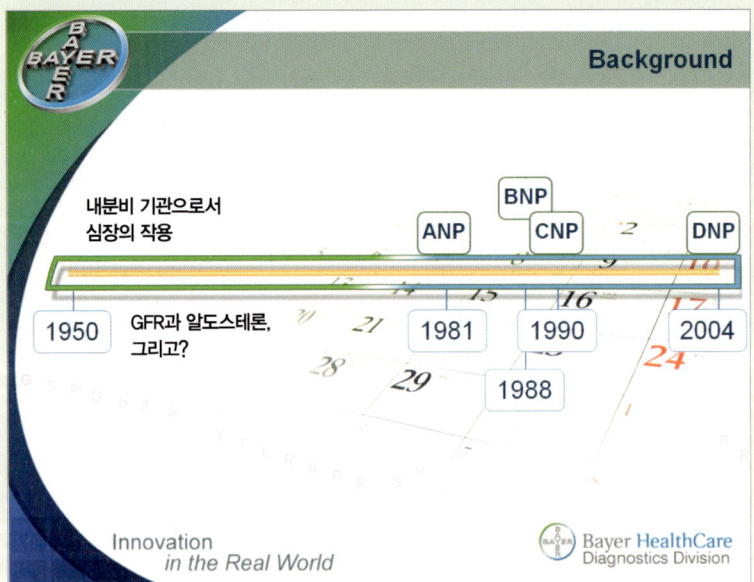

∷ 바이엘(Bayer) 사의 수정 전후 슬라이드

위 그림은 아주 평범한 파워포인트 슬라이드이며, 아래 그림은 같은 내용을 우리 식으로 수정한 것이다. 우리는 아래 슬라이드가 더 좋다고 생각하며, 그 이유를 이 책에서 설명할 것이다.

어떻게 하면 프레젠테이션을 잘할 수 있을까?

m62은 프레젠테이션 진행자에게 컨설팅을 해줄 때 첫 단계로 프레젠테이션의 목적을 설정한다. 우리는 다음과 같은 질문을 한다.

- 프레젠테이션의 목적이 무엇인가?
- 누구를 대상으로 하는가?
- 언제 하는가?
- 배정된 소요시간은 어느 정도인가?
- 프레젠테이션의 결과로 청중이 무슨 행동을 하기를 원하는가?

이 중 마지막 질문이 가장 중요하다. 우리의 경험에 의하면 이 질문으로 프레젠테이션이 어떤 유형에 속하는지 알 수 있는데, 우리는 프레젠테이션을 다음 네 가지 유형으로 구분한다.

교육, 설득(이성적 단계), 동기부여(감성적 단계로 설득하는 것), 그리고 엔터테인먼트.

명백하게 소프트 스킬이기 때문에 이 책에서는 논의하지 않을 엔터테인먼트 유형을 제외하면, 나머지 세 가지는 모두 목표를 달성하기 위해 정보를 전달해야 한다는 공통점이 있다. 동기부여의 경우 다른 두 가지보다는 이 특성이 낮다. 정보를 전달하기 위해서는 일난 청중의 주목을 끌고 유지시켜야 하며, 적절한 태도로 적절한 시점에 적절한 순서로 정보를 전달하면 된다. 정말 간단하지 않은가?

그러나 실제로는 간단한 일이 아니라는 것을 우리 모두 알고 있다. 이 책에서는 위의 질문들을 모두 논의할 것이며, 이 기회에 이 질문들이 얼마나 중요한지를 깨닫기 바란다. 핵심으로 들어가기 전에 먼저 일반적인 방법들을 이야기해 보자.

꼭 파워포인트를 써야만 하나?

왜 파워포인트를 쓰는지 물어보면 대부분 "특별한 이유가 있나요?"라고 대답하는데, 사람들 대다수가 이 질문을 파워포인트를 쓸지 아닐지를 결정하는 단계의 질문으로 생각하기 때문이다. 파워포인트를 쓰면 많은 이점을 얻을 수 있는데 대부분의 사람들은 이 이점들을 얻는 데 실패한다. 이 책의 '파워포인트' 부분에서 논의하겠지만 파워포인트를 잘못 써서 프레젠테이션을 망치는 경우가 다반사다.

파워포인트의 이점으로 잘 알려진 것들은 대부분 사용법이 쉽기 때문에 모두가 사용하며, 청중도 이에 익숙하다. 그러나 벼랑에서 떨어지는 것은 쉽지만, 쉽다는 것이 떨어지는 행동을 변명할 수는 없다. "누구나 파워포인트를 쓰니까요."라고 말하는 것도 똑같은 변명이다. 청중은 프레젠테이션을 보는 것은 괴롭고 지루할 것이라고 으레 예상하며, 대개 보고 나서는 실망한다. 상황이 이런데 왜 파워포인트를, 더구나 '잘' 쓰는 법을 배워야 할까? 그 이유는 다음과 같다.

파워포인트를 활용해 프레젠테이션을 하면 이런 것들을 가능하게 해준다.

- 청중의 주목을 끌고 유지하는 것
- 커뮤니케이션 과정 속으로 청중을 이끄는 것
- 청중에게 복잡한 주제나 관계를 이해시키는 것
- 프레젠테이션의 주제를 청중의 장기 기억에 저장하기 위한 전 단계로 단기 기억에 저장시키는 것

다 알고 있는 내용인가? 지금까지 당신이 사용해왔던 것도 파워포인트였고, 파워포인트를 사용하는 목적도 다르지 않았다고 말하고 싶은가? 그렇다면 지금까지는 왜 그다지 만족스럽지 못했을까? 같은 프로그램을 사용하고, 같은 목적을 가지고 있는데도 말이다. 답은 '파워포인트를 제대로 사용하는 방법을 몰랐기 때문이다.' 이 책은 당신의 프레젠테이션을 다음과 같이 만들어 줄 것이다.

- 더 인상적으로
- 더 효과적으로
- 더 기억에 남도록
- 더 마음을 끌도록

사실 이것들은 쉽지도 않고 대부분의 사람들이 하지 못하는 일이지만, 분명히 노력해볼 가치가 있다. 가장 최근에 보았던 프레젠테이션을 떠올려 보라. 좋았는가? 좋았다면 어떤 면이 좋았는가? 이제 가장 최근에 당신을 감동시킨 프레젠테이션을 떠올려 보라. 어떤 면이 좋았는가?

'좋은' 프레젠테이션은 어떤 것인가?

대답하기 어려운 질문이다. 실제로 좋은 프레젠테이션이 많지도 않으며, 좋은 프레젠테이션의 항목을 명확히 정리하기도 어렵기 때문이다. 좋은 프레젠테이션은 일반적으로 흥미롭고, 주제와 관련이 있으며, 재미있다. 매력적으로 정의했을 때 그렇다. 이제 반대의 경우를 생각해 보자. 가장 최근에 보았던 끔찍한 프레젠테이션은 무엇인가? 어떤 면이 나빴는가? 지루하고, 따분하며, 활기 없고, 단조롭고, 이외에도 여러 가지를 지적할 수 있을 것이다. 우리는 모두 나쁜 프레젠테이션을 본 경험이 있다. 나쁜 프레젠테이션이 워낙 흔하기도 하지만 이를 보고 앉아 견뎌낸다는 것은 매우 어렵고 때로는 고통에 가깝기 때문이다.

내가 본 최악의 프레젠테이션은 몇 년 전 어느 물류 회의에서 본 프레젠테이션이었다. 내가 지도해 준 클라이언트는 '창고업을 위한 신기술'에 대해 35분 동안 프레젠테이션을 할 계획이었고, 3일간 열린 회의의 둘째 날 두 번째로 발표하게 되어 있었다. 두 번째였기 때문에 나는 그와 함께 앞아 첫 번째 프레젠테이션을 보았는데, '자동차 부문의 정확한 배송'에 대한 60분짜리 프레젠테이션이었다. 충분히 흥미로울 만한 주제였지만, 위압적인 태도의 50대 초반 발표자는 68페이지에 이르는 슬라이드와 22페이지의 대본을 복사해 나누어 주는 것으로 발표를 시작했다. 그는 대본을 읽었고 글머리 기호의 다음 줄로 넘어갈 때마다 조수는 마우스를 클릭했다.

곧 그가 읽는 대본과 화면의 내용이 완전히 똑같다는 것이 드러났다. 그는 대본을 한 줄 한 줄 화면에 띄우기 위해 파워포인트를 이용했을 뿐이었다. 10분도 되지 않아, 그리고 겨우 4번째 슬라이드가 나왔을 때 청중은 남은 60분을 예상할 수 있었고 단체로 잠을 자기 시작했다. 그의 프레젠테이션에서 인상적이었던 유일한 부분은, 자기 앞에 앉은 사람들이 코를 골며 자고 있다는 것을 전혀 모르는지 그가 고개를 숙이고 장님처럼 대본을 읽는 동안 조수가 용케도 그가 말하는 것보다 슬라이드를 두 장씩 앞서 보여 주었다는 점이었다.

위 사례의 핵심은 이것이다. 우리는 모두 프레젠테이션을 보며 괴로워했던 경험이 있기 때문에 나쁜 프레젠테이션을 만드는 요인이 무엇인지 직관적으로 알고 있다. 또 청중의 시각에서 좋은 프레젠테이션이 어떤 것인지도 경험으로 알 것이다. 그런데도 우리는 정작 프레젠테이션을 하게 되면 청중의 입장에서 생각하지 않고 '무엇을 보여 줄 것인가?' 만 생각하게 된다.

이제 이 책에서 이야기할 '킬러 아이디어' 중 첫 번째 아이디어를 설명하겠다. m62은 프레젠테이션의 내용을 청중이 이해할 수 있도록 파워포인트로 쓰고 디자인하고 만든다. 프레젠테이션의 목적이 이것 말고 뭐가 있는가? 우리는 발표자를 정체시키는 슬라이드를 만들지 않으며, 발표자가 말할 내용을 목록으로 만들지도 않는다. 대신 우리는 청중을 사로잡을 이미지를 만들어낸다.

 청중은 글머리 기호에 집중하지 않는다

글머리 기호 목록은 무엇을 어떤 순서로 이야기할 것인지 알려 주어 발표자를 돕는 장치다. 이것은 발표자가 말할 내용을 기억하는 데 도움을 준다. 무대예술에서는 이것을 '발표자에게 보내는 신호(cue the presenter)'라고 말한다. 그러나 곧 드러날 테지만 글머리 기호 목록을 만드는 것이 쉽기는 하지만 청중에게는 의미가 거의 혹은 '전혀' 없다. 프레젠테이션은 청중을 위한 것이지 발표자를 위한 것이 아니다. 글머리 기호에 대한 생각을 바꿔라. 그러면 프레젠테이션과 파워포인트에 대한 생각도 바뀔 것이고 프레젠테이션을 더 잘 할 수 있게 될 것이다.

수정 전 ▶

Findings from the IT Directors' quarterly survey

- 800 IT Directors were interviewed during the course of the survey
- Surveys were conducted all over Europe in the main areas of operation
- Purpose of the session was to establish the primary objectives of our 2005 strategy
- The outcome was almost unanimous – that Hitachi must concentrate their effort in becoming market leaders in the data storage market
- The launch of the USP will build on our past success and establish Hitachi as the leading inventor in storage technology.

◀ 수정 후

: : 글머리 기호 목록은 버려라!

이 예제는 히타치 데이터 시스템즈의 발표 자료이다. 첫 번째 슬라이드의 글머리 기호 목록을 읽어 보자. 핵심 정보는 유럽 전역의 800개 클라이언트를 대상으로 조사한 결과 히타치는 '리더십을 갖자!'는 목표를 세웠다는 것이다. 이를 수정한 두 번째 슬라이드에는 유럽 지도와 그림으로 나타낸 조사 내용과 결론이 나와 있다. 나머지 정보는 발표자가 말로 전달한다. 이렇게 수정하면 시선을 더 끌 뿐만 아니라 실제로 청중의 관심과 흥미 수준도 올라가게 된다. 첫 번째 슬라이드는 발표자를 위한 것이고(무엇을 말해야 할까?), 두 번째 슬라이드는 청중을 위한 것이다(청중은 무엇을 보기를 원하는가?).

왜 프레젠테이션에 대한 관점의 전환이 필요한가?

파워포인트는 등장과 함께 우리를 새로운 시대로 안내했어야 했다. 경영 현장의 많은 사람들은 새로운 체제와 아주 강력하고 세련되며 프레젠테이션의 세계를 영원히 바꾸어버릴 새로운 커뮤니케이션 방식을 찬양했다. 실제로 파워포인트는 프레젠테이션의 세계를 바꾸었다. 그러나 그 효과는 우리가 기대하던 것과 달랐다.

파워포인트의 특징인 단순하면서도 시선을 끌고, 살아 움직이면서도 유기적 관계를 잘 나타내는 도표 대신, 우리는 글머리 기호 목록 기능을 끊임없이 사용하게 되었다. 심하게 말하면 예전에 쓰던 OHP 필름 방식과 파워포인트 프레젠테이션 사이의 유일하고도 명백한 차이점은 늘어난 슬라이드 숫자뿐이라고도 할 수 있다. 갑자기 파워포인트를 쓰는 사람들이 많아졌고 이제는 흑백이 아닌 컬러가 되었으며 발표자가 준비되면 화면도 함께 움직인다. 프레젠테이션에서 말하는 내용은 슬라이드 화면에 뜬 장황한 글을 그대로 읽는 것뿐이며, 발표자가 말하는 동안 슬라이드가 한 장씩 넘어간다.

더 좋은 커뮤니케이션, 더 단순한 프레젠테이션, 더 빠른 정보전달과 더 긴 토의시간을 가능하게 하겠다는 파워포인트의 약속은 슬라이드의 홍수 속에 자취를 감추어 버렸다. 많은 사람들이 관련도 없고 거슬리는 클립아트를 넣거나 더 심한 경우 "나는 디지털 카메라를 가지고 있고, 어떻게 사용하는지 알아요."라고 말하는 듯한 의미 없는 사진들을 첨부해 파워포인트를 예쁘게 장식하는 데만 관심을 가진다.

많은 사람들이 쓰고 있는 파워포인트 방식은 전 세계 경영 현장의 프레젠테이션을 발전시키는 대신 오히려 더 퇴보시켰다. 결과적으로 수백만 명의 사람들이 회의실에서 주제와 관련도 없고 졸음 쏟아지게 하는 글머리 기호 목록이 화면 왼쪽에서 '휙' 하고 나타나는 것을 보며 괴로워하게 되었다. 회의실(boardroom)이 아니라 지루한 방(bored room)이라고 불러야 할지도 모르겠다.

일반적으로 프레젠테이션 준비란 파워포인트를 이용해 슬라이드를 만드는 것, 즉 글머리 기호 목록을 논리적인 순서로 정렬하는 것을 말하며, 프레젠테이션이란 단순히 글머리 기호 목록을 재미있게 그리고 스스로 보충하며 읽는 것을 뜻한다. 프레젠테이션 자료(즉 슬라이드)가 단조롭고 지루할 경우 프레젠테이션의 성공 여부는 발표자의 소프트 스킬에 달려 있다. 발표자가 재치 있고 열정적이며 의욕적이라면 청중은 자료가 아닌 발표자에게 주의를 집중하며 반응할 것이다.

결론부터 말하자면 이 책에서 말하는 대로 프레젠테이션을 준비하면 자료 자체가 흥미롭고 주의를 끌 것이기 때문에 청중을 즐겁게 만드는 발표자의 능력은 덜 중요해진다. 소프트 스킬이 무의미하다는 말이 아니라, 회사에서 가장 뛰어난 발표자가 아니더라도 충분히 설득력 있고 유익한, 청중을 사로잡는 좋은 프레젠테이션을 할 수 있다는 것이다.

소프트 스킬에 엄청난 노력이 쏟아지면서 '프레젠테이션하는 법' 같은 강좌나 파워포인트 훈련과정 등이 등장했다. 대부분은 쓸모 있는 내용이겠지만 우리가 보기에는 핵심을 놓치고 있는 것 같다. 이런 강의들은 사람들을 교묘하게 꾀어 본래 취지에서 멀어지게 하는 파워포인트의 특성을 중단시키지 못한다. 프레젠테이션에 적용할 수 있는 주요 지식은 분명히 존재한다. 이에 따르면 당신은 청중을 생각해야 하며, 파워포인트를 이용하여 최대 효과를 내는 기술들을 배워야만 할 것이다.

이 책으로 나는 속죄한다. 나는 실제로 절대 쓰이지도 않는 주요 기능들을 강조하면서, 수년간 프록시마(Proxima)와 인포커스(Infocus) 같은 회사를 대신하여 프로젝션 장비를 사라고 사람들을 설득해 왔다. 물론 괜찮은 컴퓨터와 좋은 프로젝터는 프레젠테이션을 잘 하기 위한 기본적인 조건이다. 사람들은 멀티미디어 방식으로 보여 줄 때 3배에서 4배나 더 많은 정보를 기억한다. 그러나 멀티미디어란 한 시간에 150개나 등장하는 글머리 기호를 말하는 것이 아니며, 성실한 연습과 준비를 대신할 수도 없다.

이 책에는 프레젠테이션을 더욱 효과적으로 만들기 위해 우리가 개발한 기본적인 기술들이 등장한다. 그러나 예전의 습관을 떨어내고 그것을 효과적으로 재배치하기 위해서는 사고방식을 전환해야 한다. 우리 관점에서는 이것을 '패러다임의 변화'라고 해도 전혀 과장이 아니다. 프로젝터와 컴퓨터, 그리고 이 책에서 얻은 아이디어로 무장한다면 파워포인트의 낡은 관습에서 벗어날 수 있고, 글머리 기호 예찬론을 버리고 진정으로 청중을 감동시킬 수 있을 것이다. 이 책에서 논하는 기술들은 평범한 사람들이 쉽게 이해하고 곧바로 프레젠테이션 개선에 적용할 수 있는 것들이다. 우리는 파워포인트로 다음 목표들을 달성하는 새로운 혁명을 독자들과 함께 시작할 수 있을 것이라 믿는다.

- 커뮤니케이션을 개선시킨다.
- 청중이 정보를 더 잘, 그리고 쉽게 이해하도록 돕는다.
- 프레젠테이션 시간을 단축한다.
- 토론을 유도한다.
- 청중을 지루하게 하지 않고 그들을 사로잡는다.

글머리 기호를 비판했던 필자가 이 책에서 그것을 쓰고 있음을 눈치챈 독자들이 있을 것이다. 그러나 책은 글자를 기본으로 한다. 무수히 많은 글자 중 중요한 것을 쉽게 표시해 줄 수만 있다면 그게 무엇이든 쓸 만한 가치가 있다. 내가 그것을 글머리 기호로 정리한 것은 이 책의 대단한 아이러니지만, 독자 여러분이 유머로 받아주기를 기대한다.

프레젠테이션에서 디자인이 가장 중요하다고?

이 책에 등장하는 예제들을 얼핏 보면 m62는 디자인 회사이며, 이 책에 가득한 예제의 수정 전과 후의 주된 차이는 디자이너가 만들어낸 것이라고 생각하기 쉽다. 그러나 지루하고 단조로운 슬라이드를 매력적인 프레젠테이션으로 바꾸기 위해서는 디자인 이상의 것이 필요하다. 커뮤니케이션과 프레젠테이션 기술을 깊이 이해해야 하며, 촉박한 마감시간에 맞추어 기꺼이 일하겠다는 의지는 기본이다.

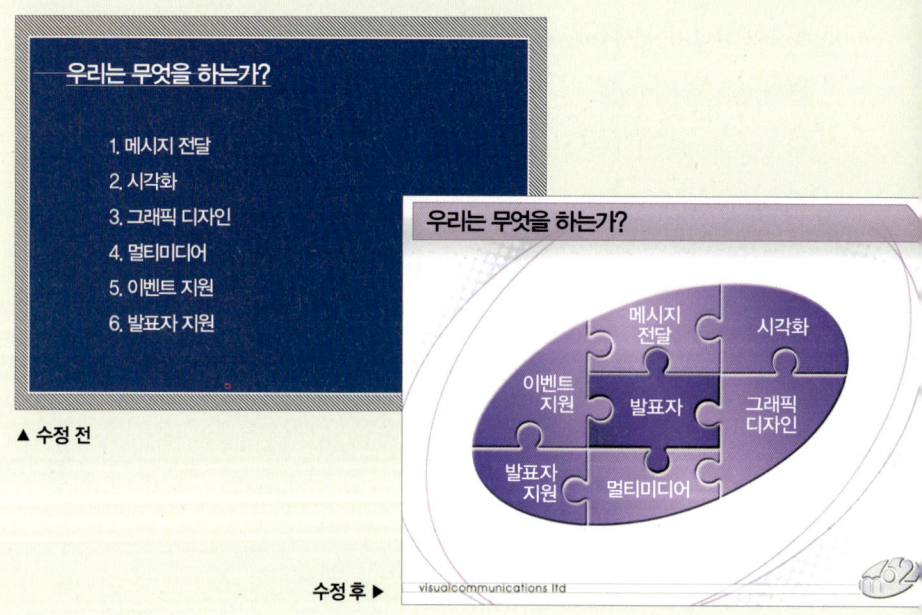

▲ 수정 전

수정 후 ▶

: : 눈에 보이는 디자인이 프레젠테이션의 전부일까?
수정 후를 보면 '발표자'라고 적힌 퍼즐 조각이 도표의 가운데에 있고, 서비스들이 이것을 둘러싸고 있다. 같은 내용을 담은 두 슬라이드에서 두 번째 것이 더 매력적인 디자인임은 틀림없으나 이것은 디자이너의 기술을 넘어 그 이상의 것이 적용되었다. 어떻게 프레젠테이션되는지 확인해 보자.
www.killerpresentations.com/services.html

디자인은 중요하지만 프레젠테이션은 그 이상의 것이다. 우리는 첫 번째 슬라이드를 보고 발표자의 말이 다음과 같이 나올 것이라고 생각했다. 우리 방식의 실제 프레젠테이션 과정은 이렇게 진행될 것이다. 실제로 필자가 이 슬라이드를 프레젠테이션하는 모습, 그리고 발표자의 말과 시각 자료가 어떻게 조화되는지를 보고 싶은 독자는 관련 웹 사이트 주소로 방문하길 바란다.

"우리 사업의 중심은 발표자이며, 우리의 임무는 이들이 프레젠테이션 내용을 더 잘 전달하도록 돕는 일입니다. 이를 위해 우리는 더 나은 프레젠테이션을 도와주는 일련의 서비스로 이들을 무장시켜 줍니다. 모든 회사가 이 서비스를 제공하고 모든 클라이언트가 이 서비스를 필요로 하는 것은 아니지만 통합적인 서비스는 이것으로 시작합니다."

발표자가 클릭하면 '메시지 전달'이라는 단어가 화면에 나타난다.

"일단, 발표자가 무엇을 어떤 순서로 전달할 것인지 계획하는 것을 도와드립니다."

클릭, '시각화'가 나타난다.

"다음으로, 모두가 알다시피 글머리 기호는 쓸모가 없습니다. 우리는 전달할 내용을 일련의 그림과 도표로 변환하여 청중을 자극하고 사로잡을 수 있게 도와드립니다."

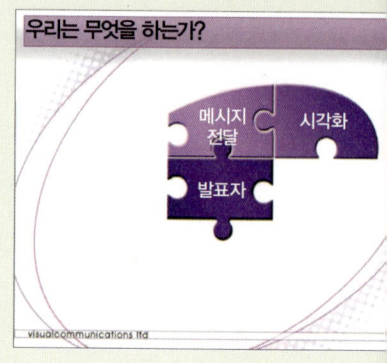

클릭, '그래픽 디자인'이 나타난다.

"그리고 우리는 전 세계의 클라이언트를 대상으로 파워포인트 슬라이드를 멋지게 만드는 일에만 하루 종일 몰두하는 디자이너 팀을 보유하고 있습니다."

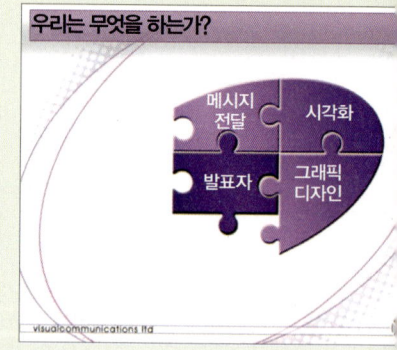

클릭, '멀티미디어'가 나타난다.

"또 우리는 프레젠테이션에 필요하다면 멀티미디어 기능을 첨가합니다. 무엇이든 상상하는 그대로 파워포인트 프레젠테이션 화면에 나타나도록 도와드립니다."

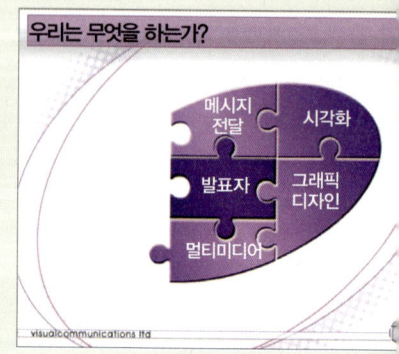

클릭, '발표자 지원'이 나타난다.

"우리는 세미나와 훈련 과정, 코칭 서비스를 제공합니다. 사실 거의 매일 어딘가에서 누군가가 m62의 트레이너로부터 프레젠테이션 지도를 받고 있습니다. 첨단기술 덕분에 우리는 영국 리버풀에 앉아서 지구 반대편에서 발표자가 리허설하는 것을 보고 들으면서 지도합니다."

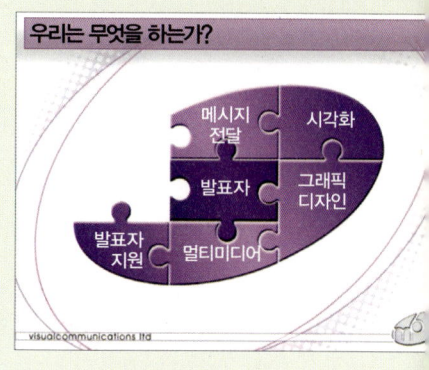

클릭, '이벤트 지원'이 나타난다.

"그리고 마지막으로, 필요하다면 발표자가 청중이 듣고 볼 수 있는지에 대해서 걱정하지 않고 가장 중요한 프레젠테이션에만 집중할 수 있도록 장비 등 프레젠테이션에 관련된 제반 사항들을 준비해 드립니다."

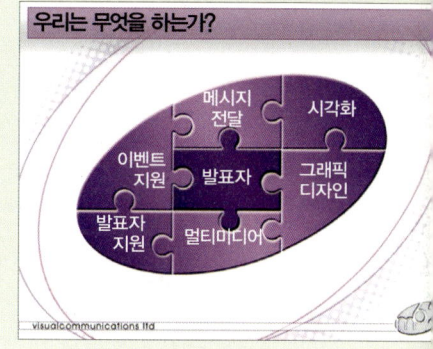

파워포인트가 아니다, 프레젠테이션이다!
Killer Presentation Using Bible

PART

I

파워포인트는
악마다 혹은 아니다

망치를 가진 사람에게 모든 문제는 못이다. | 공자 |

파워포인트로 인한 죽음

우리의 프레젠테이션 접근법이 왜 파워포인트를 기반으로 하느냐는 질문을 많이 받는다. 파워포인트보다 더 다재다능하고, 더 유능하며 더 많은 기능을 갖춘 프레젠테이션 소프트웨어가 얼마든지 있는데 왜 그것들을 쓰지 않는가? 답은 간단하다. 나의 클라이언트가 파워포인트를 쓰기 때문이다. 그들은 모두 4억 5천만 명이 넘는 마이크로소프트 오피스 사용자 중 하나이고 파워포인트를 사용하는 것에 익숙하다. 어떤 소프트웨어를 사용하는가가 아니라 파워포인트를 효과적으로 이용하는 우리의 기술과 지식을 배우면 된다. 우리는 이미 이용하고 있는 소프트웨어를 더 잘 활용하는 법, 그리고 최대한의 효과를 얻는 법을 보여 주고자 한다.

그러나 여기 파워포인트에 대해 다른 생각을 가지고 있는 사람들이 있다. 그들은 왜 파워포인트 사용을 따분하거나 혼란스럽고, 때론 아주 위험하다고 여길까? 그들의 결론이 맞을까?

30페이지의 슬라이드, 파란색 배경, 노란색 글씨, 천편일률적인 배치, 제목과 글머리 기호 다섯 개 같이 파워포인트를 이용한 프레젠테이션에 대한 '일반적인' 관점은 너무나 보편적으로 퍼져 있고 누구에게나 잘못 이해되고 있어, 최근에는 학계와 언론계에서도 이를 논쟁의 주제로 삼는 경우가 상당히 많아졌다. 비판의 중심이 되는 것은 '슬라이드'다.

예를 들면, 미국에서 유명하고 존경받는 석학이며 기업 커뮤니케이션 전문가로 알려진 예일대의 에드워드 R. 터프트 교수는 〈파워포인트의 인지적 방식 The Cognitive Style of PowerPoint〉이란 저서에서 파워포인트를 맹렬하게 비난했다. www.edwardtufte.com에 접속하면 이 책의 전문을 읽을 수 있다. 이 책에서 그가 다루는 한 가지 흥미로운 사례는 콜롬비아 우주선 사고에 대한 것인데, 이는 2003년 2월 1일 미국 콜롬비아 스페이스 셔틀이라는 우주선이 지구로 귀환 중 폭발, 7명이 사망한 사건이다.

터프트 교수는 우주선 발사 전 보고되는 프레젠테이션에서 이미 위험성이 보였음에도 불구하고, 파워포인트의 전형적인 슬라이드 형식 때문에 청중이 중요한 정보를 깨닫지 못하고 지나갔다고 말했다. 우주선에서 떨어져 나와 우주선에 심각한 손상을 입힌 일부 부품에 대한 중대한 징보가 640배나 차이 나게 표시되었으며, 또 화면에 꽉 찬 슬라이드 리스트의 맨 아래쪽에 작은 서체로 보이지도 않게 숨어 있었다. 파워포인트는 분명히 숫자로 위험성을 알려 주고 있었지만 아무도 그 위험성을 알아채지 못했는데, 슬라이드 위쪽에 있는 제목은 긍정적인 결과를 말해 주었기 때문이다. 슬라이드에서 용어를 잘못 사용하여 오해를 일으켰다고 비판할 수도 있으나 핵심은 그것이 아니다.

파워포인트의 문제점을 주장하는 다른 책들도 있다. 마틴 콘라디와 리처드 홀이 쓴 〈프레젠테이션 센세이션 The Presentation Sensation〉에는 또 다른 사례가 등장한다. 아직도 전통적인 파워포인트 방식과 습관이 괜찮다는 생각을 지울 수 없다면 아래 사이트에 접속해 보길 바란다. 피터 노르빅이 에이브러햄 링컨의 게티즈버그 연설을 멋지게 패러디해 파워포인트 형식으로 올려놓았다. 이렇게 마음을 뒤흔드는 언어와 생각들이 글머리 기호 뒤에 '전쟁터에서 만나다(큰 싸움이 벌어졌던)' 라는 식으로 정리되어 완전히 따분한 것으로 전락해 버린다.

Four score and seven years ago our fathers brought forth on this continent a new nation, conceived in liberty and dedicates to the proposition that all men are created equal.
지금으로부터 87년 전 우리의 선조들은 이 대륙에서 자유 속에 잉태되었고, 만인은 모두 평등하게 창조되었다는 명제에 봉헌된 한 새로운 나라를 탄생시켰습니다. (경희대 영문과 교수 도정일의 번역문 - 역자 주)

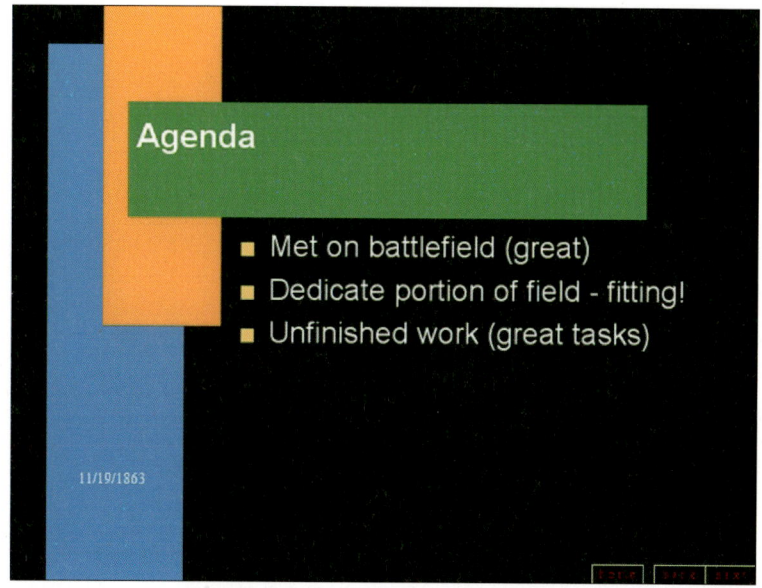

::파워포인트의 이런 게 문제다!
이 게티즈버그 프레젠테이션은 강력하고 기억에 남는 메시지가 파워포인트의 일상적인 사용법 때문에 어떻게 가치를 잃고 하찮아지는지를 보여 주는 대표적인 사례이다.
www.norvig.com/Gettysburg

영국에서는 존 노튼이 〈가디언〉에서 같은 내용을 주장했다. 그는 터프트 교수의 미국 기사를 인용하면서 자신의 절망적인 의견을 추가했다. '파워포인트는 타락시킨다. 파워포인트는 혼란을 가져온다. 다음에 프레젠테이션을 할 때는 파워포인트를 집에 두고 가라.' 이와 비슷한 기사가 2005년 1월 〈파이낸셜 타임즈〉에도 등장했다.

이런 의견들이 나오는 이유는 명백하다. 청중이 뻔히 예상하고 억지로 참는 경우가 많은 파워포인트 프레젠테이션의 일반적인 방식은 사실 목표와 달리 청중을 만족시키지 못한다는 것이다. 당당한 존재감을 갖춘 뛰어나고 세련된 발표자라면 그 방식의 결함을 메울 수 있겠지만 그것도 부분적인 효과에 불과하다. 파워포인트 비판론이 등장한 것은 이런 파워포인트 사용법이 전 세계적으로 퍼져 있고, 굉장히 많은 사람들이 이 방식에 문제가 있음을 알고 있는데도 불구하고 이 방식을 고수하기 때문이다.

칼 때문이라고? 칼을 쓰는 사람이 문제다

그렇다면 이 전문가들의 말이 맞을까? 파워포인트는 본질적으로 해악한 것인가? 그렇지 않다. 에드워드 터프트 교수 외에도 많은 사람들이, 전 세계 4억 5천만 명의 파워포인트 이용자 대다수가 파워포인트를 어떻게 이용하는지를 토대로 타당한 주장을 펼친다. 핵심은 문제를 일으키고 청중을 괴롭게 하는 것은 바로 '파워포인트를 이용하는 방식' 때문이라는 것이다. 파워포인트 시스템 자체는 비난의 대상이 아니다. 이용 방식을 바꾸면 효과도 달라진다.

13세기 사무라이의 검을 생각해 보라. 누군가가 완벽을 기해 평생을 바쳐 만들었으며, 공중에서 떨어지는 비단을 자를 만큼 날이 날카롭고, 나무를 관통해 조각낼 만큼 튼튼한 검이다. 사무라이의 손에 있는 검은 정의와 보호, 그리고 단순함과 조화에 기반을 둔 삶의 방식을 상징한다. 많은 사람들에게 이 검은 아름다움의 상징이다. 그러나 한때 영국에서는 정신 나간 사람이 무고한 행인을 죽이는 데 이 검을 사용했다. 그렇다고 해서 검이 나쁘다고 할 수 있을까? 검의 아름다움과 유용함이 사라지는가? 분명히 그렇지 않다. 파워포인트도 이와 같다. 4억 5천만 이용자 중 상당수가 이를 제대로 활용하지 못한다고 해서 파워포인트가 형편없는 소프트웨어가 되는 것은 아니다. 이것은 부적절한 커뮤니케이션 기술을 보여 주는 사례일 뿐이다.

해결책은 명백하다. 우리는 도구를 바꿀 필요가 없다. 그것을 이용하는 방식만 바꾸면 된다. 생각의 변화가 필요하다. 우리는 이것을 '패러다임의 변화'라고 부른다. 많은 사람들이 파워포인트에 대해 생각하는 방식은 변해야만 한다. 파워포인트를 이용하는 태도를 재평가하고, 파워포인트에는 고유의 이용 방법과 한계가 있다는 것, 그리고 파워포인트가 모든 형태의 커뮤니케이션에 완벽한 매체는 아니라는 것을 받아들인다면 파워포인트를 더욱 잘 이용할 수 있을 것이다.

당신은 파워포인트를 얼마나 잘 알고 있는가?

"파워포인트의 가장 유용한 기능 두 가지가 뭘까요?"

필자가 세미나에서 이 질문을 하면 대답은 천차만별이다. 슬라이드의 순서를 바꿀 수 있다, 다양한 서체를 사용할 수 있다 등 파워포인트의 온갖 기능을 다 이야기한다. 가장 바보 같은 대답은 '클립아트를 넣을 수 있다.'는 것이다. 클립아트가 프레젠테이션의 문제점을 보완해 주는 만병통치약이라고 생각하는 듯하다. 우리가 최고로 치는 파워포인트의 두 가지 기능을 대답하는 사람은 거의 없다.

| **'B' 키의 마력** |

슬라이드 쇼 상태에서, 즉 프레젠테이션 중에 발표자가 'B' 키를 누르면 어떤 일이 일어나는지 혹시 아는가? 나는 세미나에서 지금까지 만 명이 넘는 사람들을 상대로 이것을 물어보았는데 답을 아는 사람은 별로 없었다. 그러나 나는 이것이 파워포인트의 가장 중요한 기능이라고 생각한다. 왜일까?

프레젠테이션은 살아 숨 쉬는 사람에 의해 이루어지는 것이기 때문에, 프레젠테이션 과정 전반에서 발표자의 역할이 굉장히 중요하다. 때로는 청중의 모든 이목이 발표자, 그리고 그가 무엇을 말하는지와 어떻게 말하는지에 집중되어야 한다. 이렇게 만들기 위해서는 단계가 필요하다. 'B' 키를 누르면 화면이 텅 비게 되고, 자동적으로 청중은 발표자에게 주목하게 된다. 청중이 발표자가 말하는 것과 상관도 없는 화면 속 이미지를 멍하니 응시하는 순간은 너무나 많다. 화면을 텅 비게 만드는 기능은 아주 유용하다. 'B' 키를 다시 누르면 사라졌던 이미지가 다시 나타난다. 아주 간단한 기능인데도 이 기능을 알고 이용하는 사람은 거의 없다. 'W' 키를 누르면 화면이 흰색으로 바뀌는데 이 기능도 이용해 보길 바란다.

필요한 슬라이드를 즉시 불러내는 방법

나는 기본적으로 세일즈맨이며(돈을 넣어야 작동한다!) 수년간 미국식 표현대로 '가방을 메고' 다니는 동안 이런 상황에 수도 없이 맞닥뜨렸다. 마케팅 책임자 앞에서 한창 프레젠테이션을 하는 도중, 느닷없이 CEO가 들어와서 묻는다. "지금 뭐하고 있는 건가?" 나의 경험에 따르면 CEO들은 공통적인 특성을 많이 갖고 있는데 가장 두드러지는 것은 대상에 폭넓게 주목하고 최종 결정을 내림으로써 매출에 결정적 영향을 미친다는 것이다. 세일즈맨 일을 해보았다면 이 같은 상황을 만난 적이 있을 것이다. CEO를 설득할 시간은 오직 2분이며, 그 2분이 매출을 결정하게 된다.

그러므로 프레젠테이션 안에는 '킬러 슬라이드'가 있어야 한다. 중요한 제안을 요약하고 있으며, 과연 그가 관심을 가질지는 모르나 CEO에게 보여주어야 할 슬라이드 말이다. 이 슬라이드에 관해서는 앞으로 배우게 된다. 자, 딱 필요한 상황에 단번에 필요한 슬라이드를 불러올 수 있는가?

'Esc' 키를 누르고 스크롤을 내려서 원하는 슬라이드를 더블클릭한 다음 다시 '슬라이드 쇼'를 눌러야 한다고 생각한다면, 파워포인트를 제대로 모르고 있는 것이다. 이 기능을 이용하려면 원하는 슬라이드 번호를 알고 있어야 하지만, 예를 들어 24번 슬라이드로 뛰어넘고 싶다면 '2'와 '4'를 누르고 'Enter' 키를 눌러라. 프레젠테이션을 하는 도중 지금 어느 슬라이드에 있더라도 즉시 24번 슬라이드가 뜬다. 이 기능은 매우 유용한데도 별로 이용되는 일이 없다. 첫 번째 슬라이드로 가려면 'Home' 키를, 마지막 슬라이드로 가려면 'End' 키를 누르면 된다.

파워포인트는 분명 기본적인 사무용 도구임이 틀림없다. 그러므로 우리는 파워포인트를 잘 알아야 한다. 파워포인트는 세일즈맨과 그들의 영업활동에 특히 필요하다. 대다수의 세일즈맨들은 운전을 한다. 계기판의 버튼 중 그들이 작동법을 모르는 버튼은 거의 없을 것이다. 파워포인트도 이렇게 생각해야 한다. 그들이 운전의 달인이듯 파워포인트에서도 달인이 되어야 한다는 말이다.

파워포인트를 하나의 도구로 설명했는데, 다음 비유를 보면 핵심이 더욱 와 닿을 것이다. 파워포인트를 연필이라고 생각해 보라. 누구나 연필로 글을 쓰고 그림을 그릴 수 있다. 그러나 일정한 심사숙고와 연습, 그리고 훈련을 거친 뒤에야 좀 더 예술적인 결과물을 만들어낼 수 있다. 누구나 쓸 수 있는 연필이지만 예술가의 손에 들어가면 작품을 탄생시키는 잠재력을 지니고 있다. 관건은 어떻게 그것을 사용해야 할지를 아는 것이다.

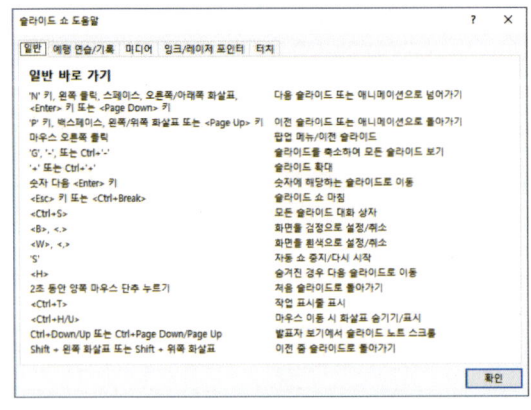

◀ 슬라이드 쇼 상태에서 'F1' 키를 누르면 사용할 수 있는 실행 키 목록이 나온다.

파워포인트를 지금과 '다르게' 사용하라고?

제대로 활용만 한다면 파워포인트로 뭘 할 수 있을지 더 자세히 설명하기 전에 한 가지 분명히 해둘 것이 있다. 이 책이 주장하는 것은 허울뿐인 변화가 아니다. 모든 변화의 이유는 구체적이어야 하며 이 책은 그 원칙을 충실히 따른다. 이 책은 수치화할 수 있는 결과물을 냉정하게 판단하며, 그것에 초점을 맞추기 때문에 우리가 주장하고 적용하는 접근법이 통한다고 할 수 있다.

단순하게는, 세일즈 프레젠테이션의 성공률은 경쟁에 참여한 회사의 숫자와 직결된다고 볼 수도 있다. 3개 회사가 비슷한 방법으로 클라이언트를 설득한다고 했을 때 단순한 규칙으로 보면 계약을 따낼 확률은 3분의 1이다. 전문성이 있으며 자신이 좀 더 우위에 있다고 생각하는 회사는 이 기본적인 확률을 개선하여 성공을 점칠 것이다. 이렇게 보았을 때 30%가 넘는 성공률이라면 만족할 만하다.

우리는 1997년부터 클라이언트에게 5천 건이 넘는 프레젠테이션 자료를 만들어 주었다. 그중 대다수가 세일즈 프레젠테이션이었는데, 우리는 이것들을 '일반적인' 것과 '구체적인' 것의 두 가지로 구분한다.

다음과 같은 일반적인 세일즈 프레젠테이션은 세일즈맨들이 일상적으로 사용하는 스타일이다.

- 우리는 누구인가?
- 우리는 무엇을 하는가?
- 클라이언트는 왜 우리와 거래하는가?

'일반적인' 프레젠테이션은 거의 비슷하지만, 세일즈맨이 대부분의 클라이언트 미팅에 적당한 형식을 미리 만들어 두고 그때그때 살짝 변형시켜 프레젠테이션을 하는 방법을 사용한다. 우리는 일관성 있고, 면밀히 계획한 가치 제안, 시각적으로 분명하게 설명하는 파워포인트 자료가 판매율을 높여준다는 것을 실제 사례로 확실히 경험했다. 당신의 프레젠테이션 성공 확률이 우리가 보통으로 여기는 수준인 3분의 1이라고 가정했을 때, 위에 있는 '일반적인 세일즈 프레젠테이션의 질문들'을 명확히 해결하는 것만으로도 2분의 1 가량까지 성공 확률을 높일 수 있다.

'구체적인' 세일즈 프레젠테이션은 강렬함이나 성공 여부와 상관없이 한 번 빛을 보고 잊혀지는 타입이다. 혹은 잊혀져야만 한다. 이 스타일의 프레젠테이션은 계약 액수가 워낙 커서 특별히 주의를 기울여야 할 때나 계약에 실패하면 아까울 정도로 중요한 클라이언트를 만날 때 필요하다. 이런 경우에 자존심이 있는 세일즈맨이라면 누구나 프레젠테이션 자료에 클라이언트가 누구이고 그들이 원하는 것은 무엇이며 그들의 문제를 어떻게 해결할 수 있는지를 써넣어 클라이언트를 중요하게 여기고 있다는 점을 보여 주려 할 것이다. 사실 우리는 이런 스타일의 프레젠테이션 자료를 아주 많이 만들어 보았기 때문에 일의 절차를 모두 꿰고 있다.

클라이언트의 의뢰를 받은 후 계약의 성공과 실패를 결정짓는 원인 일부가 커뮤니케이션의 질에 있다고 믿는다면, 우리는 계약 결과에 따라 비용을 결정하여 클라이언트와 함께 위험을 감수할 만큼 자신이 있다. 사업을 시작한 이후 우리에게 의뢰한 클라이언트들은 중요한 계약을 따내는 데 매년 85% 이상의 성공률을 보였고, 이로 인한 계약 총액은 30억 파운드가 넘는다.

이것이 어떻게 가능했을까? 여기에는 여러 가지 이유가 있고, 나는 그것들을 보여 주기 위해 이 책을 썼다. 우리는 세미나에서 다음 슬라이드를 수도 없이 보여 주었다. 이제 그 노하우를 당신의 것으로 만들 차례다. 슬라이드를 하나씩 넘기며 대부분의 사람들이 사용해왔던 일반적인 프레젠테이션 구성과 디자인이 어떻게 혁신적으로 발전하는지를 살펴보자.

1단계 전형적인 글머리 목록의 슬라이드
www.killerpresentations.com/cuecards.html

핵심 내용을 전부 목록으로 만들어 써넣은 아주 전통적인 프레젠테이션 슬라이드다. 모든 내용이 한 장 안에 들어 있어, 프레젠테이션 내용을 명확히 알 수 있고 청중은 발표자가 소리 내어 읽는 속도보다 빠르게 모든 내용을 읽을 수 있다. 따라서 청중은 지루해지고 이미 읽은

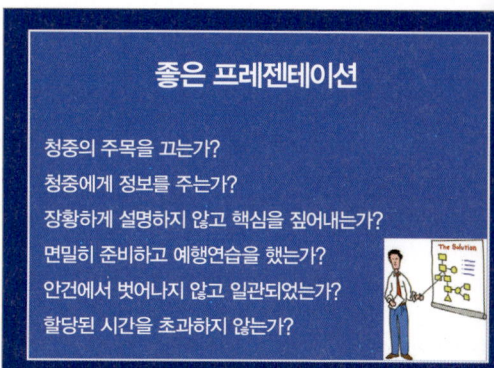

내용을 발표자가 따라잡고 다음으로 나아갈 때까지 딴 생각을 하게 된다.

2단계 핵심 단어로 내용이 정리되었으나 여전한 '글머리 목록' 슬라이드

두 번째 슬라이드는 글자 수가 줄어서 더 보기 좋다. 청중은 읽을 것이 줄었기 때문에 발표자의 말에 좀 더 귀를 기울일 수도 있다. 그러나 여전히 발표자가 무슨 말을 할지 예상할 수 있기 때문에 다음 슬라이드로 넘어갈 때까지 발표 내용을 잘 듣지 않을 것이

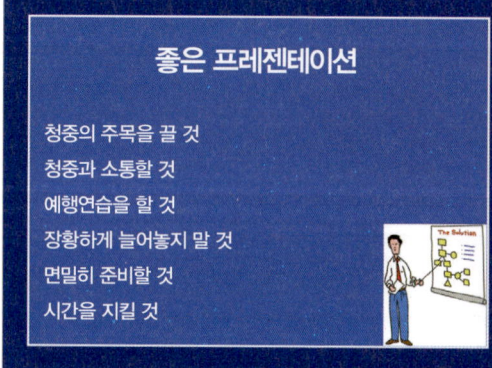

다. 이 슬라이드 역시 목록 형식에서 벗어나지 못했다.

3단계 글머리 목록은 아니지만 여전히 '스스로 설명하는' 슬라이드
www.killerpresentations.com/cuecards.html

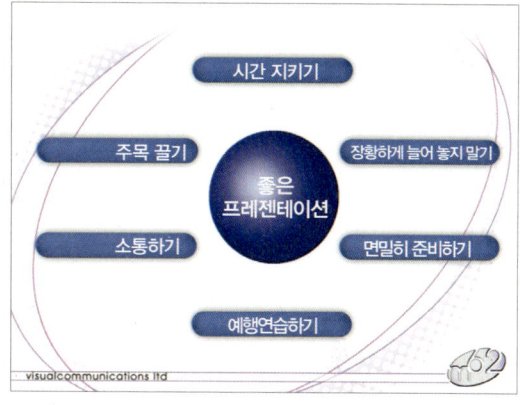

세 번째 슬라이드는 목록 형태가 아니라 마인드맵 형태로 구성되어 있다. 중심 주제가 화면 가운데 위치하며 세부 내용들이 이를 둘러싸고 있다. 슬라이드는 한 단계 더 발전되어, 클릭할 때마다 세부 내용이 하나씩 화면에 나타난다. 이는 청중이 내용을 미리 읽어버리는 것을 막고, 발표자의 말에 더 집중하게 하는 효과가 있다. 이 슬라이드가 첫 번째에 비해 눈에 띄게 발전했음을 대다수가 인정할 것이다. 그러나 나는 아직 부족하다고 생각한다. 이것도 여전히 '스스로 설명하는 슬라이드'이다. 청중이 이렇게 완벽한 설명을 해주는 슬라이드를 보고 발표 내용을 알아버린다면 발표자가 말하는 것이 무슨 소용인가? 여기 더 좋은 방법이 있다.

이제 다시 만들어질 네 번째 슬라이드를 본 청중들은 '발표자가 무슨 내용을 설명할지 알고 싶어 한다.'는 표현이 가능한 상황이 된다. 이 문장에 주목해 보자. 가장 최근의 프레젠테이션에서 '정말로 발표자의 말을 듣고 싶었던' 때가 언제였는가? 더 중요한 점을 지적하면, 만약 청중이 발표자가 하는 말 하나하나를 귀담아듣는다면 프레젠테이션이 얼마나 더 효과적일까? 이 시점에서 청중은 발표자와의 커뮤니케이션에 완전히 몰입하며, 발표자는 청중의 시선을 완전히 사로잡게 된다. 사실 우리가 이 모든 것을 배우고 있는 이유이기도 하다.

4단계 시각적으로 발전해 '스스로 설명하지 않는' 슬라이드

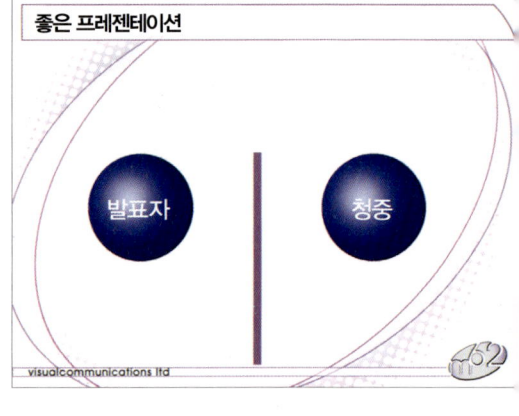

네 번째 슬라이드를 보라. 이 슬라이드 또한 앞선 세 개의 슬라이드와 같은 정보를 담고 있으나 좀 더 시각적인 형식을 취하고 있다. 발표자가 클릭하면 '발표자'와 '청중'이라고 쓰여 있는 동그라미 두 개가 나타난다. 발표자는 잠시 멈추고 화면을 본 다음 청중 쪽으로 시선을 돌린다. 청중은 발표자의 시선을 따라 화면을 보았다가 무언가 말하기를 기대하며 다시 발표자를 바라본다. 이게 무엇인지 궁금해 하는 표정도 종종 나타난다. 미완성의 그림은 스스로 내용을 설명하지 않으며, 청중은 뭔가 빠져 있다는 것을 알게 되고, 발표자가 이 그림으로 무슨 내용을 설명할지 알고 싶어 한다.

이 순간은 핀 하나가 떨어지는 소리까지 들릴 정도로 집중된 순간이다. 이때 발표자는 이 집중된 순간을 상기시킨 다음 "효과적인 프레젠테이션에는 세 가지 필수 요소가 있습니다."라고 말을 이어나간다. 발표자는 아직 두 개의 동그라미만 보이는 화면을 다시 본다. 이번에는 조금 다르다. 청중은 방금 세 가지 요소가 있다는 말을 들었으나 화면의 동그라미는 두 개뿐이다. 이로 인해 우리가 '시각적 인지 부조화'라고 부르는 상황이 나타난다. 이 충돌의 묘미는 프레젠테이션의 가장 큰 문제를 해결해 준다. 즉 청중이 발표를 주의 깊게 보고 듣게 되는 것이다. 청중이 잘 보고 들어야 한다는 것이 프레젠테이션에서의 불변의 진리임을 인정하자.

5단계 적절하고 효과적인 애니메이션 적용하기

다음으로 발표자는 그림 설명을 마치면서 가운데 선이 커뮤니케이션의 장애물을 상징하며, 세 번째 요소는 '메시지'임을 이야기한다. 좋은 프레젠테이션의 정의는 이것이며 오직 이것뿐이다. "메시지를

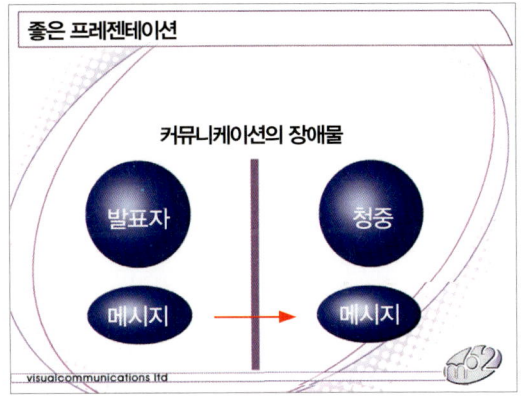

어디까지 전달해야 하냐면……." 이때 클릭하면 '메시지'가 화면 왼쪽에서 오른쪽으로 이동한다. '청중'에게까지 말이다. 그 외에는 어떤 것도 문제가 되지 않는다. 청중이 그 메시지를 좋아하거나 그것에 동의하거나 프레젠테이션을 즐거워할 필요는 없다. 청중이 메시지를 이해하기만 하면 된다.

이것은 가장 좋은 프레젠테이션 예이며, 이에 따라 또 다른 두 가지 킬러 아이디어가 등장한다. 어떻게 그렇게 할 수 있는지는 앞으로 자세히 다루니 일단 개념을 이해하도록 하자.

 슬라이드는 스스로 설명하지 않아야 한다

슬라이드가 메시지를 즉각적으로 보여 주지 않고 처음에는 흥미만 불러일으키며 청중이 주제를 시각화하여 떠올리도록 도와준다면, 청중은 프레젠테이션에 더 주목하게 되고 발표자에게 더 몰입하게 되며 메시지를 더 많이, 더 오래 기억하게 된다. 이런 경우에 발표자가 하는 말은 커뮤니케이션의 전체 과정에서 필수적인 부분이 되며 전 과정이 매끄럽게 흘러가도록 돕는 역할을 한다.

 그림은 글보다 많은 말을 전한다. 시각화에 신경 쓰자

그림은 글의 표현력을 훨씬 높여준다. 글만 있는 것보다 그림이 함께 있으면 커뮤니케이션의 효과가 좋아진다. 지금까지 나는 사람들이 글자보다 이미지 정보를 4배나 빨리 처리한다고 심리학자들이 말했던 것을 기억하고 있었으나, 최근에는 구두로 설명을 듣는 것보다 시각적으로 정보를 접할 때 400배나 처리 속도가 빠르다는 조사결과를 발견했다. 이미지는 언어에 의지하지 않고 독립적인 역할을 하며, 메시지의 핵심을 전달할 뿐 아니라 메시지에 감정의 요소까지 더할 수 있다.

주의를 분산시키는 발표자의 적 4가지

청중은 자신이 보고 들은 것만을 기억할 수 있다. 만약 청중이 발표자에게 집중하지 않는다면 그들은 어떤 정보도 기억하지 못할 것이다. 앞으로 청중의 집중시간에 대해서도 자세히 다루게 되는데, 여기서는 먼저 청중의 주의를 분산시키는 4가지 원인과 해결 방법에 대해 간단히 알아보자. 당신 역시 프레젠테이션에서 습관적으로 이런 행동들을 해왔을 가능성은 아주 높다.

- 내용
- 발표자
- 디자인
- 애니메이션

| 내용 |

대부분의 프레젠테이션에서 마주치는 가장 큰 문제는 프레젠테이션 안에 너무 많은 정보가 들어 있으며, 그 정보들이 너무 빠른 속도로 청중에게 전달된다는 것이다. 내용 중 상당 부분은 재미있지만 주제와 관련이 없고, 그렇게 산만한 정보들마저 청중들이 충분히 생각할 여유가 없을 정도로 빨리 전달된다. 프레젠테이션에는 주제와 100% 엄밀하게 관련이 있는 정보만을 포함시켜야 한다. 이보다 관련이 적은 것들을 넣다 보면 '유용한 것 같은' 혹은 더 나쁜 경우 '재미있을 것 같은' 정보들까지 포함

시키게 된다. 이런 정보들은 종종 청중의 주의를 분산시키며 최악의 경우 청중은 아무 관련도 없는 엉뚱한 생각에 빠져 프레젠테이션에 집중하지 않게 된다.

| 발표자 |

발표자가 청중의 주의를 분산시키는 방식은 두 가지다. 주제와 일관되지 않거나 주제와 관련이 없는 말과 행동을 하는 것이다. 예를 들어 나는 치마를 입은 채로 심각한 내용을 발표하는 남자를 본 적이 있다. 주의가 분산될 수밖에 없지 않은가!

| 디자인 |

청중이 회의실을 떠나면서 슬라이드의 메시지가 아니라 디자인을 이야기한다면 프레젠테이션은 실패한 것이다. 디자인은 메시지를 잘 전달할 수 있을 정도로 좋아야 하지만 청중의 집중을 방해하는 요소가 되어서는 안 된다. 주제와 관계없는 그림이 배경에 들어가 있으면 주의가 분산되고, 관계가 있는 그림이라도 명확히 보이지 않으면 청중은 그것이 무엇인지 알아내려고 쓸데없는 주의를 기울이게 된다.

| 애니메이션 |

애니메이션은 가장 자주 등장하는, 주의집중을 방해하는 기술이다. 우리는 청중이 주목했으면 하는 슬라이드의 일부분에 그들의 관심을 집중시키기 위해 애니메이션을 사용하지만, 너무 많이 사용하면 청중의 관심을

엉뚱한 데로 돌리거나 청중을 무감각하게 만드는 결과를 낳는다. 그럼 언제, 어떻게 사용해야 할까? 이 부분은 한 마디로 정의하기엔 어려우므로 이 책의 애니메이션 부분을 참고하길 바란다. 그 규칙들은 수많은 경험을 통해 청중의 주의가 분산되지 않도록 고안된 것들이다.

> **Presentation S·U·M·M·A·R·Y**
>
> ❶ 프레젠테이션은 발표자가 아니라 청중을 위한 것이다.
> ❷ '스스로 설명하지 않는 슬라이드'와 '시각적 인지의 부조화'를 일으키는 슬라이드를 사용하라.
> ❸ 필요 없는 글들은 빼라.
> ❹ 완전한 문장을 쓰지 말고 핵심 단어나 어구를 사용하라.
> ❺ 가능한 글보다 그림을 사용하라.
> ❻ 완결된 슬라이드를 쓰지 말고 발표하면서 만들어 나가라.
> ❼ 청중의 주의를 분산시키지 말라.

메시지, 당신이 원하는 것과 청중이 원하는 것

Killer Presentation Using Bible

PART II

메시지 전달을 위한
준비운동

지금 말하려는 것이 침묵보다 아름답지 않다면,
그냥 입을 다물어라. | **공자** |

이것은 특히 적절한 인용이다. 프레젠테이션과 그 내용을 분리하기는 어렵다. 2부에서는 '메시지 전달'에 대해 알아보는데, 이는 '프레젠테이션의 목적이자 프레젠테이션의 내용을 구조화하는 방식' 즉 프레젠테이션 후 얻고 싶은 것이 무엇인지를 정확히 아는 방법과 그 목적을 위해 어떤 식으로 내용을 구성하면 좋을지를 다룬다는 얘기다. 파워포인트 사용 여부와 상관없이 프레젠테이션에 대한 일반적인 것들이다.

프레젠테이션의 목적이 교육이나 설득을 위해 청중에게 정보를 전달하는 것이라면, 당연히 사람들이 정보를 기억하는 방식을 이해해야 한다. 이 개정판에서는 부록으로 프레젠테이션에 도움이 될 기억심리학 분야의 개념들을 설명해 놓았다. 뒤에서 자세히 설명하겠지만 단순하게 보면 기억은 작동 기억(또는 단기 기억)과 장기 기억으로 나눌 수 있다. 장기 기억이 모든 실제 기억의 저장고라면, 작동 기억은 정보를 저장 형태로 바꾸거나 저장했던 기억을 다시 불러내 해독하는 장소다. 작동 기억은 시각과 소리, 그리고 이것들을 머릿속에서 재현하는 것과 관계가 깊은 네 가지 기본 요소를 가지고 있다. 작동 기억은 기본적으로 주목 체계이며, 따라서 '무엇을' 그리고 '어떻게' 주목할 것인지를 관장한다.

영상은 우뇌에서 다루고, 언어는 좌뇌에서 다룬다. 이에 더해 우리는 태어난 직후부터 이미지를 해석하는 법을 배우며, 언어능력은 만 2세가 되어서야 제대로 발달하기 시작한다. 시각 정보는 언어를 기반으로 한 정보보다 처리 속도가 훨씬 빠른데, 시각은 선천적인 능력이지만 언어는 의식적인 사고를 통해 습득한 능력이기 때문인 듯하다.

여기서 결론은 멀티미디어, 즉 시각과 청각 정보가 조화롭게 전달될 때 우리는 뇌의 양쪽을 동시에 사용하며 따라서 정보를 더 빠르고 정확하게 받아들인다는 것이다. 이것은 휴고 드 뷔르흐와 팀 스튜어드의 책인 〈비즈니스에서의 비디오 활용법Video Applications in Business〉에서 말하는 '의도된 메시지'와 '실제 메시지'의 개념과도 관계가 있다. 정보를 두 가지 흐름으로 전달할 때 우리는 커뮤니케이션 과정의 오류를 줄이고 결과적으로 의도된 메시지와 실제 메시지가 부조화를 일으킬 위험을 방지할 수 있다는 것이다. 시각적인 프레젠테이션이 얼마나 효과적인지를 말해 주는 이론들이다.

이제 본격적으로 m62의 메시지 전달 기법을 연습해 보자. 가장 먼저 해 주고 싶은 말은 글머리 기호에 관한 것이다. 글머리 기호 목록은 발표자에게 말할 내용을 알려 주고, 언제 말해야 할지를 알려 주기 때문에 최상의 '큐카드(cue card)'라고 말할 수 있다. 알다시피 큐카드는 텔레비전 진행자나 배우들이 말할 내용을 읽을 수 있도록 카메라 뒤쪽에서 들어 보여주는 카드이니, 발표자의 준비 과정에는 어느 정도 도움이 된다고 할 수도 있다. 그러나 청중이 대상이 되는 킬러 프레젠테이션에는 큐카드가 필요 없다. 아무 가치를 더해 주지 않기 때문이다.

글머리 기호 목록 대신 우리는 좀 더 시각적인 방식으로 프레젠테이션에 접근한다. 이 방법은 청중을 집중시키고, 경쟁력에서 우세해질 기회를 완전히 높일 수 있는데 이 책의 나머지 부분에서는 어떻게 이 적절함과 강렬함을 얻을 수 있는지에 집중하겠다. 그 방법은 대개 상식적이지만 한

 청중은 글머리 기호에 집중하지 않는다

프레젠테이션 슬라이드를 만드는 방식은 대개 발표자가 무엇을 말해야 하는지에 따라 결정된다. 일반적인 프레젠테이션은 '무엇을 발표해야 하는가?'라는 말로 규정된다. 그러나 우리의 킬러 프레젠테이션은 청중을 위해 만들어지고 '청중이 무엇을 보아야 하는가?'라는 말로 규정할 수 있다.

대부분의 발표자가 일반적으로 프레젠테이션 준비를 시작할 때 만드는 전형적인 글머리 기호 목록은 발표를 위한 대본으로는 도움이 된다. 프레젠테이션에 구조와 형태를 부여하는 것이 목적이라면 글머리 기호 목록은 분명히 효과가 있다. 그러나 이것이 청중에게 도움이 된다고 말할 수는 없다. 사실 이 목록은 청중의 집중을 방해하고 프레젠테이션에 흥미를 잃게 한다. 전형적인 슬라이드 디자인에 내용까지 스스로 설명하는 본문이 들어 있고 그 의미가 명백하다면, 청중은 쉽게 몽땅 읽어버린 후 아예 발표자의 말을 듣지 않을 수도 있다.

편 정밀하기도 하며 체계적인 접근을 필요로 한다. 당신이 제대로 활용하려면 당연히 몸에 익힐 시간이 필요하며, 전달하고자 하는 메시지의 본질적인 부분을 분명하게 새겨두고 있어야 한다.

세일즈 프레젠테이션은 길고 긴 세일즈 과정의 정점에 위치해 있다. 잠재고객이나 클라이언트는 이것을 시작으로 마케팅, 판매촉진 혹은 준비하고 실행하기 위해 시간과 돈이 드는 활동인 PR을 접하게 되기 때문이다. 그들의 흥미와 반응에 따라 정보를 주고, 회의를 열고, 제안서를 쓰고, 시연을 하는 등의 다양한 활동이 이어질 것이다. 다시 한 번 말하는데 이 모든 것은 시간과 돈이 드는 일이다. 프레젠테이션은 이러한 전체 과정 중 아주 중요한 부분을 차지한다. 프레젠테이션에 실패하면 모든 과정을 다시 반복해야 하며, 필요한 시간과 비용이 엄청나게 늘어날 수밖에 없음을 알 것이다.

나는 프레젠테이션의 목적을 이루기 위해 투자하는 시간은 가치가 있다고 생각한다. 그러나 이 상식적인 원칙은 종종 잊혀질 때가 많다. 우리는 프레젠테이션 내용을 정확하게 준비하고 전달해야 한다. 경험이 풍부한 발표자라도 이 과정이 시간과 노력을 요구한다면, 기꺼이 투자해야 한다. 이를 받아들인다고 해도 프레젠테이션을 어떻게 준비해야 하는지 알아야 한다는 과제가 남는다. 이제 그 방법을 논의하기로 하자.

청중이 집중하는 시간은 얼마나 될까?

우리는 프레젠테이션에서 습득한 정보의 양이 시간이 흐르면서 기하급수적으로 줄어든다는 것을 알고 있다. 기억에 남아 있는 정보의 양은 오늘, 내일, 그리고 다음 주로 가면서 점점 줄어든다. 그렇다면 프레젠테이션 도중 청중이 실제로 얻는 정보의 양은 어떨까? 이것은 여러 가지 요인에 따라 달라지는데 발표자가 프레젠테이션을 얼마나 잘했는지는 별로 중요하지 않다. 발표자가 그다지 중요하지 않다니 의외인가? 가장 결정적인 한 가지 요인은 청중이 프레젠테이션에 집중했는지 아니면 딴 생각을 했는지의 여부다. 청중은 당연히 실제로 보고 들은 것만을 기억할 수 있기 때문이다.

집중의 심리학을 조사한 자료가 있다. 좀 더 자세한 정보가 필요하다면 휴고 드 뷔르흐와 팀 스튜어드가 쓴 〈비즈니스에서의 비디오 활용법Video Applications in Business〉과 N 아울튼의 〈비판적으로 생각하기 Critical Thinker〉에서 '집중시간과 그것이 훈련자들에게 미치는 영향' 부분을 참조하기 바란다.

프레젠테이션이 시작된 시점부터 참석자가 더 이상 듣지 않게 되는 시점까지를 '집중시간(attention span)'이라고 한다. 스톱워치와 좋은 책 한 권, 지금 보고 있는 이런 책 말고 소설 같은 것으로 당신의 집중시간을 잴 수 있다. 시작 버튼을 누르고 책을 읽기 시작하라. 책을 읽다가 처음으로 스톱

워치를 확인하게 되는 순간까지가 현재 당신의 집중시간이라고 할 수 있다.

잘 관찰해 보면 이 책을 읽는 중에도 가끔 딴 생각을 한다는 것을 의식할 수 있을 것이다. 시간을 확인한다든지, 다음에 할 일을 생각한다든지, 아니면 잠깐 쉬고 차를 한잔 더 마실까(마시길 권한다. 카페인은 도움이 될 수도 있으니!), 아니면 전화를 한 통 할까 고민할 수도 있다. 심지어 특별히 재미있는 책을 읽고 있을 때도 집중도가 점점 약해진다는 것을 알 수 있다. 이때 일반적으로 남성보다 여성이 집중을 유지하는 능력이 뛰어나다는 점은 주목할 필요가 있다. 남녀공학 학교에서 금방 지겨워하며 집중을 방해하는 남학생들과 함께 공부하는 여학생들보다, 여학교에서 일정한 페이스로 공부하는 여학생들의 성적이 좋은 이유도 이 때문이다.

다음 표가 보여 주듯이 청중이 프레젠테이션에 집중할지 여부를 결정하는 요소는 아주 많다. 물론 각 개인의 집중시간은 그들이 처한 상황에 따라 천차만별이다. 예를 들어 복잡한 대상에 집중해야 할 때는 집중시간이 짧아질 것이다. 개인 성향에 따라서도 달라진다. 재미없는 TV 프로그램을 볼 때 어떤 사람은 집중하지 못하지만, 이를 어렵지 않게 오랫동안 볼 수 있는 사람도 있다.

점심식사에서 과식을 했거나 중요한 결정을 앞두고 있는 등 청중의 집중에 영향을 줄 수 있는 온갖 요소가 존재하지만, 분명하게 집중을 방해하는 요인들이 있으며 다음 표에서 이를 확인할 수 있다.

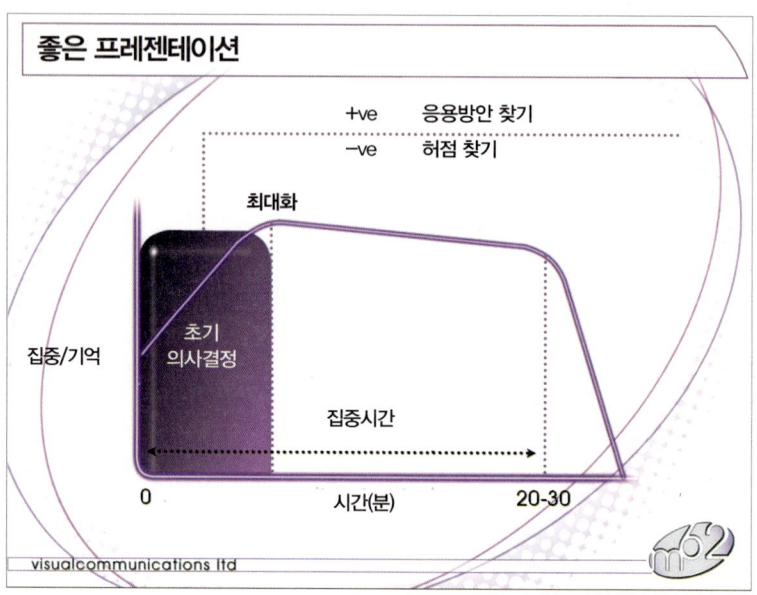

: : 내 발표가 끝난 후 사람들은 뭘, 얼마나 기억할까?

청중의 집중도를 기준으로 기억과의 관계를 보면, 처음에는 비교적 천천히 시작하여 안정기에 이르기까지 빠른 속도로 올라간 다음 다시 떨어지는데 마지막에는 급속도로 떨어진다. 그래프를 보면 시작한 지 20~30분이 지난 후부터는 낭떠러지처럼 급격히 떨어지는 것이 보일 것이다.

www.killerpresentations.com/attentionspan.html

표에서 '긍정적 상관관계'라고 표기된 것은, 이 요소가 증가할수록 집중시간도 길어짐을 의미한다. 반대로 '부정적 상관관계'는 의도하지 않은 반응을 일으키는 요소를 말한다. '중립적 상관관계'는 부족해도 지나쳐도 해롭기 때문에 적절한 균형을 유지해야 하는 요소라는 뜻이다.

● 발표자 : 발표자의 열의는 전염성이 강하다. 명료하고 자신감 있는 목소리, 톤과 속도의 완급 조절, 적절한 제스처, 전문지식과 신뢰도 모두 집중도를 높여 준다.

집중시간에 영향을 주는 요소		
발표자	열의	긍정적 상관관계
	목소리	단조로울 경우 집중 저해
	애니메이션	중립적 상관관계
	열정	긍정적 상관관계
	속도	중립적 상관관계
청중	지적 능력	중립적 상관관계
	흥미 수준	긍정적 상관관계
	발표자에 대한 호감	긍정적 상관관계
	성	일반적으로 여성이 남성보다 집중시간이 김
	나이	나이가 많을수록 증가하나 10대 이후로는 정체
	언어	익숙한 언어를 사용하면 집중도가 높아짐
주제	적절함	긍정적 상관관계
	익숙함	긍정적 상관관계
	복잡성	부정적 상관관계
	명확성	긍정적 상관관계
장소	보는 데 드는 노력	부정적 상관관계
	듣는 데 드는 노력	부정적 상관관계

● **주제** : 주제는 흥미롭고 적절해야 한다. 얼마나 자세하게 접근할 것인지는 청중의 사전 지식과 경험에 따라 결정해야 하며, 설명은 명확하고 쉽게 하고, 청중에게 익숙한 용어를 사용해야 한다.

● **물리적인 장애** : 청중이 프레젠테이션을 보고 듣기가 어렵다면 물리적인 장애가 문제를 일으킨다. 장소와 환경은 프레젠테이션에 도움이 되도록 조성되어야 한다.

이제 집중을 위한 기본적인 요소들과 해법을 좀 더 자세히 알아볼 차례다.

| **집중을 연장하기 위한 전략** |

첫인상은 오래 남는다고 한다. 프레젠테이션에서의 처음 몇 분도 굉장히 중요하다. 시작부터 청중의 주목을 끄는 것, 그리고 발표를 시작하면서 소리와 애니메이션, 영상물 등의 매체를 적절하게 사용하는 것은 프레젠테이션 성공의 전제 조건이다. 물론 도움을 주는 다른 세부적인 요소들도 있다.

청중의 반응을 읽고 필요한 순간마다 떨어지는 관심을 다시 회복시킨다면 청중의 집중을 계속 유지할 수 있다. 이를 위한 기술에는 두 가지가 있는데 '하드 브레이크'와 '소프트 브레이크'이다. 하드 브레이크는 커피 한 잔이나 편안한 휴식, 장소나 방식의 변화 같은 것을 말한다. 청중이 다른 생각을 할 수 있도록 허용하는 일종의 '확실한 휴식'이다. 우울하게도 최근에는 휴식시간이 스마트폰을 체크하는 시간이나 다름없게 되었지만 말이다.

소프트 브레이크는 좀 더 자주 활용할 수 있는데 다음과 같은 것들이다.

- 속도의 변화
- 새로운 화제
- 다양한 매체 사용
- 발표자 또는 프레젠테이션의 교체

- 질문
- 예시, 일화, 주제와 상관없는 이야기(주제를 뒷받침해 주는 것이면 더욱 좋다.)

브레이크 후에는 다시 주제로 들어가야 하는데, 이때 이제까지 나온 이야기를 요약하기도 한다. 이렇게 하면 다시 시작할 준비가 되고 청중의 관심을 다시 불러일으킬 수 있다. 여기에 수치화할 수 있는 요소를 추가한다면, 90분 동안 소프트 브레이크 활용 횟수를 두 번이 넘지 않게 하고, 그 다음에는 하드 브레이크를 주어야 한다는 것이다.

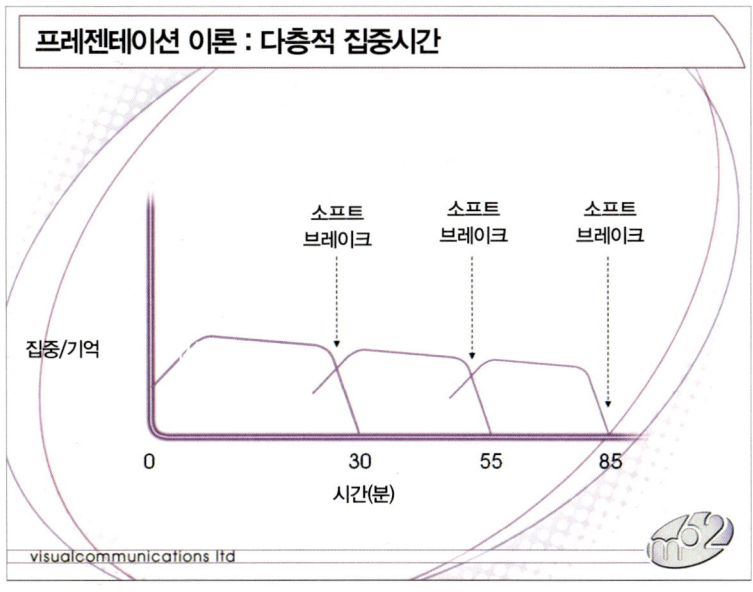

:: 청중을 잠에 몰아넣고 싶지 않거든 브레이크를 사용하라!
세심하게 신경 쓰지 않으면 어떤 프레젠테이션도 지루하거나 너무 복잡해질 수 있다. 프레젠테이션이 너무 길거나 낫설 살짝 삽아노 문세는 심삭해신나. 세내토 하고 싶다면 90분 통안 소프트 브레이크 활용 횟수를 두 번이 넘지 않게 하고, 그 다음에는 하드 브레이크를 주는 것이 좋다.
www.killerpresentations.com/attentionspan.html

| **타이밍 전략** |

프레젠테이션의 소요시간은 매우 중요하다. 너무 길면 안 된다. 세일즈 프레젠테이션의 이상적인 시간은 20~30분을 많이 넘지 않는 정도이다. 이 시간을 지나 격의 없는 토론으로 넘어가는 것은 괜찮다. 또한 분명히 말해 두는데, 트레이닝 코스처럼 며칠이 걸릴 수도 있는 긴 행사라면 단위를 더 작게 쪼개서 구성해야 청중의 관심을 지속시킬 수 있다. 여기에 필요한 '브레이크'는 앞서 언급하였다.

| **주의 집중 전략** |

그래프를 다시 보면, 청중은 일반적으로 프레젠테이션이 시작되고 몇 분간은 집중하지 않는다는 것을 알 수 있다. 이를 해결하기 위한 전략은 대체로 두 가지가 있다. 대부분의 프레젠테이션 안내서들은 청중의 주목을 끌기 위해 프레젠테이션 첫 페이지에 일종의 장치를 집어넣으라고 조언한다. 그리고 멀티미디어를 이용하는 것이 좋으며 사운드 혹은 극적인 효과를 사용할 것을 권유한다.

그러나 나는 다른 전략을 선호하는데, 세일즈 프레젠테이션이라면 더욱 그렇다. 우리는 청중이 처음 몇 분 안에 본 것들을 기억하지 못한다는 사실을 인정하고, 이 시간을 이용하여 믿을 만한 사실과 수치로 청중에게 좋은 인상을 줌으로써 프레젠테이션을 하는 회사에 신뢰를 갖도록 유도한다. 이렇게 하면 청중이 처음 내용들을 기억하지 못해도 상관없다. 예를 들어 처음 4분 동안 회사의 위치, 직원 수, 시장의 크기 등 신뢰를 더해 주는 흥미로운 정보를 이야기할 수 있는데, 이것은 청중이 일단 회사를 신뢰하기로 마음먹기만 하면 즉시 잊어버려도 상관없는 내용들이다.

시작하는 순간 두 개의 길이 열린다 – 초기 의사결정 IPD

프레젠테이션 초반에 일반적으로 청중은 완전히 집중하지 못하는 대신 '비인지적인 결정'을 내린다. 대개 그들은 발표자를 보고 이 결정을 내리는데, 프레젠테이션에 참석하는 것이 과연 생산적인 시간 활용이 될 것인지를 결정하는 것이다. 이것이 바로 '초기 의사결정Initial Purchase Decision(IPD)'이라는 개념이지만, 여러분은 아마도 〈첫인상이 중요하다First Impressions Count〉 혹은 〈12개의 속도, 12인치, 12개의 단어12 paces, 12 inches, 12 words〉 같은 책에서 나온 이론으로 더 잘 알고 있을 것이다.

프레젠테이션이 시작되는 순간 청중에게는 두 개의 길이 열려 있는데, 그들은 이때 프레젠테이션의 나머지 시간을 어떻게 보낼지를 결정하는 두 가지 심리 상태 중 하나를 선택한다.

● '**응용방안 찾기**'는 긍정적인 쪽에 붙인 이름이다. 이 경우 사람들은 '그래, 이건 쓸모 있는 이야기야.'라고 결론을 내리고 발표 주제가 진행됨

에 따라 점점 집중하기로 한다. 구체적으로 말하면 그들은 프레젠테이션이 진행되는 것을 보며 스스로 이런 질문을 한다. '이게 여기에 도움이 될지 저기에 들어맞을지 궁금하네.' 그리고 발표자가 말하는 것들을 어떻게 현실에 응용할 것인가를 고민하며 능동적으로 프레젠테이션에 참여한다. 그들의 관점이 정확하다면 이 심리 상태는 프레젠테이션 내내 지속될 것이며, 이것은 말할 것도 없이 가장 좋은 상태지만 쉽게 무너질 수밖에 없는 상태이기도 하다.

● **'허점 찾기'**는 반대의 경우를 말한다. 이 경우 사람들은 프레젠테이션 초반에 부정적인 평가를 내리고, 발표 내용을 듣는다고 해도 그 안에서 약점을 찾으려고 할 것이다. 이런 상태에 있는 사람들은 내용 속에서 허점을 찾으려고 한다.

물론 이 두 가지 상태는 극단적이며 사이에 중간 상태가 있을 가능성도 있지만, 청중이 이 양극단의 태도를 보이는 경우는 종종 있다. 청중이 과정을 인지해야 하고, 이 과정이 그들의 시각에서 보았을 때 완전히 합당해야 긍정적인 결정을 얻을 수 있다. 이 효과가 초반 3분에서 5분 사이에 일어나지 않으면 기회는 지나가 버린다. 이 시간 안에 초기 의사결정이 이루어진다. 또한 안타깝게도 부정적인 방향으로 결정되어 버리면 발표자가 그것을 되돌리기는 아주 어려운 경우가 많다.

정리하면 초기 의사결정(IPD)이란 청중이 '응용방안 찾기'에 나설 것인지, 혹은 '허점 찾기'에 나설 것인지를 결정하는 시점이다. 대개 프레젠테이션이 시작된 후 5분 안에 이 시점에 도달하는데, 당신은 청중의 몸짓을 보고 5초 안에 그들의 의사를 읽어낼 수도 있다. 대표적인 예로, 글머리 기호를 사용한 프레젠테이션을 보고 청중이 5초 안에 잠드는 현상을 들 수 있다.

> **Presentation S·U·M·M·A·R·Y**
> ❶ 프레젠테이션은 청중, 내용, 장소, 시간대에 맞게 조절하여 20~30분 안에 끝내는 것이 좋다.
> ❷ 하드 브레이크는 세 번 이상 주지 말고, 30분이 지난 다음에 주어야 한다.
> ❸ 초반 4분 정도의 내용은 자세히 기억되지 못하고 인상으로만 남는다.
> ❹ 초기 의사결정(IPD)에 영향을 줄 수 있도록 초반 4분의 내용을 구성하라.
> ❺ 응용방안 찾기 상태에 있는 사람들은 설득하기 더 쉬운 청중이며, 세일즈 프레젠테이션일 경우 더욱 그렇다.

목표 설정에 대한
뻔한 질문

어디로 갈지 알지 못한다면,
어떤 길이라도 당신을 거기에 데려다 줄 것이다. | 공자 |

나의 목표는 무엇인가?

사람들에게 프레젠테이션을 위한 개인 기술을 훈련시킬 때, 우리는 프레젠테이션을 준비해서 실행한 다음 이것을 녹화해서 다시 틀어보는 방법을 쓴다. 그 과정에서 우리는 프레젠테이션을 안 좋게 만드는 가장 큰 이유는 '왜?'라는 질문에 명확히 답하지 못하기 때문임을 알게 되었다. 명확한 의도가 없다면 프레젠테이션은 그저 '무엇에 관한' 것이 되고, 이럴 경우 발표자는 목적도 없이 쓸데없는 이야기만 횡설수설하면서도 임무를 어느 정도 다했다고 착각할 수 있다. 이런 프레젠테이션은 너무 많은 정보를 너무 빠른 속도로 전달하는 경향이 있다.

명확히 말해 두겠다. 비즈니스 프레젠테이션은 그저 '무엇에 관한' 것이 되어서는 안 된다. 항상 뚜렷한 목표를 가져야 한다. 실제적인 목표가 없다면 부적절하고 위험한 방법을 쓸 수밖에 없을 것이다.

프레젠테이션을 해야 할 때, 이를 준비하는 가장 단순한 방법은 '비슷한 다른 프레젠테이션'으로 시작하는 것이다. 프레젠테이션 A의 자료와 슬라이드를 가져와서 프레젠테이션 B에 맞게 적용한다. 이 방법은 시간을 절약해 줄지는 몰라도 너무 쉽게 타협하게 된다. 결국 완성되는 것은 슬라이드들이 뒤범벅된 형태이며, '지난번에 존이 프레젠테이션 C에서 사용한 저 슬라이드가 좋아 보이는데, 저것도 집어넣자.'는 식이므로 맞는 것과 그렇지 않은 것들이 마구 섞이게 된다. 이렇게 해서 나오는 결과물은 무(無)에서부터 시작하여 만드는 프레젠테이션과 분명히 다를 것이며 당연히 그보다 못할 것이다.

'내가 이 프레젠테이션을 하는 이유는 무엇인가?'라는 질문에 명확한 답을 해야 한다는 것은 프레젠테이션을 준비하는 사람에게 중요한 법칙이다.

나는 이 질문을 영업사원들에게 했을 때 그들의 얼굴에 떠오르는 믿을 수 없다는 표정을 좋아한다. 그들은 대개 이것이 너무 뻔한 질문이라고 생각한다. 그러나 나는 '매출을 올리기 위해서'라는 대답이 너무 순진한 것임을 깨닫게 되었을 때 그들의 얼굴에 떠오르는 당혹스러운 표정을 더 좋아한다.

프레젠테이션에 사용하는 모든 슬라이드 하나하나는 왜 이것을 넣었는지에 대해 납득할 만한 이유가 있어야 한다. 슬라이드의 순서를 왜 그렇게 했는지도 마찬가지다. 나아가 발표자와 청중이라는 이질적인 두 요소가 모두 프레젠테이션의 목표를 뚜렷하게 인식할 수 있어야 한다. 아이러니하게도 세일즈 프레젠테이션에서는 발표자와 청중이 프레젠테이션에서 원하는 것이 각각 다른 경우가 많다.

프레젠테이션이 실패하는 가장 흔한 이유는 명확한 목표의 부재이다. 명확한 목표는 프레젠테이션 성공을 위한 기본 조건이다. 경영의 구루, 즉 전문가들은 누구나 자기 식으로 바꾼 격언을 가지고 있다. 예를 들면 이런 것들이다. '어디로 가야 할지 모른다면 어떤 길이라도 방향을 알려 줄 것이다.' 아마 이해하기 어려운 격언을 단순하게 바꾼 형태일 것이다. 결국 목표는 명백해 보인다. 당신이 했던 가장 최근의 경쟁 프레젠테이션도 똑같은 목표를 갖고 있었다. 바로 고객이 구매하도록 유도하는 것이다. 맞지 않는가? 그러나 이제 그 다음 질문이 등장한다. 그렇다면 어떻게?

| SMART한 목표 |

이에 대해서는 널리 알려진 축약어인 'SMART'가 좋은 길잡이가 되어 준다. SMART의 의미는 다음과 같다. 아래 내용을 읽으면서 목표로 삼을 수 있는 것이 무엇인지 생각해 보기 바란다.

- Specific(구체적인) : 청중이 프레젠테이션을 적절하고 유용하다고 생각하도록 해준다.
- Measurable(측정할 수 있는) : 프레젠테이션이 끝난 뒤에 일어날 행동

을 보장해 준다. 청중의 동의나 행동, 기억에서 마지막에 받는 박수 소리의 크기까지, 측정할 수 있는 것은 무엇이든 연관시킬 수 있다.

- Achievable(달성할 수 있는) : 청중이 무엇을 하길 바란다는 목표가 있다면 스스로 통제할 수 있는 범위 안에서 행동하라.
- Realistic(현실적인) : 현실적인 결과를 예상하는 것이 바람직하다. 프레젠테이션 안내서로는 짤막한 장으로 구성된 얇은 책이 좋을 것이다. 읽는 데 너무 오래 걸리면 책에서 얻는 혜택보다 책을 읽느라 들이는 노력이 더 클 것이다.
- Timed(시한이 있는) : 일정한 시간 범위 내에 목표를 달성해야 한다. 커피가 충분히 있다면 약 세 시간이다.

목표를 공식화하면 다른 질문이 따라나오고, 이 질문에 답하다 보면 목표가 더욱 명확해진다. '누가, 언제, 얼마나' 구매하기를 원하는가? 어떤 일이 일어나야 하는가? 예를 들면 그 자리에 참석한 의사 결정자가 '예'를 대답하도록 설득하기 위한 프레젠테이션과, 그 자리에 없는 의사결정자에게 권유하도록 청중을 유도하기 위한 프레젠테이션 사이에는 차이가 있다. 만약 이 분석이 복잡한 그림을 만들더라도 어쩔 수 없다. 관건은 모든 측면에서 다뤄져야 할 문제를 프레젠테이션이 다루는 것이다. 목표는 단순히 그 자체로 중요한 것이 아니라 프레젠테이션을 구성하고 전달하며 그 효과를 확신하는 전 과정에 도움이 되어야 한다. 한 마디로 목표는 방향을 제시해야 한다.

과거에 나는 1200만 달러에 달하는 계약을 2년 더 연장하기 위한 프레젠테이션을 준비하는 영업사원에게 컨설팅을 해주었다. 나는 먼저 프레젠테이션의 목적을 물었다. '계약을 연장하는 것'이라는 답이 돌아왔다. 영업사원의 표정을 보니 이것을 바보 같은 질문이라고 생각하는 것이 분명했다. 다음으로 나는 그것이 목적이라면, 계약서에 서명할 사람은 누구이며, 그 사람이 프레젠테이션에 참석하는지를 물었다. 알고 보니 그는 의사결정자가 누구인지는 알고 있었으나 그가 프레젠테이션에 참석할 것인지는 모르고 있었다. 그래서 다시 물었다. 만약 의사결정자가 그곳에 없다면, 계약을 따내기 위한 프레젠테이션의 목적은 어떻게 달라져야 할까? 그 자리에 참석할 청중은 이 목적을 달성할 수 없는 사람들임이 분명했다. 다음 두 시간 동안 우리는 전략을 짰고 결국 그 영업사원은 의사결정자에게 전화를 걸어 프레젠테이션 자리에 참석해 주기를 부탁했으며, 그가 동의하자 이번에는 프레젠테이션에서 무엇을 보고 싶은지를 물었다. 그렇게 해서 얻은 답은 프레젠테이션의 내용을 준비하는 데 도움이 되었고 영업사원은 결국 계약 연장에 성공했다.

따라서 언제나 목표를 명확히 해야 한다. 그것을 종이에 적는 것도 좋은 훈련이 된다. 이것은 절대 따분한 행동이 아니며, 효과를 얻기 위해서는 목표를 간단하게 압축해야만 한다. 당신이 달성하고 싶은 것, 청중이 원하는 것, 그리고 그들이 프레젠테이션에 참석하여 얻게 되는 혜택이 무엇인지를 목록으로 적어 보길 바란다.

그러므로 준비를 시작하기 전에 명확한 목표를 갖고 있는지 스스로에게 물어보라. 프레젠테이션을 '왜' 하는지, 그리고 그를 통해 '무엇을 달성'하고자 하는지를 알면 성공하기가 쉬워지며, 이를 명확히 인식하는 데 쓰이는 시간은 가치가 있다. 간단히 몇 분밖에 걸리지 않을 수도 있고, 더 많은 생각과 시간이 필요할 수도 있다. 그럴 경우 충분히 투자하라. 이때 사용하는 시간은 길더라도 충분히 그럴 가치가 있으며, 얼마가 걸리든 나중에 진행될 프레젠테이션 단계의 시간을 절약해 줄 것이다.

좋다. 이제 당신은 목적을 확실히 알고 있고, 구체적인 목표도 있다. 그렇다면 이 단계에서 또 중요한 것이 무엇일까? 답은, 지금 준비하는 프레젠테이션이 어떤 유형인지에 따라 달라진다.

| **목적에 따른 프레젠테이션의 4가지 유형** |

나의 경험에 따르면 프레젠테이션에는 기본적으로 4가지 유형이 있다. 예상대로 각각의 차이점은 프레젠테이션의 목적에 근거한다.

- 설득 : 이성적인 수준에서 누군가가 당신의 관점에 동의하여, 결론적으로 당신이 권유하는 행동을 하도록 설득하는 것. 판매가 목표일 경우 제품이나 서비스를 구매하는 행동 또는 구매를 향한 단계로 나아가는 행동.
- 교육 : 정보를 주는 것을 목적으로 교육하거나 전달하는 것. 기술을 전해 주는 것은 행동을 유도하는 것과도 명확히 연관된다.
- 오락 : 프레젠테이션의 목적이 청중을 즐겁게 하는 것인 경우.

● **동기부여** : 감정적인 수준에서 행동을 바꾸거나 강화하도록 설득하는 것

이 책에서는 주로 설득과 교육을 위한 프레젠테이션에 초점을 맞출 것이다. 다른 두 가지 유형은 소프트 스킬과 발표 전문가들에게 남겨 두자. 물론 각 유형들은 복합되는 경우도 많다. 때때로 설득과 교육은 하나의 프레젠테이션에서 동시에 필요하기도 하지만, 어떤 순간에 무엇이 필요한지는 명확히 알아야 한다. 목표에 따라 달라지는데 상대가 당신에게 동의하거나 무엇을 구매하도록 만들고 싶다면 그리고 당신이 말하는 것을 상대가 신뢰해야 한다면, 당신은 설득하고 있는 것이다. 만약 상대가 단지 어떤 것을 알게 하고 싶다면, 당신은 교육하거나 정보를 주는 것이다.

설득과 교육이라는 프레젠테이션의 두 가지 유형은 아래 요소들에서 차이가 있는데, 목표만 다른 것이 아니라 거의 모든 것이 다르다.

● 속도
● 소요 시간
● 내용의 깊이
● 질문을 다루는 방법

설득과 교육의 차이를 설명할 때 가장 많이 드는 예는 '질문을 다루는 방법'이다. 자세히 이야기하겠지만 일단 여기에서는 '교사는 학생의 질문

에 대답해야 한다.'고 말해 두는 것으로 충분할 것이다. 이것이 암시하는 바는 교육을 위한 프레젠테이션은 '질문에 답해야 한다.'는 점이다. 그러나 판매가 목표일 경우는 다르다. 세일즈 프레젠테이션의 경우라면 질문에 대한 답을 바로 주지 않고 다음 질문이 나왔을 때 같이 답해 주는 것이 좋다. 즉 답을 조금 뒤로 미루는 것이 좋다.

이것만으로도 프레젠테이션에 올바르게 접근하기 시작할 수 있다. 지금 이야기하는 것은 매우 중요하다. 그리고 우리는 특히 세일즈 프레젠테이션에 초점을 맞추고 있기 때문에, 프레젠테이션 안에서 설득을 성공시키는 요소가 과연 무엇이며, 이 중 지금까지 언급한 킬러 프레젠테이션의 특성과 연관되는 요소가 무엇인지 더 깊이 조사해야 한다.

| **설득과 교육, 둘 다가 목표일 때 세일즈를 위한 해법** |

이 이론에 대해서는 기술적인 제품 혹은 서비스를 파는 사람들이 반대할 수도 있다. 핵심은 바로 내 물건을 팔기 위해서는 그 물건의 가능성을 가르쳐야 한다는 것이다. 이는 가장 어려운 유형의 세일즈인데, 이유는 영업사원이 세일즈맨과 기술자 혹은 교육자라는 두 가지 역할을 모두 만족시켜야 하기 때문이다.

경험에 따르면 가장 좋은 방법은 세일즈맨과 기술자 혹은 교육자를 모두 이용하여 이 역할을 구분하는 것이다. 이것이 불가능하다면 프레젠테이션을 두 가지로 나누는 것이 좋다. 교육을 위한 것과 세일즈를 위한 것으로 구분하는데, 전자에서는 '이것은 무엇인가?'를 이야기하고, 후자에서는 '왜 이것을 구매해야 하는가?'를 이야기한다.

만약 하나의 프레젠테이션에서 가르치고 판매하는 일을 동시에 해야 한다면 각각 다른 두 가지 화면배경을 사용한다. 하나는 교육용 슬라이드에, 또 하나는 판매용 슬라이드에 사용하며 각각의 경우에 행동을 달리 해야 한다. 가능한 가르치는 일과 판매하는 일을 구분해야 세일즈의 효과가 높아진다.

| 필요한 단어를 보면 목표가 보인다 |

일단 SMART한 목표를 적어 놓으면, 그 안에 사용된 언어가 프레젠테이션의 유형과 구조가 무엇인지를 파악하는 데 도움을 줄 것이다.

설득 프레젠테이션의 목표는 '구매, 판매, 동의, 의사결정, 제공, 인정' 등의 단어를 많이 사용한다. 모두 설득이 필요하며, 궁극적으로는 신뢰를 요구하는 단어들이다.

교육 프레젠테이션의 목표는 '가르치다, 설명하다, 이해하다, 기억하다' 등의 단어를 많이 쓰는데, 전부 지식을 요구하는 단어들이다. 따라서 교육 프레젠테이션은 지식을 전달하는 수단이다.

목표를 분석하면 프레젠테이션의 유형을 바로 알 수 있지만, 주의할 점이 있다. 세일즈맨들은 항상 목표가 '파는 것'이라고 생각하고, 교육자들은 항상 목표가 '가르치는 것'이라고 생각하는데, 두 가지 경우 모두 절대적이지는 않다는 것이다. 예를 들어 내가 만약 당신에게 브레이크를 팔고 싶다면 먼저 그것이 어떤 역할을 하는지 당신이 이해하도록 해야 하고(가르치다), 만약 당신에게 피타고라스의 정리를 가르치고 싶다면 그 지식의 필요성과 응용방법을 알려 줄 것이다(판매하다).

청중의 목표는 무엇인가?

당신의 목표를 정했다면 이제는 청중의 목표를 생각해 보는 것이 중요하다. 대개는 청중의 목표를 부차적인 것으로 생각하는데, 프레젠테이션에서 그들의 기대를 충족시키는 데 실패한다면 우리의 목표 또한 달성할 수 없음이 분명하다.

우리의 여러 클라이언트들은 새로운 사업 계약을 끌어오기 위해 세미나와 로드쇼를 개최하는데, 만약 프레젠테이션으로 가르쳐야 할 내용이 많다면 본격적인 설득에 들어가기 전에 교육 프레젠테이션을 먼저 갖는 것이 좋다. 실제 있었던 예를 든다면 '새로운 세금법과 이것이 경영자에게 갖는 의미' 같은 주제의 프레젠테이션 말이다. 우리는 보통 프레젠테이션을 두 개로 나누어 하나는 교육 전문가가 진행하고, 또 하나는 전문적인 훈련을 받은 세일즈맨이 간략하게 진행하는 것을 추천한다. 많은 회사들이 이용하는 '우리의 서비스를 사가세요.' 식의 기존 방법보다 놀라우리만치 더 효과가 좋다는 것을 우리는 경험으로 입증했다.

> **Presentation S·U·M·M·A·R·Y**
>
> ❶ 왜? 프레젠테이션을 하는가.
> ❷ 목표를 세워라, 그리고 필요하다면 조사하라.
> ❸ 목표는 SMART해야 한다.
> ❹ 구조를 결정짓는 언어에 주목하라.
> ❺ 만약 둘 중 하나를 선택해야 한다면 당신은 팔 것인가, 혹은 가르칠 것인가?

프레젠테이션의 **목적**
: 교육

내게 말해 보라, 그러면 잊어버릴 것이다.
내게 보여 주라, 그러면 기억할지도 모른다.
나를 참여시켜라, 그러면 이해할 것이다. | 중국 격언 |

배울 사람에게 뭐가 필요한지를 먼저 파악하라

'할 수 있는 자들은 하게 하고, 할 수 없는 자들은 가르쳐라.'라는 말이 있다. 가르침을 받아보지 못했거나 가르치는 일이 어떤 것인지 알지 못하는 사람이 말한 것이 분명하다. 나는 시험을 먼저 통과하는 바람에 16살이 되던 해에 1년 동안 수학 수업을 받지 않았다. 대신 선생님을 도와 수학이 부진한 12살 학생들을 가르쳤다. 그때 선생님께 어떻게 가르쳐야 할지를 배운 것을 지금까지 잊지 않고 있다. 그 경험은 이후 수많은 사람들에게 수많은 주제에 대하여 가르치는 데 도움이 되었다.

핵심은 이것이다. 가르치는 방법에는 일정한 절차가 있고 만약 이것을 따른다면 당신은 누구에게나 무엇이든지 가르칠 수 있다. 내 경험에 의하면 가르침의 설자는 다음과 같다. 가르침을 받는 사람들은 나음과 같은 요소를 갖추어야 한다.

- **신뢰** : 설사 실제로 그렇지 못하더라도 당신이 말하는 것을 당신이 알고 있다고 그들은 믿어야 한다.
- **동기부여** : 배우고 싶어 해야 한다.
- **언어** : 주제와 관련된 언어를 이해해야 한다. 예를 들어 '시트(sheet in, 돛의 방향을 조정하기 위해 돛 아래쪽에 다는 것)'나 '덕(duck, 자두 소스와 함께 먹으면 맛있는 고기가 아니라 '머리를 낮추다.'라는 의미)' 등의 단어를 쓰지 않고 요트 타는 법을 가르치기는 어렵다.
- **기본 개념** : 복합적인 개념을 만들 수 있는 단순한 개념을 알아야 한다.
- **복합적 개념** : 주제를 뒷받침하는 복합적인 개념을 이해해야 한다.
- **이해** : 그들이 주제를 이해하고 직접 활용할 수 있게 되는 순간이 성공의 정점이다. 아마 스스로에게 가르칠 수도 있는 순간일 것이다!

간단히 말하면 청중이 이미 알고 있는 것이 무엇인지를 알아낸 다음, 가르쳐야 할 내용을 그들이 이해할 수 있을 만큼 작은 크기로 쪼개서, 그들에게 익숙한 언어로 프레젠테이션하는 것이다. 간단하게 들리지만 이를 잘 해내는 것은 세상에서 가장 어려운 일일 것이다. 나는 세미나에서 이것을 설명할 때 다음 도표를 이용한다.

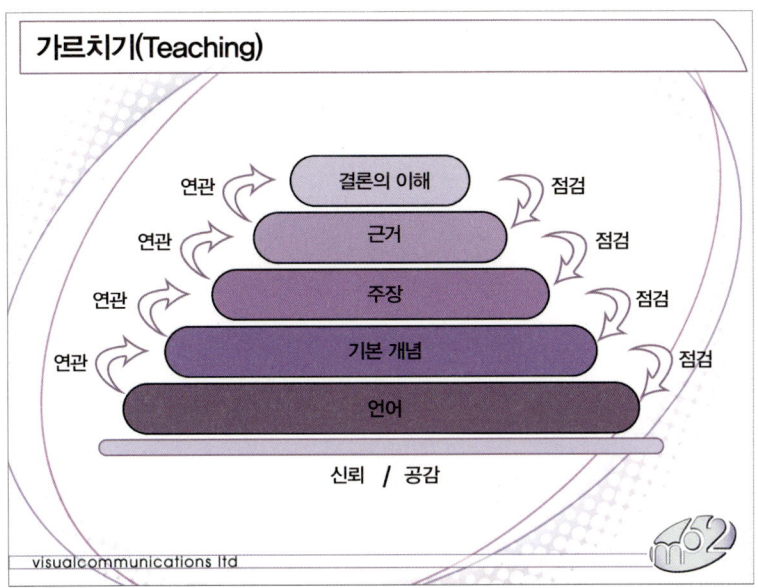

: : 청중이 '이해했을 것'이라고 짐작하지 말자. 중요한 것은 진짜 이해했는지 '확인'하는 것이다

나는 이것을 '학습 피라미드'라고 부른다. 각 단계는 아래로 내려갈수록 커지는데, 가르치기 위해서는 토대가 단단해야 함을 말해 주는 것이다. 각 단계는 청중과 연관되어 있고, 발표자는 질문을 하여 청중이 얼마나 이해하고 있는지를 점검해야 한다.

www.killerpresentations.com/teaching.html

교육 프레젠테이션의 구조를 알고 시작한다

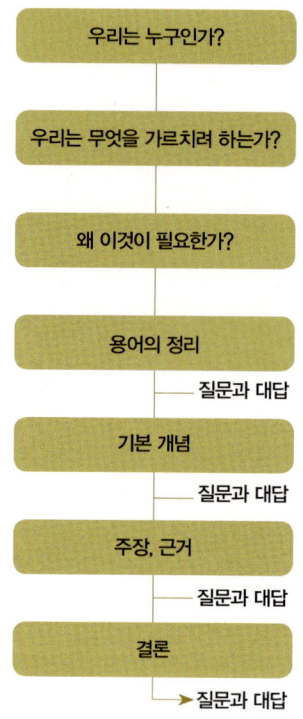

교육 프레젠테이션의 구조는 대략 위와 같이 정리할 수 있다. 교육 프레젠테이션은 항상 똑같지 않다. 청중은 각자 이해의 수준이 다르고 정보를 흡수하는 속도가 다르다. 교육자에게 가장 중요한 기술은 사람들의 주의를 계속해서 끄는 것이고, 적절한 슬라이드가 분명히 도움이 된다. 이를 위해 정보를 전달할 때 적절한 속도와 방법을 유지하는 청중 통제력이 필요하다. 청중의 질문은 프레젠테이션의 방법을 변화시키기도 하고, 현재의 내용을 뛰어넘게도 하기 때문이다.

교육 프레젠테이션에서 청중의 참여는 매우 중요하다. 이 장의 서두에 나온 중국 격언처럼 이해하기 위해서는 참여해야 한다. 일방적인 설교로는 제대로 가르칠 수 없다. 따라서 교육 프레젠테이션은 유연해야 하며, 발표자는 상황에 따라 움직일 준비가 되어 있어야 한다. 한 가지 팁을 주자면 상황에 따라 필요할 때마다 이쪽저쪽에서 슬라이드를 불러내기는 힘드니 프레젠테이션을 부분으로 나누어 별도로 저장하기를 권한다. 이렇게 하면 단순히 죽 나열하는 것보다 좀 더 쌍방향적인 프레젠테이션을 할 수 있다.

| 교육 프레젠테이션의 속도 |

다시 말하지만 다른 프레젠테이션과 마찬가지로 교육 프레젠테이션을 망치는 가장 큰 실수는 너무 많은 정보를 너무 빠르게 전달하는 것이다. 흥미를 가진 청중에게 아주 적은 양의 정보를 쌍방향 형태로 전달하면 점차 더 자세한 내용으로 접근할 수 있다. 반대로 처음부터 너무 많은 내용을 일일이 전달하려고 하면 그 방법이 어떤 형태이건 간에 청중은 지루해 할 것이다. 성공을 위한 열쇠는 청중에 따라 정보의 전달 속도를 조절하는 것이다. 질문을 자주 던지면 청중이 적극적으로 참여하게 될 뿐 아니라 발표자는 알맞은 속도를 예측할 수 있다. 청중이 이해하지 못하고 있으면 속도를 늦추고, 지루해 하면 속도를 높이면 되니까.

| 집중시간 조절하기 |

청중의 집중시간은 겨우 20분 정도라고 앞서 말한 적이 있다. 만약 청중에게 배우고자 하는 욕구가 있다면 교육 프레젠테이션에서의 집중시간은 늘어나겠지만 그래 봤자 한 시간이 채 못 되며, 하루 종일이 될 수는 없다. 주제가 어렵고 소요 시간이 길수록 프레젠테이션을 여러 세션으로 나누어 진행해야 한다. 하드 브레이크도 없이 20분의 집중시간(한 세션)을 3번 이상 연속해 진행하지 말아야 한다. 그리고 염두에 둘 것은 청중이 피곤한 저녁 시간대에는 집중시간이 10분으로 떨어질 수도 있으니 마지막 세션은 30분을 넘지 않도록 해야 한다는 것이다. 이것은 첫 번째 세션이 90분인 것과는 대조적이다.

| 중간 중간 요점 되풀이하기 |

지식을 전달하는 것이 목표인 교육 프레젠테이션일 경우에는 특히, 하드 브레이크든 소프트 브레이크든 각 브레이크 후에는 발표자가 내용을 다시 요약해 주는 것이 중요하다. 이렇게 하면 청중이 이해한 것을 확인할 수 있을 뿐 아니라 그들이 머릿속에, 그리고 전체 과정의 맥락 속에 정보를 배치하는 것을 도와줄 수 있다. 사람들은 자신이 무엇을, 왜 하고 있으며 다음엔 무엇을 할지 알고 있는 것을 좋아한다.

나는 대개 소프트 브레이크 후에 바로 전 집중시간에 이야기한 내용을 요약하고, 하드 브레이크 후에는 바로 전 세션의 내용을 요약한다. 그리고 이해도를 점검하고 청중을 다시 몰입시키기 위해 질문을 한두 개 던지는 방법을 사용한다.

| **열린 질문과 닫힌 질문** |

배움의 과정에서 질문은 매우 중요한데, 청중의 이해도를 점검하기 위해 발표자가 하는 질문이나 학생이 하는 질문 모두가 중요하다. 질문이 중요한 이유는 질문을 하게 된 원인 때문이기도 하고, 그것이 질문을 한 사람에 대해 알려 주기 때문이기도 하다. 사람들에게 다이빙을 가르치는 과정에서 필요한 것 중 하나는 보일의 법칙(Boyle's Law)을 진정으로 이해하고 인식하도록 해야 한다는 점이다. 이것은 기체의 부피와 그것을 누르는 압력의 상관관계를 설명한 법칙이다. 풍선을 불어 물속에 넣어 보자. 풍선이 물속 깊이 들어갈수록 그것을 누르는 물의 압력이 증가해 풍선은 점점 작아진다. 반대로 수면을 향해 떠오를수록 압력이 작아져 풍선이 부풀게 된다는 내용이다.

이 법칙이 중요한 이유는 무엇일까? 당신이 10미터 깊이의 물속에 있다가 숨을 참고 수면을 향해 헤엄쳐 올라온다고 가정해 보자. 폐(풍선) 안의 공기가 팽창하는데 숨을 쉬지 않으면 그 공기가 빠져나갈 수 없으므로 심각한 손상이 발생할 수 있는데, 결국 폐가 터지거나 색전증이 일어날 것이다. 그러므로 다이빙의 요령은 절대로 숨을 참지 않는 것이다. 그렇게 하면 폐 안의 공기가 팽창해도 밖으로 빠져나갈 수 있고 아무런 신체 손상도 일어나지 않는다. 지속적인 호흡이야말로 안전하게 다이빙하기 위한 필수요소이지만 물속에서는 숨을 참는 것이 사람의 본능이므로 이렇게 계속 호흡하는 것은 어렵고 직관에 반하는 일이다.

이제 한 학생이 이 설명을 듣고 다음과 같이 '닫힌 질문'을 한다고 가정해 보자.

"그러니까 제가 숨을 참은 채로 20미터 깊이에서 빨리 헤엄쳐 올라가도 10미터 지점에 가기도 전에 죽는단 말인가요?"

말할 것도 없이 답은 '그렇다.'이다. 그러나 여기서 흥미로운 것은 답이 아니라 질문이다. 질문을 다시 보라. 이번에는 '이 학생이 스스로 이해했다고 생각하는가?'를 자문해 보라. 이 학생은 닫힌 질문을 함으로써 자신이 이해했다고 생각하는 어떤 것에 대해 동의를 구하고 있음을 알 수 있다. 그는 자신이 이해한 것을 확인하려는 것이다.

이번에는 '열린 질문' 형태로 같은 질문이 들어왔다고 가정해 보자.

"그래서 제가 20미터 깊이에서 수면으로 올라오면 어떻게 되는 거죠?"

이 질문을 한 사람은 설명을 충분히 이해하지 못했을 가능성이 높다. 자신 스스로도 이해하지 못했다고 생각할 것이 분명하며, 더 많은 정보를 원하고 있다. 이런 종류의 질문은 거의 도와 달라고 외치는 것이나 다름없다. 교육자들은 아마도 이것을 본능적으로 구분할 수 있을 것이다. 질문을 주의 깊게 들어보고 그것이 열린 질문인지 닫힌 질문인지 구분함으로써 우리는 학생이 얼마나 이해하고 있는지를 알 수 있고, 교육의 효과가 어느 정도인지를 추측할 수 있다.

Presentation S·U·M·M·A·R·Y

1. 체계적이고 꼼꼼하게, 천천히 진행하라.
2. 틀에 구애받지 말고 유연하게 진행하라.
3. 이해하기 위해서는 참여해야 한다.
4. 청중 가운데 이해가 가장 느린 사람에게 속도를 맞추어라.
5. 질문으로 청중의 이해도를 점검하고 몰입을 유도할 수 있다.
6. 청중의 질문은 교육 과정의 성공과 실패 여부를 알려 주는 중요한 요소다.
7. 중간 중간 내용을 요약하는 습관을 들여라.
8. 가르치기를 진정으로 즐기거나 성인의 인내심을 갖고 있지 않은 한, 전문가에게 맡겨라.

프레젠테이션의 **목적** :
설득, 특히 **세일즈**

경영진은 뛰어난 세일즈맨이 프레젠테이션하지 않는 한,
좋은 아이디어라도 잘 알아채지 못한다. | 데이비드 M 오길비 |

세일즈의 과정을 보는 시각에는 여러 가지가 있다. 사람들이 말하는 것 중에는 상담 판매, 해법 판매, 쌍방향 그리고 창의적인 판매(또 있나?)가 있고, SPIN 세일즈 모델처럼 특별히 개발된 방식도 있다. 기본적으로 이 방식들이 주장하는 전반적인 접근법은 논리적이며, 구매에 이르기까지 사람들의 비슷한 행동을 관찰해서 나온 것이다.

단순히 '우리가 원하는 것이 무엇이며, 하기 쉬운 것은 무엇인가?'를 토대로 세일즈 과정을 구성해서는 안 된다. 세일즈에 대한 좋은 정의는 다음과 같다. 이 정의는 고객에게 초점을 맞추고 구매자의 의사결정 과정을 이해하여 반영한 것이다. '세일즈는 사람들의 구매를 도와주는 것이다.'

세일즈맨들에게 세일즈 기술과 인간관계 쌓기를 훈련시키는 데 매년 수십억 달러가 들어간다. 사람들이 무엇을 원하는지를 알아내고 탐구하지 않으면 그들의 구매를 이끌어낼 수 없다는 사실은 누구나 알고 있다. 그래서 세일즈맨들은 고객 방문을 시작하고 끝맺는 법, 질문하는 법, 목표를 다루는 법, 선택을 분석해야 할 시기, 해법을 제시할 때의 판매/구매자 순환의 단계, 구매를 요청하는 법 등을 배운다.

많은 회사가 자사의 목표를 달성하기 위해 일반적인 세일즈 과정을 거치는 것이 필요하며, 이렇게 함으로써 기회를 더 효과적으로, 그리고 능률적으로 관리할 수 있다는 것을 알고 있다. 기본 세일즈 과정에서 얻을 수 있는 효과는 여러 가지가 있는데, 그중 하나는 세일즈맨들이 보편적인 언어를 쓰게 된다는 것이다. 세일즈맨이 나에게 물건을 팔 때, 나는 이런 훈련이 되어 있는지 여부를 바로 알 수 있다. 세일즈맨을 훈련하고 계발하는 것의 가치를 인식하고 있는 회사와 거래하고 있다는 생각이 들면 나는 안심이 된다.

그러나 많은 회사가 이렇게 세일즈맨을 훈련하는 데 수십억 달러를 쓰면서도, '세일즈 프레젠테이션 과정'을 가르치는 데는 거의 투자를 하지 않는다. 그들은 매우 중요한 기회를 놓치고 있다. 성공과 실패를 결정짓는 것은 종이 한 장 차이인데, 이것이 바로 경쟁력이다. 파워포인트는 당신에게 그 경쟁력을 부여해 주는 놀랍도록 강력한 세일즈 도구이다. 프레젠테이션 과정을 올바르게 이용한다면 당신은 경쟁에서 이기고 청중을 사로잡을 수 있다. 이는 지금 일어나고 있는 일이기도 하다. 1부의 '파워포인트로 인한 죽음' 부분을 보면 잘못된 프레젠테이션이 어떤 결과를 가져오는지 알 수 있을 것이다.

성공적인 세일즈 프레젠테이션 과정은 이렇다

우리는 대체로 비즈니스 세계에서 일어나는 결정은 모두 이성적이라고 생각한다. 그러나 거기에도 항상 감정적인 요소가 있기 때문에, 이는 정확한 사실은 아니다. 의사결정자는 세일즈맨을 '좋아할 수도' 있고 그들이 가치 있다고 여기는 관계를 갖고 있을 수도 있으며 아니면 단순히 무엇을 싫어할 수도 있다. 그럼에도 불구하고 우리의 경험상 이성적인 주장은 감정적인 주장보다 훨씬 설득력이 있으며, 이성적인 주장이 실패하는 경우는 너무 빈약하거나 정확하지 못하여 감정적인 주장이 이를 제압해 버릴 때뿐이다.

따라서 우리는 의사결정에 영향을 미치는 가장 중요한 요소는 '이성적인 주장을 얼마나 잘할 수 있는가?'라고 생각한다. 세일즈 프레젠테이션을 얼마나 잘 만들고 디자인하고 전달하는지의 문제다. 우리는 감정적 결정에 영향을 주는 인간관계를 무시하지 않으며, 감정적 결정을 좌지우지하는 디자인과 멀티미디어의 효과를 과소평가하는 것도 아니다. 다만 여기서는 어떻게 이성적인 주장을 할 것인가에 집중하도록 하자.

세일즈 프레젠테이션의 일반적인 과정은 다음과 같다.

1. 공감
2. 신뢰

3. 혜택

4. 정당화

5. 마무리

6. 질문과 대답

| **1. 공감** |

사람들은 다른 사람, 특히 친분이 있는 사람을 통해 물건을 사는 경향이 있다. 그러므로 당신은 지금 앞에 두고 말하고 있는 청중을 이해하고 있음을 보여 주어야 한다. 공감을 위한 첫 단계는 계획 수립이며, 이는 회사와 청중에게 맞는 맞춤식 프레젠테이션을 가능하게 한다. 발표자의 태도와 도입부 진행에 따라 공감 지수가 높아질 수 있다. 사실 지금까지 수없이 해왔던 것과 비슷한 방식으로 프레젠테이션을 하는 사람들이 많다. 여기서 문제는 '느낌'이다. 모든 잠재 고객인 청중에게 프레젠테이션이 너무 '평범하게' 느껴지면 분개를 살 수도 있고, 준비에 충분히 노력을 기울이지 않았거나 청중을 충분히 이해하지 못했다고 느껴질 수도 있다. 이렇게 되면 주목도와 효율성이 떨어진다. 당신의 프레젠테이션에 참가할 청중에 대해 미리 알아보고, 그들이 공감할 수 있는 자료와 설명으로 진행하라.

| **2. 신뢰** |

당신 자신을 먼저 세일즈하고 그 다음에 회사, 제품의 순서로 세일즈하라. 여기에 관계된 것은 증거와 외부 요소와 수치를 포함한 증명의 법칙

인데, '발표자의 자격'도 그중 한 요소이다. 예를 들어 이 책은 표지와 내지의 특정한 페이지에서 저자의 이력을 많이 소개하고 있다. 이 배경 설명은 신뢰를 쌓는 데 꼭 필요한 요소다. 저자의 이력을 알려 주지도 않고 프레젠테이션을 보는 독자의 시각을 바꾸려 하거나 혹은 프레젠테이션의 최근 관행들을 비판한다면, 독자에게 와 닿는 힘이 약할 것이다. 지금 듣고 있는 내용이 믿을 만한 자료나 토론으로 증명된 방법론 또는 경험에서 나온 것이 아니라고 느끼면, 당신이 그 내용을 받아들이는 시각은 완전히 달라질 것이다.

이와 같이 프레젠테이션 과정에서 발표자가 믿을 만하다는 느낌을 점차 갖게 하기 위해서는 여러 가지 요소가 필요하다. 이 책의 경우로 되돌아가 보면 추가 요소 한 가지는 다양한 방법으로 등장하는 인용구와 지지 문구이다. 이때 글은 명료하게 표현되어야 하며 신뢰를 더해 주는 역할을 해야 하고, 할 얘기에 앞서 위치해야 한다.

그러나 기억하라! 프레젠테이션을 하다 보면 신뢰에 신경 쓰느라 더 중요한 것을 뒤로 제쳐 놓는 경우가 있다. 이름을 밝힐 수는 없지만 우리는 런던에 근거를 둔 어떤 금융 회사에서 이 같은 사례를 목격했다. 이 회사는 한동안 회사의 역사와 조직을 세세히 설명하는 똑같은 34장의 슬라이드로 항상 프레젠테이션을 시작했다. 그 이유는 이 같은 방식이 익숙했기 때문이었다. 이 방식 때문에 프레젠테이션과 발표자는 좋은 출발을 할 수 없었다. 회사에 대한, 이 영원에 가깝다고 느껴지는 시간 동안 계속되는 핵심과 거리가 먼 세부 정보들을 나열하느라 그들은 시간만 낭비했고 프레젠테이션의 효과를 떨어뜨렸다. 게다가 청중을 지루하게 만들어 버려서 프레젠테이션의 나머지 부분에서 적절한 내용을 전달하는 데도 실패했다. 프레젠테이션의 지루한 초반부가 끝나기도 전에, 초기 의사결정이 부정적으로 내려진 결과다.

| 3. 특성과 혜택이 명확히 구분되는 가치 제안 |

세일즈는 '특성, 이점, 혜택'을 다루는 기술이다. 세일즈 프레젠테이션의 핵심은 청중이 얻을 수 있는 혜택을 설명하는 것이다. 이 책에서는 세일즈의 전체 과정을 구성하는 수없이 많은 세일즈 테크닉을 하나하나 다루지는 않을 것이다. 그러나 분명히 말해 두자면 '혜택'이란 상품이나 서비스, 또는 공급자가 고객에게 행하는 것이나 의미하는 것을 말한다. '특성'이란 단순히 상품이나 서비스, 그리고 그것을 파는 회사에 대한 사실적인 내용을 말한다. 이 중 혜택이 주장을 이끌어내야 하며, 특성 안에서 혜택이 나온다. 결국 특성이 있어야 혜택도 있다. 혜택은 고객의 요구에 가장 긴밀하게 맞닿아 있다. 이렇게 설명해도 여전히 '특성'과 '혜택'을 혼동하는 사람들이 많다. 우리의 세일즈 코스에 참여하는 사람들 중 이 두 가지를 정확히 구분하지 못하는 사람들의 비율이 걱정될 정도로 꽤 높다.

우리가 여기서 해야 할 일은 이 요소를 어떻게 다루어야 할지 명확히 하는 것이다. 구매와 세일즈라는 복잡하기 이를 데 없는 과정에서, 잠재 고객은 상품이나 서비스의 이점을 따져 보면서 스스로 세 가지 기본적인 질문을 한다.

● 이것이 나에게 필요한가? 고객의 실제 요구를 정확히 만족시켜 주는 상품이 아니라면 구매가 이루어질 확률은 매우 낮다.
● 결과물을 얻을 수 있는가? 상품이 필요하다고 결정하면, 다음 단계로 고객은 판매자의 주장이 진실이고 그가 말하는 혜택을 정말 얻을 수 있다고 믿어야 한다.
● 비용을 지불할 수 있는가? 가치에 대해 결정하는 단계이다. 당신이 제안하는 모든 것, 즉 당신의 가치 제안이 고객의 구매 기준을 만족시키는가?

전통적인 세일즈 프레젠테이션은 이것에 상당히 강한 경우가 많은데, 고객을 설득하고 혜택을 수없이 이야기하기 때문이다. 그러나 상품이 팔리지 않는다면 가장 큰 원인은 어디에 있을까? 우리의 경험에 의하면 그리고 의심할 여지도 없이, 판매에 실패하는 가장 유력한 원인은 발표자가 진정한 '신뢰'를 이끌어내는 데 실패했기 때문이다. 고객은 그 상품이 자신을 위한 것이고 훌륭한 가치를 지니고 있으며 확실한 결과물을 낼 것이라고 확신하지 못한 것이다. 이 법칙은 아무리 강조해도 지나치지 않으며, 따라서 다음과 같은 킬러 아이디어가 등장한다.

 설득하려면 신뢰를 얻어야 한다

세일즈 프레젠테이션은 반드시 '신뢰'를 이끌어내야만 한다. 프레젠테이션을 진행하는 방식도 이 명제를 반영해야 하며, 이는 성공을 위한 중심 기반이다. 판매를 성공시키기 위해서 당신은 상품의 가치를 설명해야 하는데, 이때 잠재 고객이 상품이 확실한 결과물을 낼 것이라고 믿을 수 있도록 그 가치를 분명히 표현해야 한다.

| **4. 정당화** |

세일즈 프레젠테이션을 진행하는 방법에는 여러 가지가 있지만, 성공을 위한 방법은 단 하나뿐이다. 세일즈 프레젠테이션은 가치 제안을 보여주어야 하며 진정으로 믿고 신뢰할 수 있는 설득력 있고 타당한 이유로 이를 뒷받침해야 한다. 우리는 이 단계를 '정당화'라고 부르는데 이는 아주 중요한 단계다. 당신의 가치 제안이 일단 괜찮으면, 이제 프레젠테이션의 관건은 상품이 실질적인 결과물을 만들어낼 수 있다고 고객이 믿도록 하는 것이다.

우리가 찾은 근거의 유형은 오직 네 가지다. 다른 사람의 추천, 기술적 근거, 절차적 근거, 그리고 논리적 근거가 그것이다. 안타깝게도 여기서는 예시와 함께 이것들을 충분히 길게 논의할 여유가 없으므로 다른 사람의 추천이 가장 믿을 만한 근거라는 결론만 말하기로 한다. 추천은 첫 번째, 두 번째, 세 번째 사람의 세 단계로 나뉜다.

세미나 중에 나는 항상 사람들에게 고객으로부터 감사하다거나 수고했다는 내용의 이메일이나 편지를 받아 보았다면 손을 들어 보라고 한다. 이때 손을 드는 사람은 많다. 그 다음에 나는 이것을 파워포인트 슬라이드에 넣어 잠재 고객에게 보여 줄 생각을 한 적이 있는지 손을 들어 보라고 한다. 이때는 손을 드는 사람이 거의 없다. 이렇게 훌륭한 기회를 놓치다니! m62에서는 고객이 하는 말을 우리의 명함에 넣기까지 한다.

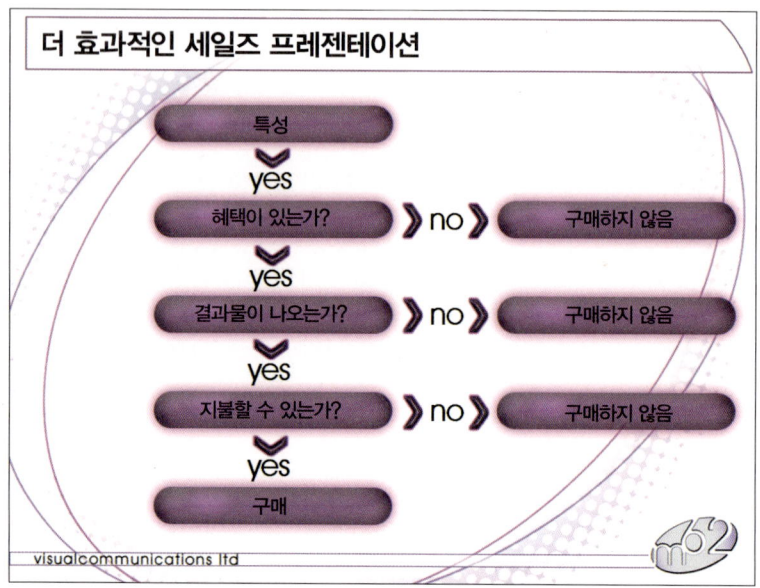

: : 성공하고 싶다면 회의실에 도착할 때까지는 '정당화'를 해결하라

설득력 있고 타당한 신뢰감을 주는 작업이 '정당화'이다. 세일즈의 전체 과정이 이 가치 제안에 따라 달라지므로 프레젠테이션에 반드시 성공하고 싶다면, 회의실에 도착할 때까지는 '정당화'를 어떻게 할 것인지 확고히 해두어야 한다.

www.killerpresentations.com/salespsych.html

| 5. 마무리, 질문과 대답, 마무리 |

이제 마무리할 때까지 남은 것은 '구매 요청'뿐이다. 마무리는 또 하나의 중요한 세일즈 기술이지만, 여기에서는 간단하게만 언급한다.

성공적으로 프레젠테이션을 했을 경우 마무리로 들어가면 너무 비싸다거나 하는 청중의 이의가 나올 것이다. 그럴 경우 그것만 따로 분리해서 반박한 다음 마무리지으면 된다. 운이 없다면 아무 이의나 질문도 없을 것이다. 관심이 없다면 이의도 없다.

세일즈 프레젠테이션의 구조를 알고 시작한다

이제 이것을 집중시간에 대한 우리의 초기 전제와 연관시켜 보자. 가치 제안은 전체 프레젠테이션에서 어느 부분에 위치해야 할 것인가? 만약 가치 제안이 가장 중요한 것이고, 시간이 흐름에 따라 사람들의 집중도가 점점 약해진다면 논리적으로 보았을 때 가치 제안은 앞부분에 나와야 한다. 이 시점은 첫 3~4분이 지난 직후 청중이 초기 의사결정을 내리기 전이다. 그리고 이 시점은 청중이 긍정적인 결정을 내리는 데 핵심적인 역할을 해야 한다.

아무리 복잡하더라도 가치 제안은 이 단계에서 등장해야 하며, 간단명료하게 설명할 수 있어야 한다. 이는 우리가 '킬러 슬라이드'라고 부르는 것으로, 간단히 정의하자면 '프레젠테이션의 핵심을 전달하는 슬라이드'를 말하며, 세일즈 프레젠테이션에서는 킬러 슬라이드에 '가치 제안'이 들어갈 것이다. 당신이 했던 혹은 지금 준비 중인 프레젠테이션을 떠올려 보라. 가치 제안을 제시하는 역할을 하는 핵심 슬라이드 한 장이 있는가? 있다면 그 슬라이드는 어디에 위치해 있는가? 프레젠테이션 슬라이드가 모두 30장이라고 했을 때 핵심 슬라이드는 5페이지나 6페이지보다 뒤로 가면 안 된다. 만약 그보다 훨씬 뒤에 있다면 효과가 줄어들 위험이 있으며, 만약 맨 마지막 페이지에 있다면 당신이 쓰는 방법을 심각하게 다시 생각해 보길 권한다.

'혜택'이라고 표시된 킬러 슬라이드의 위치를 보여 주는 다음 그림은 우리가 생각하는 프레젠테이션 구조의 특성, 그리고 따라야 한다고 믿는 일련의 순서를 간단히 요약해 준다.

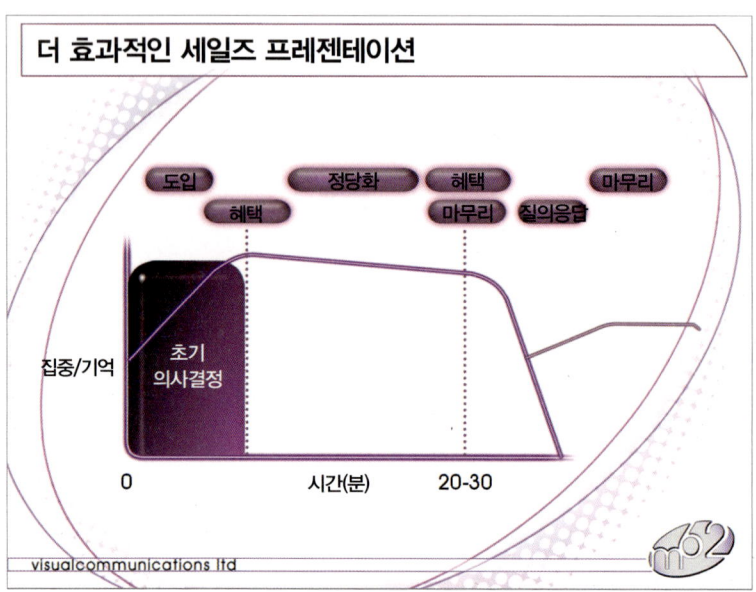

: : 성공 확률을 높이고 싶다면 킬러 슬라이드의 위치에 민감해져라!

킬러 슬라이드에는 고객이 얻을 수 있는 '혜택'이라는 가치 제안이 들어가며, 그 위치는 아주 중요하다. 이 그림은 효과적인 세일즈 프레젠테이션의 경로 지도를 보여 주며, 성공으로 가는 길을 안내한다. 또한 청중의 집중시간에 맞추기 위해서 점진적으로 해야 할 것이 무엇인지도 보여 준다. 이것은 앞서 비판했던 '발표자 중심'의 프레젠테이션과 완전히 다르다.
www.killerpresentations.com/salesstructure.html

● 도입 : 4~5분간 신뢰를 수립하고 나서, 예산이 허락한다면 확실한 주목을 끌 수 있는 미디어를 이용하여 끝맺는다.

● 혜택 : 잠재 고객에게 내놓는 가치 제안을 전체적으로 설명한다. 일반적인 설명이 아니라 구체적이어야 한다. 이 단계에서는 대개 '왜 우리여야만 하는가?'라는 문구와 함께 5개의 제목이 등장할 것이다.

● 정당화 : 가치 제안의 5가지 요소를 차례로 말하고 필요하다면 각각의 근거를 설명한다. 그리고 당신이 그것을 실행할 수 있다는 근거를 설

명한다. 이것은 필수적이다.
- 마무리 : 구매를 요청한다.
- 질문과 대답 : 질의응답은 첫 번째 마무리에 대한 반응을 종종 지연시킨다. 그리고 질의응답은 고객의 신뢰를 강화할 수 있도록 효과적으로 다루어져야 한다. 이 단계는 어떤 세일즈 프레젠테이션에서든 중요하며, 대개 청중이 기다리는 단계이기도 하다.
- 마무리 : 드디어 마칠 차례다. 물론 결정이 나중에 이루어지는 경우도 있고, 그때까지 토론이나 다른 과정이 계속될 수도 있다.

이 구조가 정말 이렇게 기계적일 수 있을까? 물론 모든 고객과 모든 프레젠테이션은 각각의 특성이 있다. 그러나 세세한 차이점이 있더라도 전체적인 그림과 구조에 항상 들어맞는다. 어떻게 아는지 궁금한가? m62는 지금까지 클라이언트에게 5천 개가 넘는 프레젠테이션 슬라이드를 제작해 주었다. 그들 모두가 이 구조를 이용했고, 모든 클라이언트 역시 대화가 더 원활해지는 것을 경험했다. 잠재 구매 금액이 백만 파운드가 넘는 중대한 프레젠테이션에서 우리는 정기적으로 85%가 넘는 성공률을 달성했고, 부분적으로는 결과에 따라 비용지불을 받는 것에도 충분히 자신이 있다.

이렇게 접근하면 프레젠테이션은 결코 재미없거나 규격화된 것이 아니다. 고객에게 초점이 맞추어져 있기 때문에 프레젠테이션은 어려울지도 모른다. 그러나 좋은 전달방식과 시각요소를 추가한다면 성공률은 훨씬 높아질 것이다.

킬러 슬라이드는 어떻게 만드나?

킬러 슬라이드는 청중에게 전할 핵심 메시지와 가치 제안이 들어 있는 중요한 슬라이드라고 앞서 얘기했다. 전체 프레젠테이션의 중요 내용을 한 장의 슬라이드 안에 압축해야 한다는 의미다. 어떻게 해야 하는 걸까? 이 책의 법칙들은 우리의 클라이언트들에게 높은 성공률을 보인 수많은 프레젠테이션 자료를 통해 시도와 실험을 거친 것들이다.

킬러 슬라이드를 만들 때마다 우리는 과거의 사례를 멀리하고 섣부른 추측을 하지 않도록 애쓴다. 대신 기본으로 돌아가서 '빈 종이를 가지고' 상황을 분석한다. 어떤 정보를 집어넣어야 긍정적인 의사결정을 이끌어 낼 가능성이 가장 높은지 명확한 아이디어가 떠오르기 전까지는 아무것도 결정할 수 없고, 아무것도 프레젠테이션에 넣을 수 없다. 이 정보는 아주 중요할 뿐 아니라 대부분의 경우 명확하게 표현될 수 있어야 한다. 이해할 수 있고 강력한 핵심 메시지가 거기에 있어야 하지만 그 메시지를 보여 주고 표현하는 데 너무 오래 걸리면 안 된다. 어렵지 않은가? 여기 해법이 있다.

가치 제안을 발견하는 데 우리가 이용하는 과정은 다음과 같다.

1. 브레인스토밍을 한다.
2. 관련 없고 정확하지 않은 것들을 제거한다.

3. 불필요한 중복을 없앤다.
4. 고객의 요구에 따라 순위를 매긴다.
5. 경쟁력에 따라 순위를 매긴다.
6. 최선의 5가지를 선택한다.

이렇게 하는 목적은 최선의 가치 제안을 찾는 것뿐만 아니라 보편적인 메시지에 대해 동의를 얻기 위해서이기도 하다. 클라이언트와 함께 각 단계를 모두 거치는 데 한 시간 가량이 걸린다. 조직의 핵심 의사결정자들이 모두 모인 워크숍 환경이라면 하루가 걸릴 수도 있다. 세일즈맨들까지 참여시키면 더 오래 걸릴 것이다. 그들 모두가 자기 의견을 말하고 싶어할 테니까.

잠깐 주제에서 벗어나 보자. 여기서 이용하는 기술은 어떤 특성을 알려준 뒤 '그것은 바로……'라는 식의 설명을 붙이는 것이다. 예를 들어 한 연회 장비 회사가 레스토랑이나 호텔에서 쓸 수 있는 그릴을 만든다면, 이 회사는 특정한 모델을 설명하면서 그릴의 면적이 사방 800센티미터라고 말할 것이다. 명백히 상품의 특성이다. 그러나 이 설명을 이렇게 쉽게 변형할 수도 있다.

> "이 모델은 스테이크 여섯 장과 계란 열두 개를 한꺼번에 요리할 수 있어 항상 바쁜 아침식사 시간에 요리를 빨리하는 데 도움이 될 것입니다. 그것은 바로 그릴의 면적이 사방 800센티미터이기 때문이죠."

사방 800센티미터라고 했을 때 이 수치를 곧바로 정확하게 상상할 수 있는 사람은 거의 없기 때문에 이것은 좋은 설명이다. 이렇게 설명하면 어떤 식당업자라도 이 제품이 어떤 기능을 갖고 있고 자신에게 어떻게 도움을 줄 수 있는지 쉽게 떠올릴 수 있을 것이다.

특성과 혜택을 찾아주는 '그래서요? 게임'

세일즈맨들은 누구나 '특성'과 '혜택'의 차이점을 알고 있다고 말할 것이다. 그리고 항상 클라이언트와 혜택만을 이야기하고 특성은 이야기하지 않는다고 할 것이다. 그러나 지금까지 클라이언트에게 5천 건이 넘는 프레젠테이션 자료를 작성해 주면서 나는 다음과 같은 질문에 혜택만을 답하는 경우는 본 적이 없다. "제가 고객이라면 왜 당신을 선택해야 하지요?" 놀랍게도 이 질문에 대한 가장 흔한 대답은 "우리가 더 싸니까요."였다. 세일즈 기술이 없다는 사실을 이보다 잘 보여 주는 말은 없다. 무능한 세일즈맨은 가격으로 팔고, 유능한 세일즈맨은 가치로 판다.

내가 보기에 질문에 대한 답변으로 혜택이 아니라 특성을 듣게 되는 데는 몇 가지 이유가 있다. 첫 번째 이유는 언어다. 발표자는 특성 뒤에 숨어 있는 혜택에 너무 익숙한 나머지 특성에 대해 이야기하면 고객이 자동으로 혜택도 떠올릴 수 있다고 믿는다. 예를 들어 우리는 '더 인상적인'이라는 말로 혜택을 표현한다. 그러나 좀 더 분석적으로 생각해 보면 이 말은 사실 우리 서비스의 특성을 표현하는 말이다. 혜택은 사실 이것이다. '청중은 종종 인상적인 프레젠테이션과 인상적인 회사를 혼동한다. 따라서 프레젠테이션을 인상적으로 하면 더 많은 일을 따낼 수 있다.' 여기에서 혜택은 '더 많은 일을 따내는 것'이고, 특성은 '인상적인 프레젠테이션'이다.

이 논의에서 외부 컨설턴트로서의 나의 역할은 무엇이 혜택이 될지 또는 무엇이 안 될지를 제안하는 것이 아니라, 혼미한 생각이나 모호한 언어 뒤에 혜택이 숨어버리지 않도록 하여 청중이 혜택을 명확히 이해할 수 있도록 도와주는 것이다. 이를 위한 방법은 바보 같은 질문들을 연달아 하는 것인데, 이 질문들은 어리석어 보이지만 발표자가 자신의 판매 논리에 대해 다시 생각해 볼 수 있게 해준다. 각 질문의 대답에 대해 '그래서요?'라고 물음으로써 우리는 비교적 빨리 혜택에 접근할 수 있다.

"왜 당신의 제품을 선택해야 하지요?"
"우리의 장비는 다른 경쟁 제품보다 빠르니까요."
"그래서요?"
"더 빠른 장비는 당신의 생산성을 높여 줄 수 있습니다."
"그래서요?"
"요즘 숙련된 직원을 구하기는 쉬운 일이 아닙니다. 따라서 기존 직원의 생산성을 높이는 것이 오늘날 대부분의 회사들에게 가장 중요한 과제입니다."

여기서 혜택은 '늘어나는 생산성'이며, '속도'가 아니다. 물론 똑똑한 세일즈맨이라면 프레젠테이션을 하기 훨씬 전에 고객에게 직원과 관련된 문제가 있는지, 그리고 더 빠른 장비가 도움이 될지를 미리 물어볼 것이다.

우리는 이 연습을 '그래서요? 게임'이라고 부른다. 이것은 매우 유용하지만, 당신을 비호감으로 만들거나 혹은 더 나쁜 경우 바보처럼 보이게 할 수 있다는 점을 경고한다. 한 물류 회사의 사례를 보고 그들의 가치 제안을 검토해 보자. 이 회사는 자기 회사를 선택해야 하는 요소 5가지를 다음과 같이 보여 주었다. 특성과 혜택이 어떻게 구분되는지 눈여겨보라.

- **대형 액체 운반 설비** : 표현한 대로 이것은 분명히 특성이다. 그러나 이는 동종업계에서 이 회사가 독점하고 있는 능력이기도 하다. 따라서 이렇게 효과적으로 지역 공급업자를 이용할 수 있는 능력은 고객에게 혜택이 된다.

- **다수의 운송수단** : 여기에서도 많은 숫자는 단지 사실, 즉 특성이다. 그러나 운송능력과 연관지어 생각해 보면 이것은 클라이언트가 원하는 서비스를 얻을 수 있다고 확신하는 데 아주 중요한 요소이고, 따라서 혜택이라고도 할 수 있다.

- **정교한 정보통신 시스템** : 이 회사가 어떤 소프트웨어나 시스템을 쓰는지는 사실 고객의 관심 밖이다. 그러나 배송 계획을 수립하고 추적하는 데 정확성을 높여 주는 능력은 혜택이라고 할 수 있으며, 이것이 바로 이 시스템이 하는 일이다.

- **블루칩 클라이언트** : 서비스 비즈니스 분야에 딱 맞는 클라이언트 리스트가 있다는 것은 위험성을 줄여 준다. 클라이언트 수가 많으면 물론 좋겠지만 그 회사들의 적합성이 높다면 숫자가 다소 적어도 괜찮다. 과거와 현재의 클라이언트들이 서비스를 확실히 확인해 주었고, 터무니없는 서비스를 참지 못하는 다른 회사들이 서비스에 만족하였다. 이것은 확실함과 보장이라는 혜택을 제공해 준다.

- **경쟁력 있는 가격정책** : 이것은 블루칩 클라이언트와 연관된다. 이런 회사는 금액에 해당하는 가치를 확실히 제공하는데 이럴 때는 '비용효율이 높다.'고 말해야 한다.

당신에게 꼭 필요한 5가지 핵심 근거를 선택하기 위해서는 위 목록을 염두에 두어야 한다. 가급적 고객이 명확히 원하고 좋아하는 것에 대한 타당한 사실을 토대로 해야 한다. 이제 하필 '왜 5가지 근거가 필요한지'에 대해 논의해 보겠다. 우리가 5가지를 주장하는 데는 3가지 이유가 있다.

1. 청중이 5가지를 모두 인지하기는 어렵다. 구매해야 할 근거가 3가지만 되면 청중은 그 제안이 부담스럽지 않다고 느낀다. 6가지 이상으로 많아지면 작동 기억에 문제가 생긴다. 따라서 5가지 정도가 적당하다.
2. 20~30분의 프레젠테이션을 도입부와 5개의 섹션으로 나누는 것이 시간을 잘 활용하는 방법이며, 이렇게 하면 각 섹션은 3~5분 정도가 된다.
3. 4개보다 5개를 슬라이드에 배치해야 훨씬 보기 좋다.

| 시각화 |

마지막으로 강조하고 싶은 것은 이것이다. 슬라이드를 실제로 이용하고 보여 줄 때는 5가지 근거를 한 번에 하나씩 발표해야 한다. 근거 한 가지씩이 등장하면서 전체적인 그림이 완성되고 설득력을 갖게 된다. 전체적인 접근에서 어떤 부분을 어떻게 강조하는 것이 좋은지 여기 있는 다른 예제들을 참고하자.

여기까지 잘 따라왔다. 지금까지 한 것은 세일즈 메시지의 핵심, 그리고 우리가 킬러 슬라이드라고 언급한 것을 위한 기초이다. 하지만 이런 종류의 정보가 슬라이드에 어떻게 표현되어야 하고 이를 어떻게 이용해야 할까? 다음 장에서는 프레젠테이션에서 사용되는 '그림'에 대해 다루고, 프레젠테이션을 전체적으로 설득력 있고 강력하게 만드는 구체적인 방법을 검토해 보겠다.

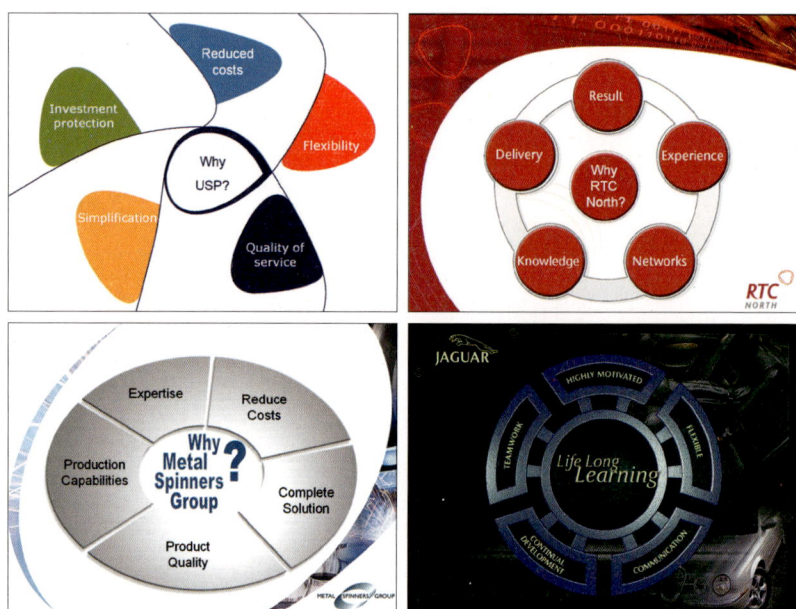

Presentation S·U·M·M·A·R·Y

❶ 그래서요? 게임
❷ 특성이 아니라 혜택을 말하라.
❸ 프레젠테이션 내용은 주로 '실행할 수 있다는 근거'를 제시하는 것이다.
❹ 프레젠테이션을 구조화하는 가치 제안을 이용하라.

이 책에 관련된 동영상 자료와
계속 업데이트되는
새로운 프레젠테이션 정보를 얻을 수 있는 곳

www.killerpresentations.com
www.m62.net

시각화, 프레젠테이션의 기본 재료들

Killer Presentation Using Bible

PART III

시각화에 대한
쓴 소리들

천 번 듣는 것보다 한 번 보는 게 낫다. | 프레데릭 R 버나드 |
그러나 왜 천 개의 말과 하나의 그림,
대개 관계도 없는 차트를 프레젠테이션에 사용하는가? | 니콜라스 B.아울튼 |

큐카드를 버려라

스스로 해볼 수 있는 간단한 테스트를 하나 제안한다. 이 책의 1부에서 좋은 프레젠테이션을 만들기 위한 요소를 설명하기 위해 글머리 기호와 관련된 슬라이드 3개를 먼저 보여 주었다. 그리고 각 슬라이드에는 모두 6개의 요소가 등장했다. 불과 몇 분 전에 읽은 내용인데, 앞 페이지로 넘기지 않고 6개의 요소 중 몇 개나 기억할 수 있는가? 몇 초 동안 생각해 보고 기억나는 것을 적어 보아라.

m62 프레젠테이션에서 이 질문을 하면 사람들은 거의 한 개나 두 개밖에 기억하지 못한다. 우리의 집중시간 이론에 따르면 그들이 이것을 보는 데 2~3분 이상 걸리지 않았다는 뜻이다. 이 규칙의 예외는 청중 50명 중 1명 비율로 있는 매우 분석적인 사람들인데 그들은 습관적으로 화면에 나타난 모든 내용을 받아 적는다. 이런 사람들에게 물어볼 수 있

는 흥미로운 질문은 글머리 기호에 대해 발표자가 말한 내용 중 얼마나 많은 것을 기억하고 있느냐는 것이다. 답은 대체로 '별로 기억나는 게 없다.'이다. 그들은 듣는 게 아니라 쓰고 있었던 것이다! 따라서 1부에서 나온 3개의 슬라이드 중 처음 2개는 발표자에게 유용한 형태일 뿐 청중에게는 별 쓸모가 없음을 알 수 있다. 이런 슬라이드는 발표자에게 무엇을 말할지 알려 주는 전통적인 신호 역할을 한다. 하지만 청중은 그 내용의 15~20% 정도밖에 기억하지 못한다.

이제 4번째 슬라이드를 떠올려 보라. 그것은 좋은 프레젠테이션의 특성을 정의한 그림으로, 실제 프레젠테이션에서 발표자는 이 그림을 이용해 발표 내용을 말할 것이다. 발표자와 청중, 메시지가 등장했던 그림은 얼마나 기억나는가? 이 그림을 스케치할 수 있는가? 세미나를 해보면 거의 모든 사람이 이것을 그릴 수 있다. 일반적으로 청중의 95% 이상이 마지막에 등장했던 그림을 정확히 기억한다. 이와 같이 그림은 기억하는 데 도움이 된다. 게다가 마음속에 그림을 기억하고 있으면 자신이 들었던 개념을 다른 사람에게 설명해 주는 데도 도움이 된다.

이제 심리학자들이 내놓은 통계를 다시 한 번 보자. 전통적인 글머리 기호 프레젠테이션에서 청중은 메시지의 80%를 발표자에게서 얻고, 20%를 시각 자료에서 얻는다. 그러나 우리가 논의했듯이 기억에는 문제가 있다. 프레젠테이션이 끝나고 얼마 지나지 않았는데도 청중은 메시지의 20~30%밖에 기억하지 못한다. 그리고 모두 알다시피 하루만 지나도 기억하는 내용은 더 줄어든다.

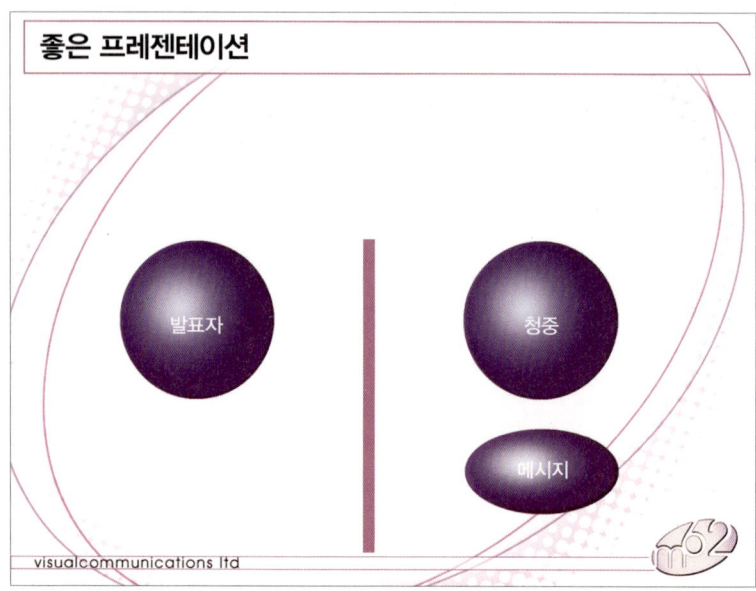

: : 아직도 글머리 기호가 간단하며, 효과적이라고 믿는가?

나는 지난 10년 동안 이런 사실을 설명하기 위해 이 그림을 이용했다. 몇 년 전에는 비행기에서 어떤 남자가 나를 알아보더니 내가 그의 프레젠테이션 방식을 바꾸었다고 말했다. 어떻게 달라졌냐고 묻자 그는 이 그림을 그려 보였다. 질문은 간단해진다. 몇 분 지나지도 않아 잊혀지는 글머리 기호를 이용할 것인가, 아니면 기억에 남을 뿐 아니라 청중의 행동까지 바꿔 주는 그림들을 이용할 것인가?

통계자료를 더 자세히 보자. 사람들이 기억하는 정보의 수치는 다음과 같다.

- 들은 것의 10%
- 읽은 것의 20%
- 본 것의 30~40%
- 보고 들은 것의 60~70%

이와 다르게 생각하는 관점을 위해 파워포인트를 사용해 본 결과 이 사실이 입증되었다. 사람들이 기억하는 것의 80%는 화면 위의 수많은 정보와 개념, 도표에서 나오고, 20%만이 발표자에게서 나온다. 이것도 말할 내용을 잘 준비했고 발표를 잘 했을 경우, 그리고 이 두 가지가 잘 맞아떨어졌을 경우에 한해서다. 예전 방식으로는 청중이 내용의 4분의 1만 기억해도 운이 좋은 것이었지만, 멀티미디어 프레젠테이션의 경우 내용의 4분의 3까지 기억하는 것도 가능하다. 그래서 옛 격언에 이런 말이 있다. "무엇을 말할지 먼저 알려 준 다음 그것을 말하라. 그리고 방금 말한 것을 또 말하고, 다시 한 번 더 말하면서 요약해 주어라."

상품을 판매하는 상황이라면 이것은 무엇을 의미할까? 대부분의 의사결정은 프레젠테이션 중에 일어나지 않으며, 프레젠테이션이 끝난 후에 일어난다. 때로는 한참 뒤에 일어나기도 한다. 그러므로 의사결정을 좌우하는 것이 프레젠테이션의 내용이라고 한다면, 사실 이것은 내용 전체가 아니라 내용 중 고객이 기억하는 부분이라고 할 수 있다. 고객이 내용의 4분의 1을 기억할 때와 4분의 3을 기억할 때를 비교하면, 어느 경우에 긍정적인 의사결정이 일어날 확률이 높을까? 경쟁하는 상황이라면 예전 방식과 새로운 방식의 프레젠테이션은 어떻게 서로 경쟁할까? 지금부터 당신의 경쟁자가 알게 된다면 불공평하다고 말할 경쟁력을 당신에게 보여 주겠다.

현실에서 프레젠테이션의 정보는 보는 것과 듣는 것의 두 가지 형태로

온다. 예를 들어 음악이 첨가된다면 정보는 때로 더 많아진다. 정말 매력적이면서 정보를 이해하기에 딱 좋은 시각 자료가 있고, 여기에 발표자의 적절한 말이 더해진다면 프레젠테이션은 더욱 쉬워진다. 상대가 받아주어 겨우 할 때보다 잘 될 거라고 스스로 명확히 자신할 때 일은 더욱 잘 되는 법이므로, 이럴 경우 프레젠테이션의 만족도는 더 높아지며 재미있기까지 할 것이다.

세일즈 프레젠테이션을 평가할 때, 청중은 프레젠테이션의 방식을 보고 목적의 심각성을 가늠한다는 것 또한 잊지 말기 바란다. 프레젠테이션의 방식이 지루하고 장황한 글로만 꽉 채워져 있다면, 청중과 잠재 고객이 이 프레젠테이션을 아주 전문적이고 청중을 위해 열심히 준비했으며 훌륭한 성과를 내기 위해 잘 만들어졌다고 생각할까? 물론 전혀 아니다. 좋은 프레젠테이션은 내용의 진가를 인식시킬 뿐만 아니라 잘 준비된 프레젠테이션이라고 생각하도록 만들어, 주목을 얻고 그에 따른 효과를 얻는다. 청중이 이런 말을 한다면 유용한 보너스가 될 것이다. "정말 전문적인 프레젠테이션이었어요. 문제점을 뛰어넘더군요."

프레젠테이션의 명확한 목표가 있고 발표자가 시각과 언어 요소를 잘 조화시켜 발표를 잘 하면 새로운 방식의 강력한 프레젠테이션이 되며, 사람들은 보고 들은 내용의 최대량을 기억할 것이다. 이것이 성공을 위한 공식이며, 우리가 제목으로 내세운 '킬러 프레젠테이션'이다.

글머리 목록은 지루하다

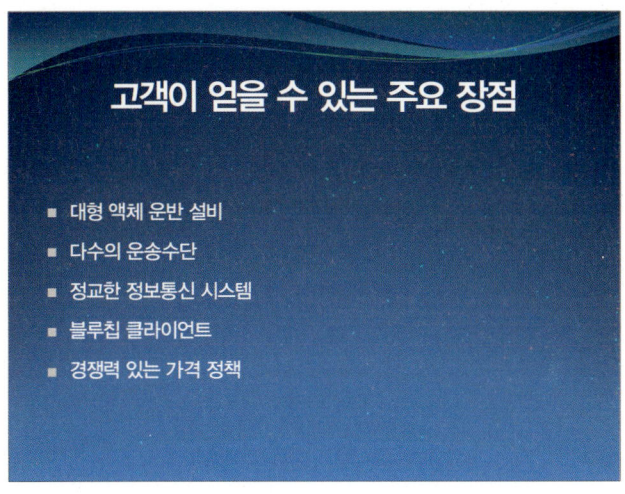

위에서 말한 전통적인 프레젠테이션 방식은 목록을 사용하는 것이다. 앞서 언급한 물류회사를 예로 들어 가장 간단한 형태를 제시해 보면 위와 같다.

특히 발표자가 이런 핵심 역할을 이미 말로 전달했을 경우, 이런 형태의 슬라이드는 비난을 면치 못할 것이다. 그러나 우리가 말하는 접근법이 얼마나 강력한지 입증하려면 말할 것이 더 있다. 힘들겠지만 참기 바란다. 이를 위해 잔소리를 시작해야 한다.

청중의 관심을 가장 확실하게 없애 버리는 슬라이드 형태는 발표자가 말하는 것과 똑같은 내용이 목록으로 가득 쓰여 있는 것이다. 이런 슬라이

> **슬라이드를 지루하게 만드는 요소**
>
> - 청중의 관심을 가장 확실하게 없애 버리는 슬라이드 형태는 발표자가 말하는 것과 똑같은 내용이 목록으로 가득 쓰여 있는 것이다.
>
> - 이런 슬라이드는 목록에 문장 전체가 그대로 쓰여 있고, 목록의 숫자가 엄청나게 많아 결과는 더 악화된다.

드는 대개 다음과 같이 시작한다.

우리는 중편 소설 길이만한 내용이 다 들어간 듯한 슬라이드를 많이 보아 왔다. 너무 과장이라고 한다면 단편 소설 길이라고 해두자. 지루하고 부적절하고 프레젠테이션을 따분하게 만드는 슬라이드는 발표자의 말을 화면에 그대로 옮겨 놓은 형태이다. 그래서 무슨 일이 일어날까? 이런 슬라이드 형태는 이미 익숙한 것인지도 모른다. 하지만 때때로 누군가는, 아마도 발표자 자신이거나 동료들이겠지만 프레젠테이션의 전체적인 효과가 미미하다고 인정할 것이다.

클립아트는 항상 쓸모없고 진부하다

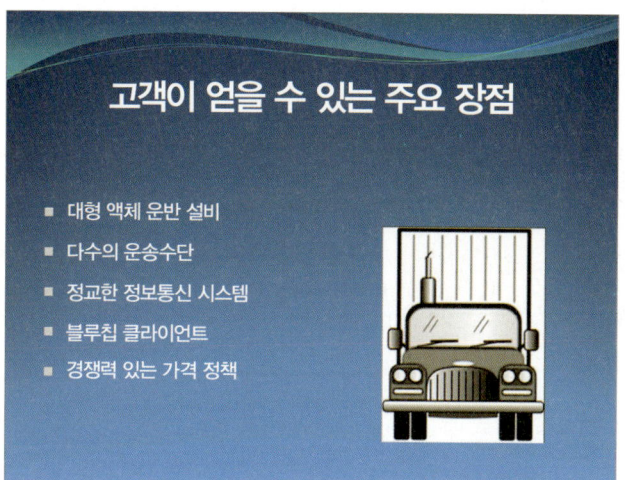

그들은 이 프레젠테이션에 뭔가 변화가 필요하다고 생각한다. 그래서 컴퓨터를 가지고 한참을 뚝딱거려 그림 하나를 추가한다. 클립아트 하나를 집어넣는 것이다. 이렇게 해서 슬라이드를 어떻게든 회의 주제와 연관시키려는 것인데, 그림 사용의 목적은 프로젝트를 묘사하거나 검토 과정을 정리하는 것이다. 그렇게 나온 그림은 대개 이런 식이다. 슬라이드의 왼쪽 아래 귀퉁이에 밝은 색깔의 그림이 있고, 이 그림 때문에 글자가 이상한 모양으로 일그러진다.

얼마나 대단한 변화인가! 결과는 부적절한 클립아트가 들어간 지루하고 부적절한 슬라이드로, 상황에 구원의 손길을 주지 못한다. 아무런 도움도 안 된다. 그런 그림이 들어갔다고 해서 사람들이 감탄하며 본문의 보든 글자에 집중하는 일은 일어나지 않는다. 절대로 그런 일은 없다. 전체적인 효과는 아직도 단조로우며 대부분의 경우, 특히 킬러 슬라이드를 의도했을 경우는 분명히 이런 그림을 만들어 넣는 것 자체가 시간과 노력의 낭비일 뿐이다. 그런데도 많은 사람들이 아직 이런 방식을 고집하고 있다.

사례를 하나 들어 보자. 한 다국적 회사의 세일즈 워크숍이 열렸는데, 참가자들이 하루 종일 걸려 만든 프레젠테이션 자료는 전부 글자로만 빽빽한 슬라이드로 가득했다. 방식을 조금 바꿔 보는 게 어떻겠느냐고 제안하자 그들은 이렇게 외치며 일언지하에 거절했다. "이것이 원래 우리 방식입니다!" 그러나 몇 시간 동안 프레젠테이션을 받는 입장, 즉 청중의 입장이 되어 자신들 방식의 프레젠테이션을 보고 들은 후 그들은 문제점을 깨달았고 방식을 바꾸기로 결정했다. 그들의 시각이 갑자기 달라진 것이다.

이 슬라이드는 발표자에게 신호를 주는 역할을 하지 않는다. 이렇게 미비하게 슬라이드를 만들면 발표자는 글자 하나하나를 전부 소리 내어 읽어야 한다. 어떤 경우라도 자료를 소리 내어 읽으면서 동시에 그것을 적거나, 내용을 적으면서 그것을 잘 읽는 사람은 거의 없다. 배우들이 오디오북을 녹음하고 많은 돈을 받는 것은 마땅하다. 그것은 진정 기술이 필요한 일이기 때문이다.

자연스럽게 잘 읽는 능력을 가진 사람이 거의 없다는 증거는 우리의 일상 속에서 쉽게 찾을 수 있는데, 정치인들이 텔레프롬프터를 사용할 때 어떤 일이 일어나는지를 보면 된다. 참고로 텔레프롬프터란 원고 내용을 컴퓨터에 수록한 후 필요할 때 원하는 순서대로, 원하는 속도와 형태로 모니터에 디스플레이할 수 있는 장치를 말한다. 정치인들 대다수는 연설 내용을 읽는데 다른 사람이 써 준 경우가 대부분으로 사실 연설을 잘 하는 데 별 도움이 되지는 않는다. 그들이 연설할 때 사용하는 유일한 문장부호는 각 줄이 끝날 때 나오는 쉼표이다. 텔레프롬프터의 물리적 특성 때문에 각 줄은 매우 짧고, 결국 연설은 다음과 같이 들릴 것이다.

안녕하세요. 신사,
숙녀 여러분 이 아름다운 도시,
에서 여러분께 저의 문장부호에,
대한 선천적인 무지함을 말씀드리게,
되어 무척 기쁩니다.

청중은 슬라이드 위의 단어를 발표자가 소리 내어 읽는 것보다 더 빠른 속도로 읽을 수 있음을 잊지 말자. 대부분의 프레젠테이션은 발표자가 본문 그대로를 읽을 때보다 준비를 제대로 한 후 미리 준비한 간략한 원고를 잘 풀어 설명하고, 개요에 따라 유창하게 말할 때 틀림없이 더 듣기 좋다. 본문을 줄여 제목들을 죽 나열한 목록으로 정리하면 발표자는 나머지 부분을 더 융통성 있게 다루며 발표할 수 있다. 단, 인정하건대 이릴 경우 발표 내용을 빠뜨리지 않으려면 신호 역할을 할 수 있는 적당한 메모를 준비해야 한다. 말하자면 발표자를 위해서는 글머리 목록이 유용할 수 있다는 얘기다. 오직 발표자만을 위해서!

이제 앞서 등장했던 물류회사의 사례로 돌아가 보자. 가치 제안을 목록 형태로 보여 주는 대신 우리는 5개의 꼭짓점을 가진 별 모양으로 정리해 보았다.

슬라이드는 처음에는 5가지 중 첫 번째 요소만을 보여 주고, 클릭할 때마다 나머지 요소들이 하나씩 화면에 뜬다. 이 방식은 청중의 집중을 유도할 뿐만 아니라, 나중에 그들에게 5가지 가치 제안 요소를 떠올리도록 할 때 상당수가 처음에 별 이미지를 떠올리고 그 다음에 5가지 요소들을

떠올릴 수 있게 만들 것이다. 이를 보면 습관적인 목록 방식을 피하는 것이 얼마나 가치 있는 훈련인지 알 수 있다.

시각화하라는 말은 이렇게 하자는 뜻이다

Background

- 1950년대 중반, 내분비선 세포에 있는 것과 유사한 알갱이가 심방에서 나온 심장 내막 세포에서 관찰되었다. 이로써 심장이 내분비 기관으로도 작용할 수 있다는 사실을 처음으로 발견한 것이다.
- 학자들은 오랜 세월 동안 GFR과 알도스테론 이외에 체액 밸런스를 조절하는 제3의 요소가 없는지 찾고자 했다.
- 1981년, 심장 분비를 조절하는 제품인 심방성 나트륨 펩타이드(ANP)가 처음으로 소개되었다. 이것은 나중에 나트륨뇨 배설 항진과 혈관 확장을 유도하는 것으로 나타났다. 또한 ANP는 레닌 앤지오텐신 알도스테론 계에는 길항제 역할을 한다.
- 1988년, 같은 계통의 분자가 돼지의 뇌에서 발견되었고 BNP(뇌 나트륨 펩타이드)라 명명되었다. 이것은 심실 심근 세포가 만드는 것으로 나중에 밝혀졌다.
- 1990년, 세 번째 펩타이드인 CNP가 신경계와 혈관 상피에서 발견되었다.
- 최근에는 DNP라고 하는 네 번째 펩타이드가 보고되었다.

▲ 수정 전

위 슬라이드를 보라. 이것은 내용을 스스로 설명하고 있으며, 실제 프레젠테이션에서 거의 읽는 방식으로 많이 사용하고, 색깔까지도 판에 박힌 전형적인 파워포인트 슬라이드이다.

굳이 또 같은 말을 반복하자면, 이 슬라이드는 청중의 관심을 저 멀리

보내 버릴 것이다. 슬라이드를 자세히 보고 본문을 읽어 보아라. 내용을 이해하려면 당신은 분명히 심장병 전문의가 되어야 하지만, 본문 뒤에 숨어 있는 그림을 '보기' 위해서는 심장병 전문의가 될 필요가 없다. 이 슬라이드에서 그것이 보이는가?

50명 중 1명 정도가 이 발표 내용에 숨어 있는 그림을 '볼 수' 있다. 단서는 연대표이다. 글머리 기호 중 네 개에 연도가 등장한다는 것에 주목하라. 이 슬라이드는 당연히 50년의 기간에 걸쳐 무언가가 발전되는 과정을 말하고 있다. 그러므로 다음과 같이 사건의 순서를 정리하면 더욱 흥미롭고 주목을 끌 것이다.

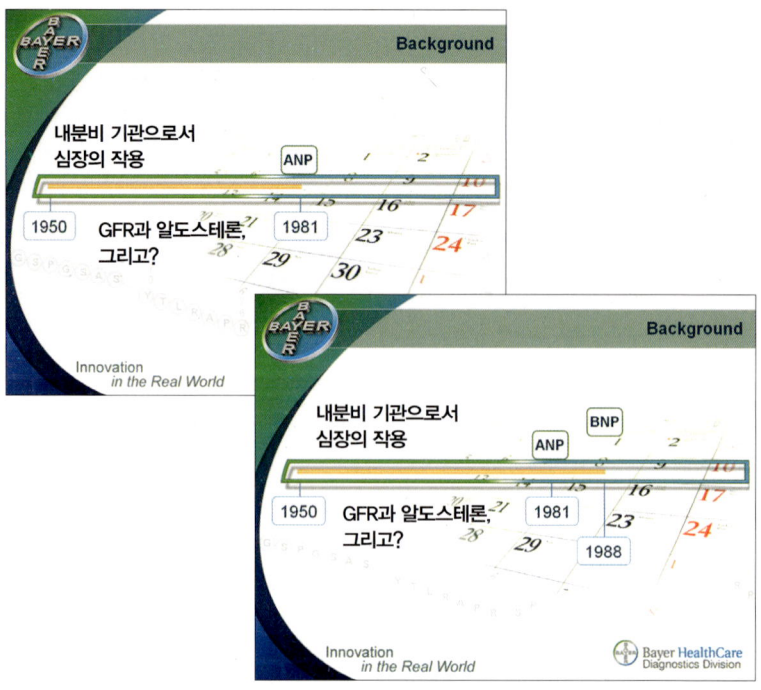

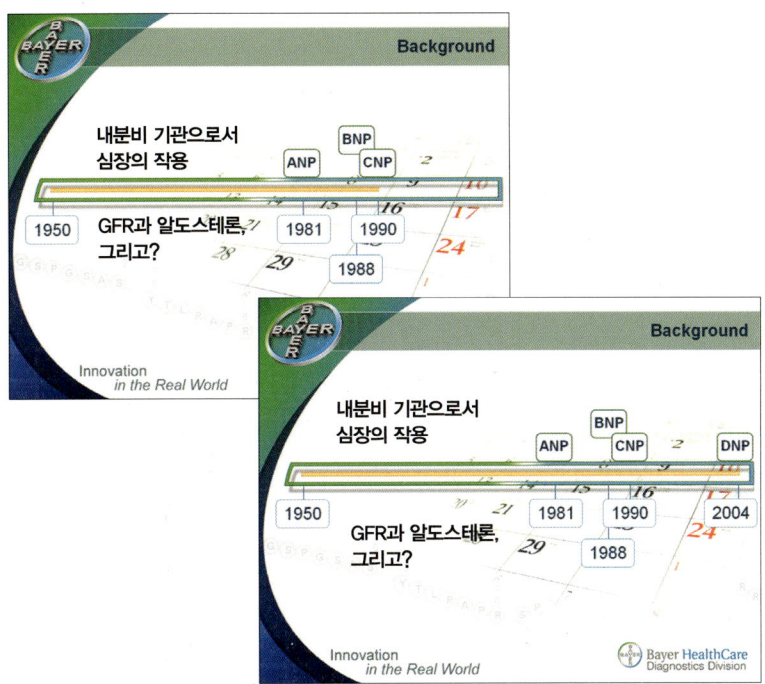

www.killerpresentations.com/timeline.html

이 슬라이드에서는 발표자가 앞의 슬라이드에서 읽는 내용이 순서대로 등장하는 것을 볼 수 있다. 처음 배경화면부터 시작하면 한 슬라이드에 네 번의 클릭이 포함된다. 두 슬라이드를 비교해 보라.

이렇게 바꾼 결과 프레젠테이션은 훨씬 매력적으로 변했다. 더욱 흥미로운 것은 내가 실제로는 당연히 모르는 내용인데도 마치 알고 말하는 것처럼 들린다는 것이다. 나는 원래의 프레젠테이션에 포함되지 않은 내용은 아무것도 모른다. 단지 슬라이드의 발표 내용을 잘 기억했다가 다시 말하는 것뿐이다. 하지만 더 괜찮아 보이지 않는가? 웹 사이트에 들어가

PART Ⅲ. 시각화, 프레젠테이션의 기본 재료들　　135

확인해 보라.

이유가 무엇일까? 개인적인 재주에 따라 얼마든지 달라질 수 있는 프레젠테이션은 예술이기도 하지만 과학이기도 하기 때문이다. 사람들은 들은 것보다 본 것을 더 많이 기억하는데, 들은 것의 10%를 기억한다면 본 것은 30~40%를 기억할 수 있다. 이는 라디오 광고가 텔레비전 광고보다 효과가 적은 이유를 부분적으로 말해 준다. 우리가 주장하는 것은 프레젠테이션의 핵심을 시각 정보 형식으로 매끄럽게 흘러가게 하고, 청중의 집중과 기억을 최대화하는 방식으로 전달하자는 것이다. 시각 정보를 활용하는 프레젠테이션이 청중의 집중과 기억을 향상시키는 이유는, 청중이 내용에 몰입하면서 뇌의 양쪽을 동시에 쓰도록 유도하기 때문이다.

우리가 여기서 강조하고자 하는 메시지는 이것이다. 가장 효과적인 것은 메시지를 시각화하는 것이며 그것이 우리가 지금부터 그 방법을 다루려는 이유이다. 사실 이제는 굳이 필요성을 역설하지 않아도 많은 사람들이 시각 자료의 중요성을 알고 있다. 실제로 그것을 얼마나 잘 활용하고 있느냐는 별개의 문제지만 많은 사람들이 시각 자료를 포함한 프레젠테이션이 더 효과적이라는 사실을 받아들이고 있다.

제대로 된 프레젠테이션 준비 과정이 알고 싶지 않은가?

시간을 절약하기 위한 기존의 방법은 가능한 전에 만들었던 프레젠테이션을 가져다 이번에 해야 할 프레젠테이션의 자료로 사용하는 것이다. 당신이 알거나 보았거나 혹은 만들었던 프레젠테이션을 떠올려 보라. 그 준비과정은 대강 이러했을 것이다.

> **당신이 자주 사용하는 전형적인 프레젠테이션 준비 과정**

1. 비슷한 성격을 가진 기존의 프레젠테이션을 찾는다. 이것이 좋은 시작 방법이다.
2. 적합하지 않은 슬라이드를 제거한다.
3. 새로운 슬라이드를 추가한다. 다른 프레젠테이션에서 가져온 것 또는 다른 사람에게서 얻은 것이 이때 포함된다.
4. 새로운 프레젠테이션을 적당한 순서로 배열한다.
5. 각 슬라이드에 맞추어 무엇을 발표할 것인지 생각한다. 슬라이드에서 무엇을 읽을 것인지가 많은 부분을 차지한다.

이 절차가 전형적인 이유는 무엇일까? 시간을 절약하는 것을 제쳐둔다면, 우리가 생각을 목록 형태로 하는 것은 쉽지 않기 때문이다. 파워포인트는 내용을 목록화하는 데 도움을 주며, 따라서 결과물도 종종 '목록의 목록' 형태로 나타난다. 우리는 어떤 순서로 해야 할지도 모른 채 일단 수많은 목록을 민든 후 그 다음에 순서를 정리해 나간다. 우리는 이렇게 혼란 속에서 순서 정리하기를 좋아하며, 이것이 좋은 프레젠테이션에 가까워지는 단계라고 믿는 것 또한 좋아한다.

경험에 의한 나의 관점에서 보면 이 방법은 틀렸다! 이것은 프레젠테이션을 준비하는 좋은 방법이 아니다. 이것은 발표자 중심의 방법이며, 이런 식으로는 청중에게 공평한 프레젠테이션을 만들 수 없다. 정의에 따르면 프레젠테이션은 직선 형태로 죽 나아가야 하지만 프레젠테이션을 만들 때의 사고과정은 그런 형태가 되어서는 안 된다. 이 준비 방식은 사고를 일직선 형태로 유도하는데, 이로써 유용하고 흥미로운 생각의 연결고리가 가려져 보이지 않게 된다. 프레젠테이션을 준비하는 또 다른 방법을 자세히 보면 다음과 같은 순서로 정리할 수 있다. 이는 m62가 클라이언트의 프레젠테이션을 개발해 줄 때 거치는 과정이다.

m62가 제안하는 효과적인 프레젠테이션 준비 과정

1. 목표를 설정한다.

가능하면 SMART 방식으로 목표를 설정하라. SMART는 목표의 언어를 더욱 분명하게 만들어 프레젠테이션의 구조를 발견하는 데 도움을 준다. 2부 메시지 부분을 참고하자.

2. 전달매체를 선택한다.

파워포인트는 프레젠테이션의 모든 문제점을 해결해 주는 만병통치약이 아니다. 때로는 현장 방문이나 제품 시연이 더 나은 커뮤니케이션 수단이 될 수도 있다.

3. 프레젠테이션 유형을 정의한다.

설득하는 프레젠테이션인지, 교육하는 프레젠테이션인지를 정하라. 둘 다에 해당되는 경우는 거의 없다. 적절한 구조를 찾는 데 도움이 되는 목표의 언어를 활용하라.

4. 프레젠테이션 구조를 정리한다.

프레젠테이션의 유형을 알면 그에 맞는 구조를 선택할 수 있다. 우리는 대개 내용을 구축하기에 앞서 이 단계를 거치는데, 구조를 선택하면 어떤 내용을 넣고 넣지 않을 것인지 정하는 데 도움을 주기 때문이다.

5. 프레젠테이션 내용을 결정한다.

이것은 대개 글머리 기호 목록으로 나타나는데, 사실 목록은 대부분의 발표자가 사용하고 있는 방식이다. 우리는 목록이 청중이 아닌 발표자에게만 도움이 되기를 바란다.

6. 내용을 시각화한다.

지금까지 이 책을 읽었다면 우리가 글자에는 별로 가치를 두지 않는다는 것을 알 것이다. 그러므로 다음 단계는 메시지를 시각화하는 데 도움을 주는 도표나 그림을 찾는 것이다. 그 결과는 대개 스토리보드 형태로 나타나는데, 이로써 애니메이션과 차례대로 완성되는 과정을 포함한, 그러나 아직 디자인은 되지 않은 파워포인트가 완성된다. 우리가 이 방식을 쓰는 이유는 클라이언트와 디자인팀이 마지막 슬라이드에서 공통적으로 무엇을 원하는지 표현하는 데 도움을 주기 때문이다.

7. 보기 좋은 형태인지 확인한다.

시각 자료는 훌륭한 도구이지만, 그것을 실제로 표현할 수 있을 경우에만 해당된다. 이 단계에서 우리는 이 시각 자료가 표현될 수 있는지 살펴보고, 만약 그렇다면 어떻게 표현할 것인지를 알아본다. 간단히 말하면 이것이다. '청중을 이해시키기 위해서 이 시각 자료를 가지고 무엇을 말할 것인가?'

8. 슬라이드를 디자인한다.

내용과 스토리보드, 발표할 때 할 말까지 모두 준비가 되었다면, 나믐 자례는 이 프레젠테이션 자료를 디자인팀에 넘기는 것이다. 그들은 정확히 핵심에 따라 슬라이드를 만들어 줄 것이다. 4시간이 채 안 걸리는 경우도 많다!

PART Ⅲ. 시각화, 프레젠테이션의 기본 재료들

- 9. 슬라이드에 애니메이션 효과를 넣는다.

슬라이드 디자인이 끝나면 이제 프레젠테이션을 완성하고 애니메이션 효과를 넣을 차례다.

- 10. 연습한다.

이것은 가장 중요한 단계이며, 초기 목표 설정과 내용에 대한 동의가 이루어진 후에 발표자가 관여하는 유일한 단계이다. 이 과정에서 작은 변동이나 수정이 생길 수밖에 없는데, 대개 애니메이션이 등장하는 과정에 변화가 생긴다.

- 11. 프레젠테이션을 실행한다.

실제 프레젠테이션은 다양한 형태를 취할 수 있다. 일대일 프레젠테이션, 대규모 회의, 웨비나, 혹은 인터넷 가상 회의 등이다. 웨비나(Webinar)란 Web과 seminar의 합성어로 웹 사이트에서 행해지는 실시간 혹은 녹화의 양방향 멀티미디어 프레젠테이션을 말한다.

- 12. 평가한다.

아드레날린이 급증하는 관계로 발표자들은 리허설하고 프레젠테이션하는 데만도 정신이 없기 때문에 결과에 대한 평가가 중요하다는 사실을 대부분 잊어버린다.

큐카드를 버려라, 글자가 아니라 이미지를 사용하라

이제까지 말한 내용에 따르면 '발표자가 발표 내용을 기억하는 것을 도와주는 슬라이드'에서 '청중이 메시지를 이해하는 것을 도와주는 슬라이드'로 바꾸어야 한다는 사실은 명백하다. 이 변화의 기술을 우리는 '시각화'라고 부른다. 두 슬라이드의 차이점을 그래픽으로 묘사하면 두 개의 궤도 형태로 표현할 수 있는데, 하나는 '전통적인' 궤도, 또 하나는 '멀티미디어' 궤도이다. 그 차이점은 슬라이드를 디자인하는 방식에도, 그리고 그것을 전달하는 방식에도 존재한다. 이중 매체 프레젠테이션에서 발표자와 슬라이드는 두 개의 독립적인 커뮤니케이션 수단이면서 필요에 따라 서로 참조 대상이 된다.

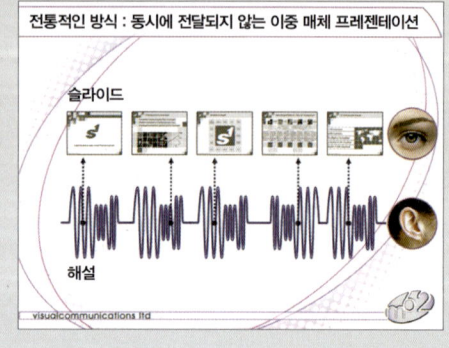

이중 매체가 아닌 멀티미디어가 답이다

이것은 이중 매체와는 다른 궤도를 보인다. 여기에서 우리는 두 개의 독립된 미디어의 흐름이 매끄럽게 상호작용하는 것을 볼 수 있다. 이 두 개가 융합되어 지속적인 정보의 흐름이 생기는데, 이때 정보는 시각과 청각을 이용하여 발표자에게서 청중에게로 전달된다. 이렇게 하여 효과적인 정보 전달이 이루어진다.

BBC의 시사 프로그램에서 좋은 사례를 볼 수 있다. 이미지와 음성이 매끄럽게 섞여서 멀티미디어 정보의 지속적인 흐름을 만든다. 반대의 예는 CNN에서 찾아볼 수 있다. 이는 애국심 때문이 아니라 실제 현상에 대해 언급하는 것일 뿐이다. 대부분의 커뮤니케이션 전문가들은 BBC를 방송 매체의 표준으로 인식할 것이다. CNN을 보면 화면 아래에 자막이 끊임없이 흐르는데 어떤 시점에 보아도 너무 많은 정보를 전달하고 있다. 결과적으로 시청자가 CNN에서 얻는 정보는 BBC보다 훨씬 적다. 라디오를 들을 때와 텔레비전을 볼 때를 비교해 보면 시각적인 것의 역할이 무엇인지 알 수 있을 것이다. 이 사실은 m62의 멀티미디어 프레젠테이션이 가진 힘을 설명하는 데도 도움을 준다.

멀티미디어 방식의 프레젠테이션을 만드는 데 관련되는 요소들은 다음과 같다. 이 핵심 요소들에 대한 더 많은 정보는 이 책의 '시각 장치' 부분에서 볼 수 있다.

- 도표
- 애니메이션
- 사진
- 비디오
- 플로차트는 매우 유용하며 순서가 중요한 경우에 순서를 만들어 준다. 전체 그림이 점점 복잡해지는 과정에서 필요한 요소를 하나씩 추가한다든지, 필요한 어떤 부분을 강조하는 방식으로 점진적으로 사용해야 한다.

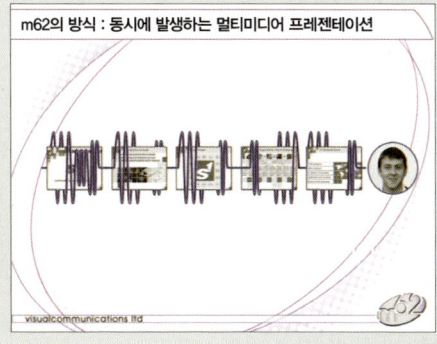

정보의 속도와 흐름을 조절하라

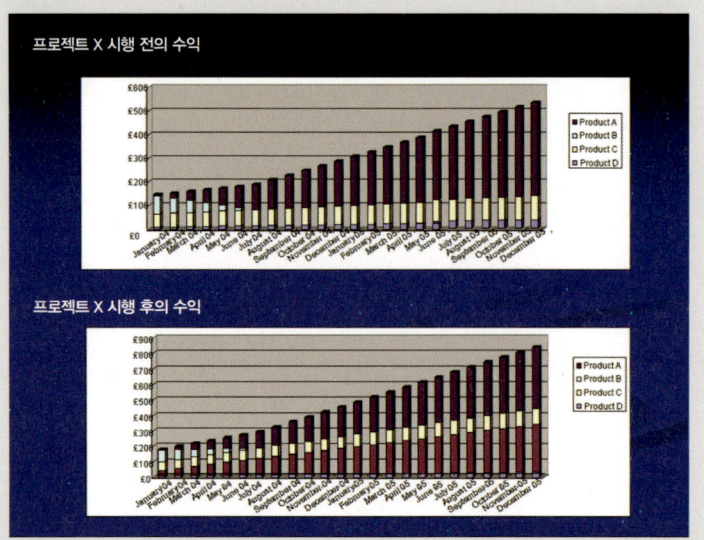

www.killerpresentations.com/informationflow.html

다음 문장을 읽기 전에, 위 그래프를 2초 동안 '흘깃' 보기 바란다. 잠깐 본 것으로 얼마나 많은 정보를 얻을 수 있었는가? 아마 별로 얻은 정보가 없을 것이다. 이제 이 그래프가 무엇을 말하는지 알 수 있을 만큼 충분히 시간을 들여 연구해 보아라. 이번에는 2초 보다는 더 걸렸겠지만 아마 더 많은 정보를 얻었을 것이다. 독자들이 그래프를 보는 데는 저마다 걸리는 시간도 달랐을 것이며, 일부 독자는 내용을 더 쉽게 파악하기 위해 책을 90도로 돌려서 보았을 것이다.

이것을 '2D 프레젠테이션'이라고 부르는 인쇄된 형태로 청중에게 준다면 정보가 전달되는 속도와 흐름은 그것을 읽는 사람에 의해 조절된다. 그들은 읽다가 잠시 생각을 하기 위해 멈출 수도 있고 혹은 종이를 내려놓고 잠시 뒤에 다시 볼 수도 있다. 궁극적으로 정보가 흐르는 속도를 좌우하는 것은 청중이다. 이 책을 예로 들어 보자. 당신은 이 책을 읽기 시작해서 이 페이지에 오기까지 아무런 방해도 받지 않았는가? 아마 아닐 것이다. 처음부터 여기까지 이 책에 인쇄된 모든 글자를 읽었는가? 아마 그것도 아닐 것이다.

그러나 프레젠테이션에서라면 속도를 조절하는 것은 청중이 아니라 발표자다. 발표자는 종종 청중의 의사와 상관없이 언제 다음 슬라이드로 넘길 것인지를 결정한다. 그러므로 우리의 프레젠테이션에 강력함을 주는 특성은 다음 세 가지 요소다.

> 첫째, 정보의 양이 제한되어 있다.
> 둘째, 정보의 속도가 엄격하게 조절된다.
> 셋째, 이해를 돕는 방식으로 배치되었다.

이제 다음의 그래프를 보자. 그래프와 발표자의 말이 순서대로 등장한다.

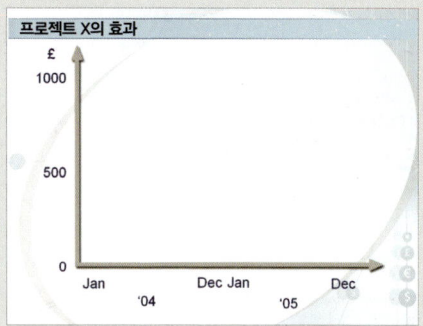

"이제부터 보여드릴 것은 지난 18개월 동안의 MAT(moving annual total)입니다. 그래프의 눈금이 0에서부터 10억 달러가 넘는 수치까지 올라가는 것을 볼 수 있습니다."

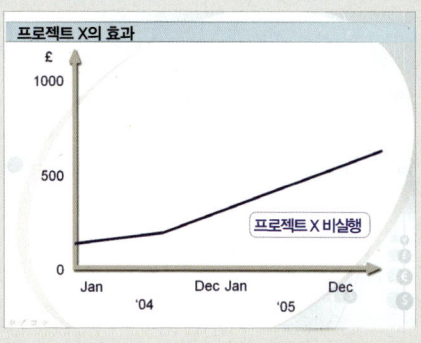

클릭.
"프로젝트 X의 효과를 감안하기 전 수익 예상치를 보십시오."

www.killerpresentations.com/informationflow.html

PART Ⅲ. 시각화, 프레젠테이션의 기본 재료들

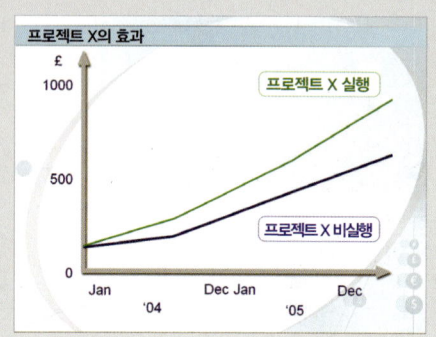

클릭.
"이번에는 실제 MAT 수치를 보십시오."

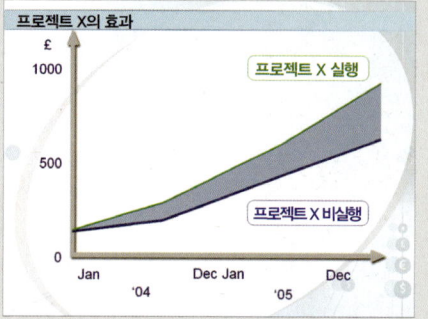

클릭.
"따라서 프로젝트 X의 효과는 여기에 표시된 영역 만큼입니다. 보시다시피 프로젝트 X로 인해 사업의 수익은 원래보다 훨씬 올라갔다고 볼 수 있습니다."

첫 번째 슬라이드와 비교하여 무엇이 다른가? 더 적은 정보를 적절한 속도로 프레젠테이션하는 것은 청중의 이해를 돕는다. 정보를 매끄럽게 전달하는 슬라이드를 디자인하는 것이 핵심 기술인데, 이 때문에 '정보의 속도와 흐름 조절하기'가 킬러 아이디어라고 할 수 있다. 이 아이디어는 어떤 슬라이드에나 적용된다. 글자로만 만들었거나, 위 같은 그래프를 이용했거나, 이 장에서 다루어지는 어떤 시각 장치를 이용한 슬라이드에도 모두 적용할 수 있다. 우리는 청중을 바보로 취급하는 것이 아니다. 우리는 커뮤니케이션을 확실히 하려는 것뿐이다. 이것이 결국 프레젠테이션의 목적 아닌가?

대부분의 발표자들이 많은 정보를 빨리 전달하려고 하는 행동은 사실 이해할 만하다. 그들은 프레젠테이션 이전에 이미 정보를 보았다. 아마도 수백 번 보았을 것이며 충분한 시간을 들여 그것에 대해 심사숙고하며 결론을 내렸을 것이다. 그러나 청중은 그렇지 않다. 그들은 프레젠테이션에서 그 정보를 아마 처음 접할 것이다. 따라서 정보는 발표자가 생각하는 속도가 아니라 청중이 받아들일 수 있는 속도로 전달되어야 한다. 위와 같이 몇 번의 클릭으로 슬라이드를 완성해 나가는 동안 발표자는 적절한 속도로 프레젠테이션할 수 있게 된다.

4차원(4D) 프레젠테이션이라니?

2차원(2D) 프레젠테이션은 고정된 이미지와 텍스트를 사용한다. 슬라이드를 화면에서 보여 주면서, 동시에 인쇄해서 보여 주는 식이다. 화면과 인쇄된 종이에 나타난 것이 똑같고 내용을 종이로 옮겼을 때 어떤 정보도 빠짐없이 그대로라면, 그 슬라이드는 2D이다.

여기에 우리는 시간과 말이라는 2개의 차원을 더 고려한다. 세 번째 차원은 시간이다. 우리는 시간이 흐름에 따라 이미지를 수정할 수 있다. 예를 들면 발표자가 빈 화면에서 시작해서 슬라이드를 완성해 나가는 동안 그래프는 발전하고 변화한다. 네 번째 차원은 해설 혹은 말이다. 발표자는 그래프가 변하는 동안 청중의 눈에 보이는 것을 말로 풀어 설명하는 것이다.

4D 프레젠테이션은 시간과 해설이 맞물려 완성된다. 처음에는 화면을 아무리 열심히 쳐다봐도 청중은 아무것도 알 수 없다. 당연하지 않은가? 화면에는 아무것도 없다. 시간이 지나면서 당신의 설명이 덧붙여져야만 비로소 화면이 살아 움직이며 의미를 갖게 될 것이다. 4D 방식의 프레젠테이션은 아주 강력하다. 이것은 청중을 사로잡으며 그들의 집중도를 높이고, 결과적으로 프레젠테이션이 끝난 후에도 장기 기억에 오래 저장된다.

정보를 시각적으로 전달한다는 개념은 아주 구체적인 아이디어와 연결되는데, 이것은 우리가 이용하고 추천하는 사실상 모든 슬라이드의 형태와 실행에 적용된 아이디어다. 우리는 이것을 '4차원 프레젠테이션(4D)'이라고 부른다. 이것은 이 책에서 가장 강력한 개념 중 하나이며 따라서 킬러 아이디어 중 하나이다. 또 이 내용은 책이라는 매체에서 표현하기 가장 어려운 개념이기도 한데, 알다시피 이 책은 2D 프레젠테이션이기 때문이다. 꼭 링크를 참조해 실제 프레젠테이션을 확인하기 바란다.

다음 슬라이드는 세 단계로 완성되는 형태를 보여 준다. 첫 번째와 두 번째 슬라이드 사이에 실제로 사슬이 분리되어 두 번째 슬라이드에서 최종적으로 도착하는 위치까지 화면에서 움직인다. 이 슬라이드를 프린트한다면 이런 움직임은 보여 줄 수 없다. 슬라이드가 이런 움직임을 보여 주는 동안 발표자는 청중의 눈에 보이는 것을 설명한다. 움직임은 주목을 끌고 거의 모든 청중이 이에 집중한다. 그들 대부분은 주의 깊게 보고 집중하였기 때문에 프레젠테이션의 핵심 내용을 기억할 것이다.

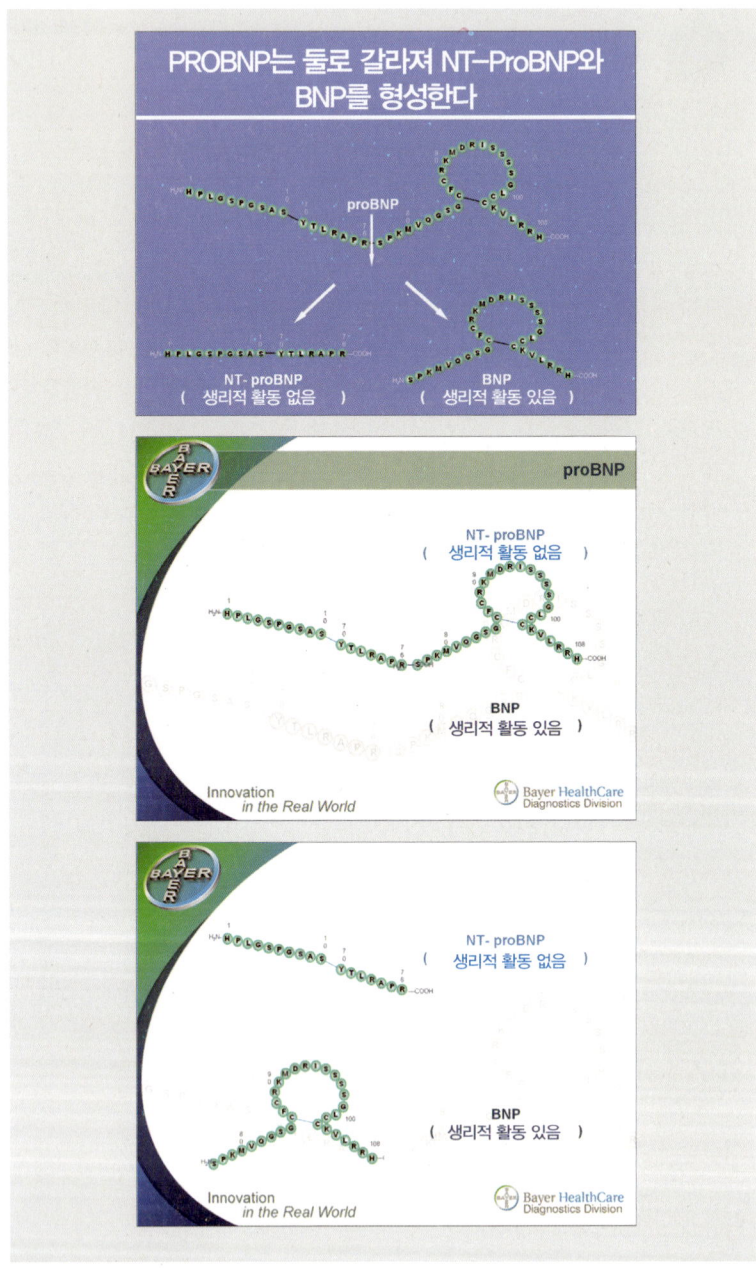

Presentation S·U·M·M·A·R·Y

❶ 큐카드를 사용하지 말고 도표와 그림을 사용하라.
❷ 클립아트를 넣지 말라.
❸ 생각을 구조화하는 데 도움을 준다면 파워포인트의 글머리 목록을 사용하라. 그러나 이것은 과정의 시작일 뿐 끝이 아니다. 이것을 청중에게 보여 주지 말라.
❹ 이중 매체가 아니라 멀티미디어를 유도하는 슬라이드를 디자인하라.
❺ 프레젠테이션할 때 2개의 차원(시간가 말)을 추가할 수 있다. 가능할 때마다 사용하리.

시각 장치를 다루는 가장 좋은 **방법**

너무 소심하고 까다롭게 자신의 행동을 고민하지 말라.
모든 인생은 실험이다. 더 많이 실험할수록 더 나아진다.
나를 참여시켜라, 그러면 이해할 것이다. |랄프 왈도 에머슨|

청중은 어디를 보나?

새로운 이미지를 프레젠테이션할 때 당신의 눈이 자연스럽게 향하는 곳이 어디인지에 답이 있다. 서구 사회 사람들은 시선을 화면의 왼쪽 위에서부터 시작하여 오른쪽으로 옮기고 대각선 방향으로 내려와서 왼쪽 아래로 옮긴 다음 다시 오른쪽으로 이동시킨다. 이것은 우리가 배운 읽기 방식이며 거의 반사적인 행동이다. 큰 화면에서도 마찬가지다. 청중이 보았으면 하는 것이 화면 왼쪽

:: 이 로고들이 있는 그림을 2초 동안 보라!
몇 개의 로고를 기억할 수 있는가? 더 중요하게는 당신이 기억하는 로고는 무엇인가? 대부분의 독자가 기억하는 로고는 m62일 확률이 높다. 왜 그럴까?

위에 있지 않다면 청중의 시선을 조종해야 한다. 이를 위한 몇 가지 기술을 소개한다.

청중의 시선을 조종하는 몇 가지 중요한 기술이 있다

청중의 시선을 유도한다는 생각은 슬라이드 디자인과 발표자의 말 사이에서 시너지를 창조하는 것이다. 일반적으로 발표자는 이렇게 말하면서 다음 화면을 준비한다. "다른 주제로 넘어가 보겠습니다." 그리고 발표자의 시선이 화면을 향하면 그를 보던 청중도 그대로 따라 할 것이며, 발표자는 슬라이드를 보며 클릭하고 발표를 계속 할 것이다. 이런 식으로 청중의 시선을 유도하는 것은 우리의 방법론에서 중요한 역할을 하며, 생각보다 훨씬 강력하고 잘 익혀둘 가치가 있다. 우리는 이 책의 몇몇 부분에서 이런 지시된 주목을 언급할 것인데 먼저 이 기술을 가능하게 하는 몇 가지 시각 장치들을 살펴보겠다.

 완성하기(build up)

발표자가 전달하는 정보의 속도를 조절하기 위해 사용하는 몇 가지 그래픽 기술 중 가장 중요한 두 가지는 '완성하기'와 '흐리게 하기'이다. '완성하기'는 그림이 한꺼번에 보여주기에는 너무 복잡한 경우가 많기 때문에 나온 개념이다. 그 예로 다음 그림을 보자.

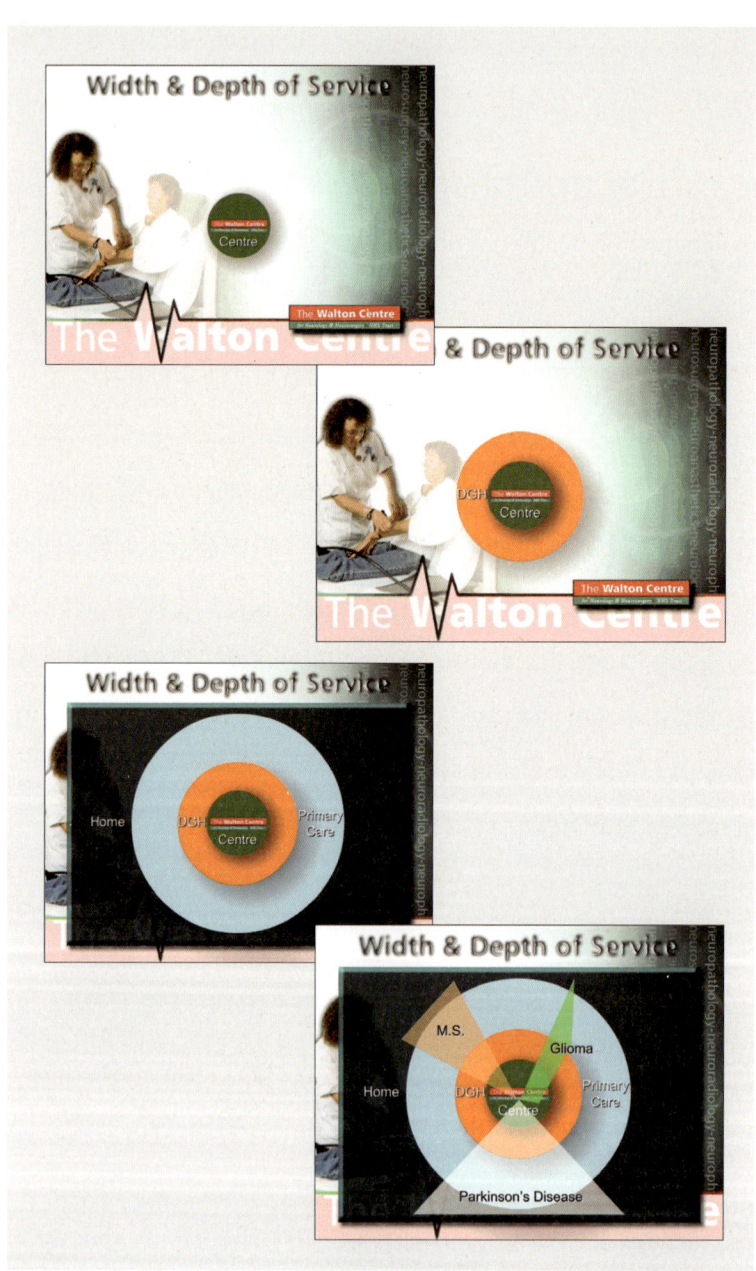

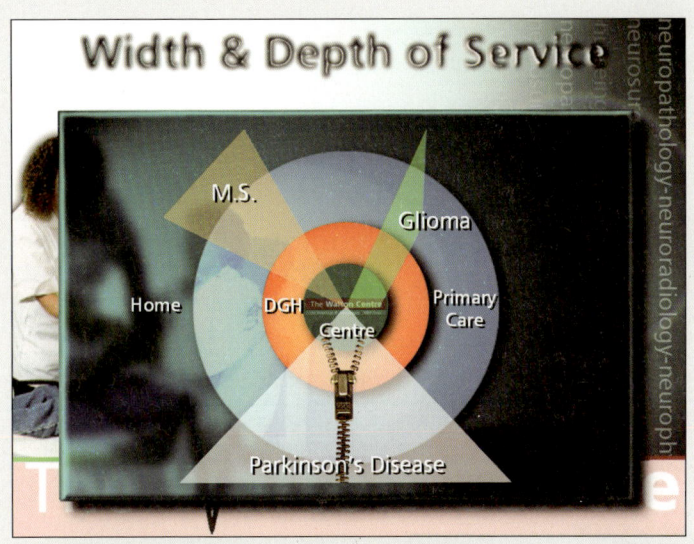

www.killerpresentations.com/Walton.html

우리는 이것을 '케어 맵(Care Map)'이라고 부르는데 이는 우리의 클라이언트인 신경외과 전문의 센터가 당면 주제들을 설명하기 위해 사용한 것이다. 그림 전체를 보면 이해하기가 어렵기 때문에 클릭할 때마다 내용이 차례대로 등장하도록 만들었다. 이렇게 하면 이야기를 이끌어가는 데 도움이 된다. 클릭할 때마다 발표자는 청중이 보고 있는 것을 설명한다.

그 다음에는 치료의 개요가 그림 전체에 펼쳐지며 각각의 질환에 따른 여러 가지 유형의 치료법을 보여 준다. 마지막으로 지퍼가 나타나는데, 지금까지의 모든 치료법이 지퍼를 잠그듯 함께 조합되어야 환자들에게 원활한 서비스를 제공할 수 있다는 것을 그래픽으로 보여 준다.

그림을 단계적으로 완성함으로써 우리는 슬라이드의 어디를 보아야 하는지 청중에게 알려 줄 수 있으며, 확실하게 정보를 전달할 수 있다. 더불어 정보의 속도와 흐름을 조절할 수도 있다.

흐리게 하기(Fade down)

이제 파킨슨병 환자들의 치료에 지역 보건의가 하는 역할에 대해 말하려 한다고 가정해 보자. 핵심을 전달하기 위해 우리는 그림에서 주제와 관계없는 모든 것을 억제해야 한다.

사실 우리는 프레젠테이션을 구조화하는 데 이 개념을 자주 사용한다. 다음 슬라이드들은 진단 시스템을 자동화한 작업공간을 설명하기 위해 바이엘 사의 프레젠테이션에 사용했던 자료이다. 이 슬라이드들은 작업공간을 가상으로 방문하게 해주고 청중의 머릿속에 정보를 위치시킨다. 분명히 우리는 자연스럽게 흘러가는 슬라이드들만을 보여 주었다. '자연스럽게 흘러가는(segue)'의 정의를 알고 싶다면 166쪽을 참고하라.

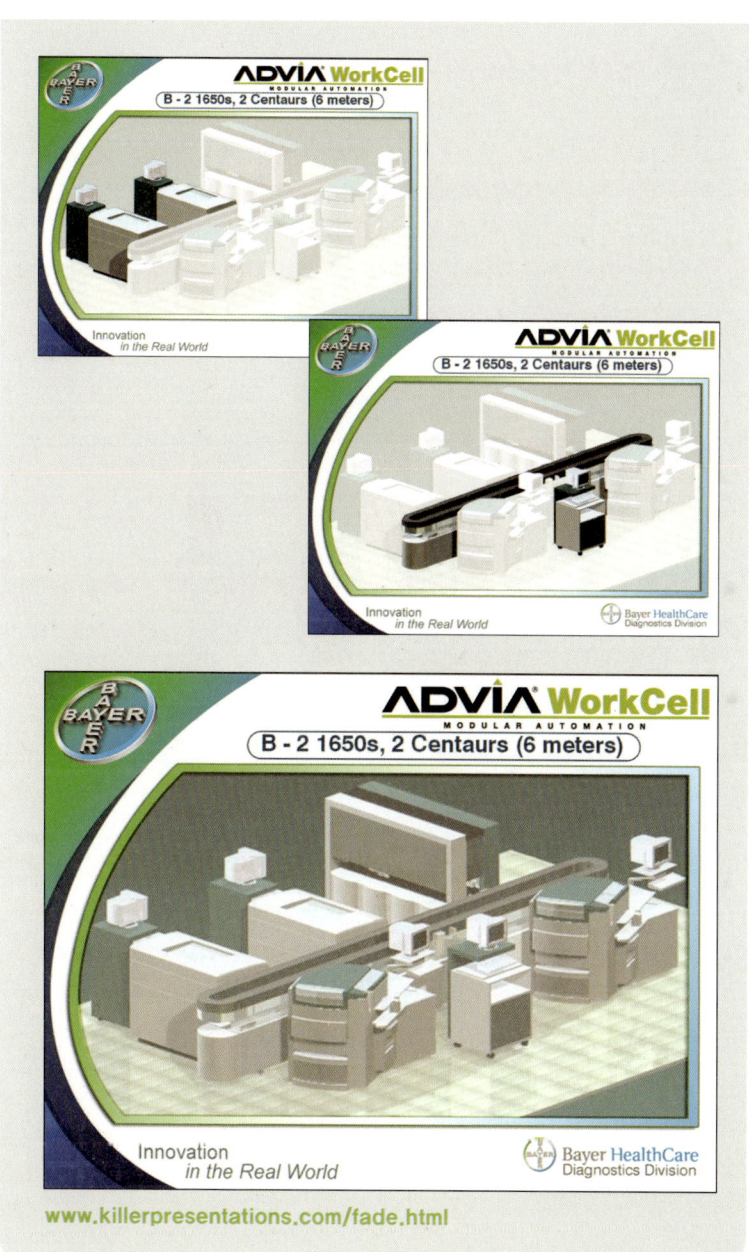

강조하기(Highlight)

파워포인트에서 단독으로 사용하기 쉬운 또 하나의 유용한 기술은 '강조하기'이다. 예를 들면 다음 지도에서 빨간색으로 강조된 부분을 볼 수 있을 것이다. 우리는 종종 이 세 가지 기술을 조합해 사용하기도 하는데 먼저 복잡한 그림을 단계적으로 완성한 다음, 주제와 관련 없는 것들을 억제하는 동시에 중요한 부분을 강조하는 식이다.

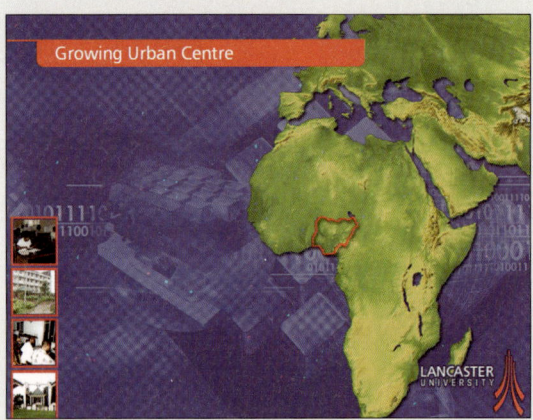

www.killerpresentations.com/highlight.html

 확대하기(Zoom-in)

이제 마지막으로 '확대하기' 기술인데, 이것은 스프레드시트와 지도, 사진에 특히 유용하다. 다음 그림은 우리 클라이언트인 번즈 E 커머스(Burns E-Commerce)를 위한 스프레드시트이다. 이 스프레드시트 전체는 대시보드지만 특정 부분을 청중이 주목하도록 해야 한다. 따라서 우리는 먼저 전체 그림을 보여 준 후 단계마다 필요한 부분을 확대한다. 이 기술을 전 과정에서 볼 수 있다.

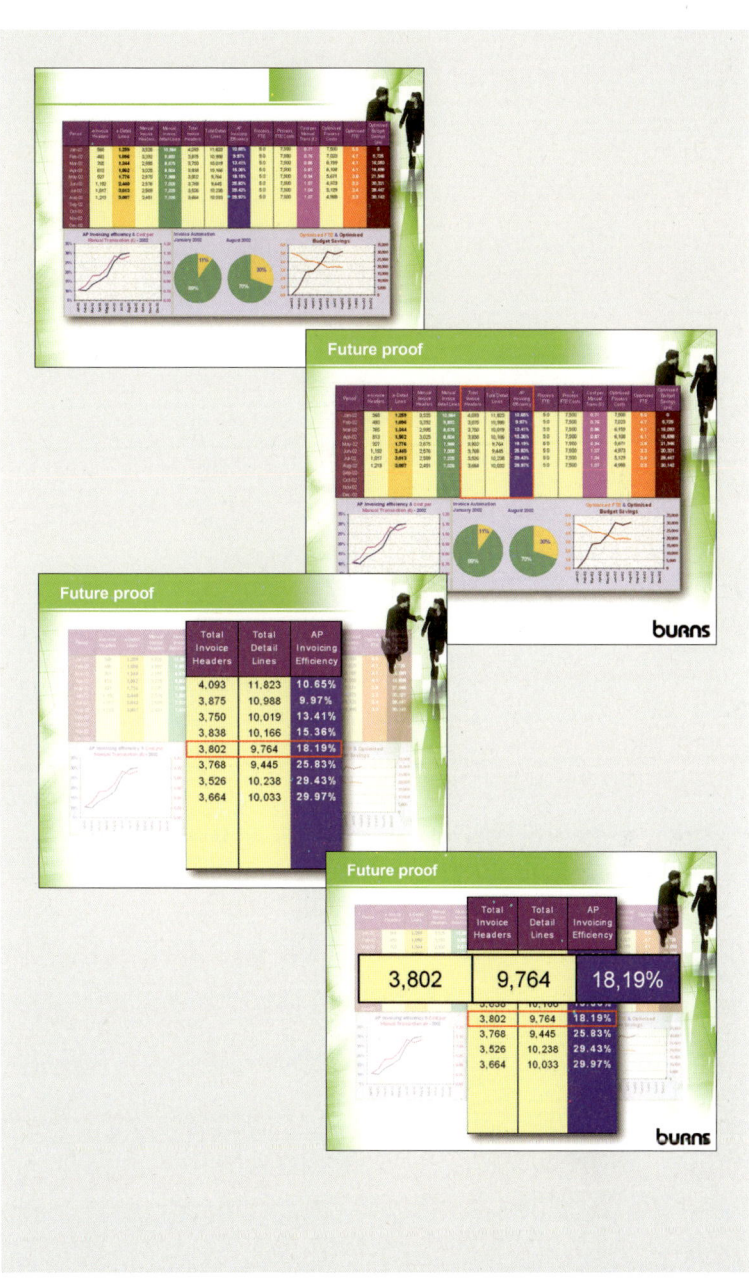

PART Ⅲ. 시각화, 프레젠테이션의 기본 재료들

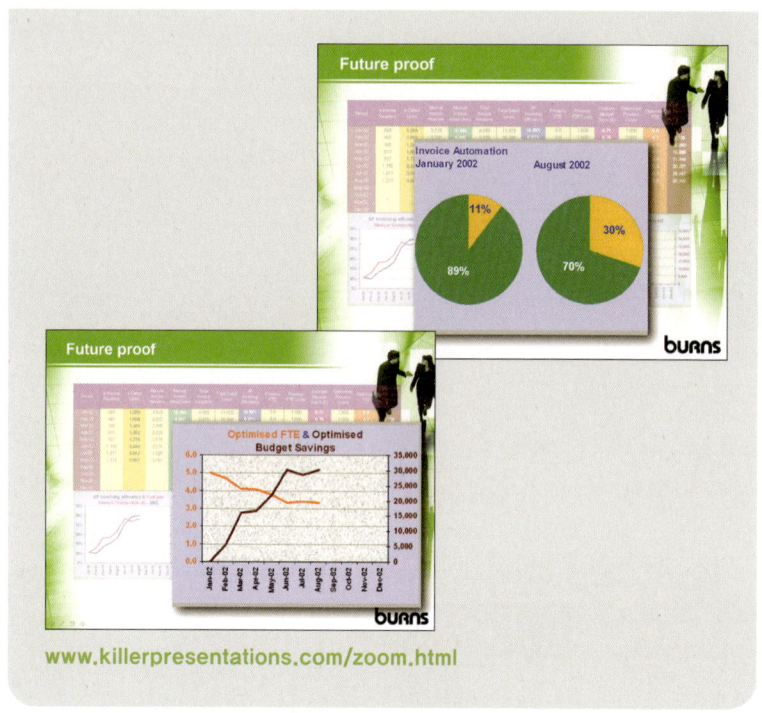

다이어그램은 어떤 것이 있고, 어떤 때 사용하나?

기본적인 표현 기술을 배웠으니 이제 지루한 많은 글자들 대신 우리의 메시지를 전달하기 위해 프레젠테이션에서 사용할 수 있는 것들이 뭐가 있는지 살펴보자. 보통 자주 사용하는 것들은 마름모, 도식, 피라미드, 벤 다이어그램 등이다. 어떤 것을 어떤 때 사용하면 좋을 것인지 주의해서 살펴보라.

| 벤 다이어그램 |
www.killerpresentations.com/venn.ht

벤 다이어그램은 세 가지 영역 또는 독창성이나 전문지식, 기술 등 여러 요소의 모음이나 공통점을 나타낼 때 유용하며, 대개 세 번의 클릭으로 완성된다. 오른쪽의 슬라이드는 에그(Egg) 사의 경쟁력이 시장에 대한 지식, 고객에 대한 이해, 첨단기술 세 가지로 이루어져 있음을 쉽게 보여 주는 벤 다이어그램이다.

| 마름모 |
www.killerpresentations.com/breeze/lozenge/lozenge.html

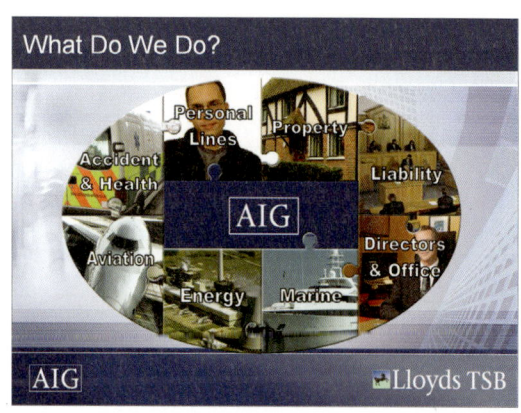

이것은 아마도 가장 많이 사용되는 시각 장치일 것이다. 마름모의 중앙에는 중심 제목이 들어가 있고 여러 소제목들이 구획을 나누어 이를 둘러싸고 있다. 일반적으로 슬라이드는 다음 단계를 밟아 완성

PART Ⅲ. 시각화, 프레젠테이션의 기본 재료들   157

된다. 중심 주제가 제일 먼저 등장하고 그 다음에 클릭할 때마다 소제목들이 위쪽 가운데에서부터 시계방향으로 하나씩 등장하는데, 발표자는 이 순서에 따라 하나씩 설명할 수 있다. 모든 것이 한꺼번에 등장하면 안 된다. 너무 많은 정보가 들어 있기 때문이다. 물론 중심 주제는 발표 내용에 따라 달라지고 맨 마지막에 등장할 수도 있다.

| 도식 |
www.killerpresentations.com/schematic.html

도식은 프레젠테이션에서 흔히 쓰이는 방법인데, 기술적인 프레젠테이션에서 특히 많이 사용된다. 다음 그림은 스토리지텍(StorageTek)의 프레젠테이션에 등장한 도식인데, 자사의 기록보관 장치가 어떻게 작용하는지를 보여 준다. 이 슬라이드를 완성하 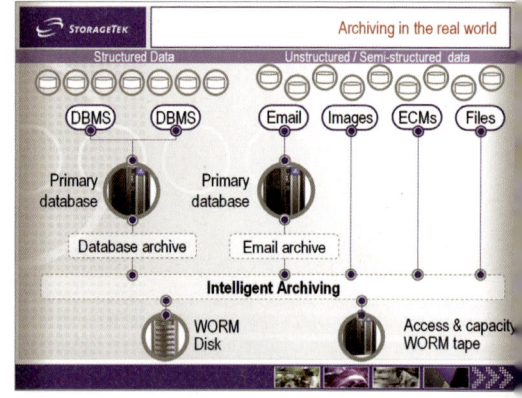 는 형태는 아주 중요한데 다섯 번 클릭하는 동안 위에서 아래로 차례대로 내용이 등장하면서 청중이 그림을 이해하도록 돕는다. 당연히 그림들은 발표자가 설명하는 내용에 따라 논리적으로 완성되어야 한다. 웹 사이트에 들어가 보면 무슨 말인지 쉽게 이해할 수 있을 것이다.

| 피라미드 |

www.killerpresentations.com/schematic.html

다음 두 슬라이드는 모두 3D 피라미드를 보여 준다. 명백하게 피라미드는 삼각형 형태이며, 주제를 뒷받침하는 근거를 나타낼 때나 각 단계가 다음 단계를 뒷받침하는 단계적인 구조를 보여 줄 때 사용된다. 피라미드는 시장 세분화와 관련된 것들을 설명할 때 특히 유용하다. 대부분의 시장은 삼각형 형태로 묘사할 수 있는데 아래에는 상대적으로 비중이 작은 고객이 들어가고, 위쪽으로 갈수록 더 중요한 것이나 큰 고객이 들어간다. 숫자가 많은 것에서 숫자가 적은 것을 표현할 때도 사용한다.

통찰력과 지식 등 교육을 목적으로 한 경우, 또는 회사의 제품 지원에 대한 단계적 구조를 설명하고자 할 때도 피라미드 슬라이드는 유용하다. 물론 이때도 '슬라이드가 모든 것을 말하게 하면 안 된다!'는 규칙은 유효하다.

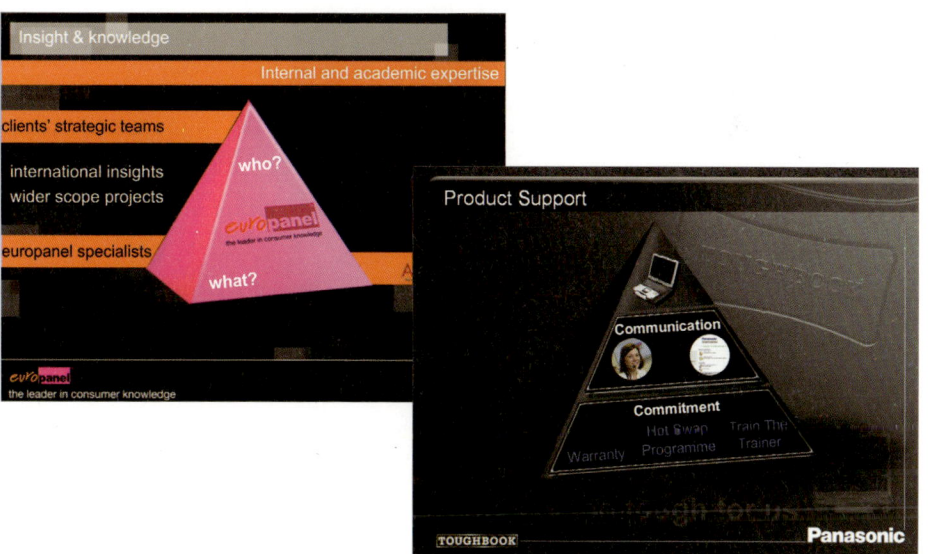

매트릭스는 환경의 변화를 보여 줄 때 유용하다

매트릭스는 숫자나 개체를 직사각형 모양으로 배열한 것을 말한다. 이고르 안소프의 2×2 매트릭스는 많이들 알고 있겠지만, 3×3 매트릭스로 가장 유명한 것은 GE 맥킨지 매트릭스이다. 이 형태의 매트릭스도 매우 유용하다. 다음은 1990년대 후반의 정보기술(IT)은 전술적이고 양적이며 비교적 단순했지만, 최근의 그것은 전략적이고 더 질적이며 훨씬 더 복잡하다는 설명을 위한 2×2×2 형태의 매트릭스이다. 주로 시장 환경의 변화 등을 보여 줄 때 사용하며, 이런 매트릭스를 완성하는 법은 그래프와 비슷하다. 선이 먼저 등장하고 그 다음에 데이터가 등장한다.

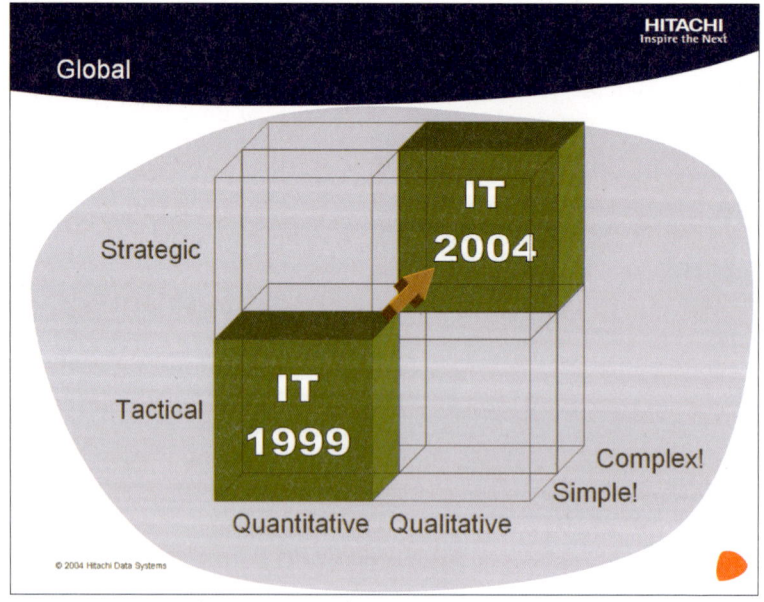

2D, 3D, 4D 모델링은 주목도가 높다

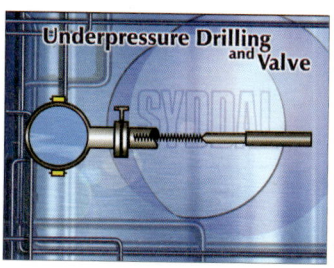

2D 모델은 복잡한 대상을 단면으로 혹은 도식적으로 보여 줄 때 사용하며, 특히 청중을 전체 구성의 특정한 부분에 주목하게 하고 싶을 때 유용하다. 이때 불필요한 모델링으로 인해 집중이 흐트러질 정도로 디자인하지 않도록 주의하자.

www.killerpresentations.com/2d.html

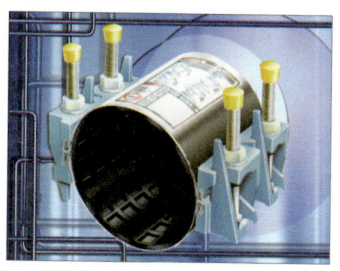

기술적인 주제를 이해시켜야 할 때라면 3D 모델이 유용하다. 이 그림은 아직 완성되지 않은 어떤 장치의 사진을 보여 주기 위해 포토샵에서 만든 3D 이미지이며, 4D 모델은 3D 모델이 만들어지는 과정을 보여 주는 것이다. 아래 그림들은 위 그림의 조립 단계를 보여 준다.

www.killerpresentations.com/3d.html

www.killerpresentations.com/4dmodel.html

PART Ⅲ. 시각화, 프레젠테이션의 기본 재료들

사진은 클립아트만큼 위험하다

사진은 클립아트처럼 될 위험성이 있다. 클립아트에 대해서는 앞서 정의했으며, 사진은 반드시 주제와 관련이 있어야 한다. 다음 사진은 상품의 강조하고 싶은 두 가지 특징을 보여 준다.

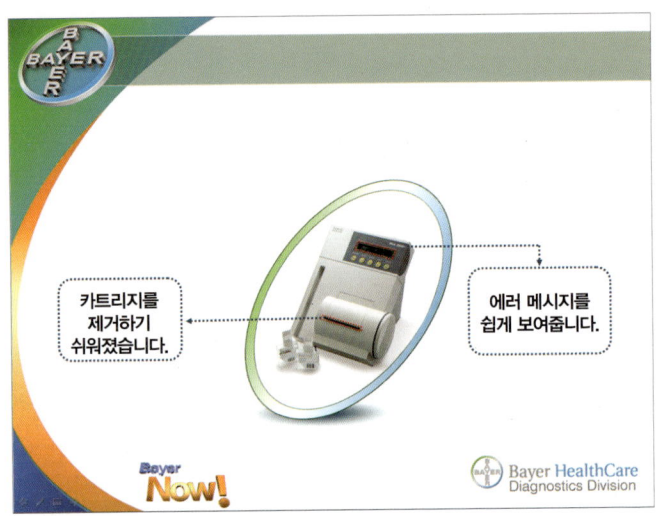

| 사진을 잘 사용하는 법 |

사진을 쓸 때 범할 수 있는 가장 큰 실수는 잘못된 구도이다. 예를 들어 다음 세 개의 사진을 보자.

첫 번째 사진은 머그컵을 찍은 것인데 구도가 나쁘다. 가운데 사진은 조금 낫다. 사실 모두 같은 사진인데 두 번째 것은 파워포인트의 기능을 이용해 원본 일부를 잘라낸 것이다. 세 번째 사진은 조명을 조절해 머그컵을 다시 찍은 다음 포토샵에서 잘라내 가상의 테이블 위에 올려놓고 바닥에 비치는 그림자를 만들어낸 것이다. 핵심은 사진이 너무 많은 양의 정보를 전달할 때가 많다는 것이다. 따라서 때로는 불필요한 시각 정보를 제거하고, 청중이 사진 중에서 핵심이 되는 부분에만 주목하도록 하는 것이 좋다.

| 적절한 사진 크기와 해상도 |

사진을 사용할 때 일어나는 두 번째 실수는 고해상도의 사진을 집어넣는 것이다. 5MB 정도의 사진 한 장을 넣는 것보다 전체 프레젠테이션 파일 크기를 크게 만드는 더 빠른 방법은 없다. 파워포인트 슬라이드에 맞는 해상도는 72dpi(960*720)이므로, 이보다 더 높은 해상도의 사진을 넣는 것은 불필요하며 프레젠테이션의 속도를 느리게 만들 뿐이다. 정확한 수치는 아니지만 이것이 포토샵에서 파워포인트로 옮길 때 가장 좋은 결과를 보여 주는 해상도이다. 포토샵 같은 프로그램을 사용해야 하고, 파워포인트에서라면 사진이나 그림을 압축하거나 필요 없는 부분을 잘라내야 한다. 팁을 하나 주자면 문서에 있는 모든 이미지를 압축할 필요는 없다. 파워포인트의 '그림 압축' 기능을 사용하면 간단히 해결된다.

지도는 훌륭한 시각 장치다

지도는 훌륭한 시각 장치이다. 여기에 몇 가지 샘플이 있다. 색깔을 어떻게 사용했는지, 정보이자 시각적 열쇠로써 지도를 활용하기 위해 확대하기 기술을 어떻게 사용했는지 참고하라.

컴퓨터 화면을 선명한 화질로 슬라이드에 넣고 싶다면?

기술적인 프레젠테이션에서 화면 저장 기능을 많이 사용하는데, 이때 앞에서 배운 흐리게 하기, 확대하기, 강조하기 기술들이 아주 유용하다. 다음 그림은 우리의 미국 클라이언트인 야후 핫잡스(Yahoo HotJobs)의 화면이다. 상품이 웹서비스이기 때문에 화면을 저장해서 보여 주어야 하는데, 방법은 간단하다. 원하는 화면을 띄우고 'Prt Scr(프린트 스크린)' 키를 누른 후 파워포인트 슬라이드에 붙여넣기(Ctrl+V)만 하면 된다.

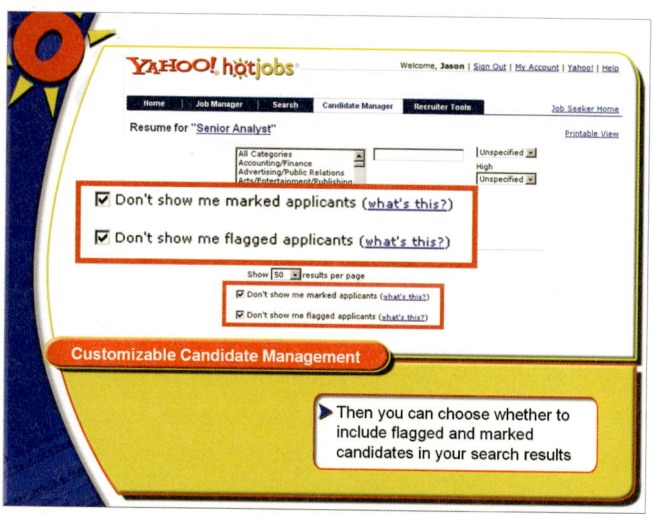

| 프레젠테이션에 사용할 선명한 캡처 화면을 얻는 방법! |

그러나 슬라이드에서 확대하기 기술을 사용하려면 문제가 좀 있다. 화면을 캡처하는 방법이 무엇이든 캡처하면 모니터 화면 해상도 그대로 저장되는데, 캡처 화면은 저해상도이기 때문에 확대시켰을 때 이미지가 선명

하지 않고 흐릿하게 보인다는 것이다. 이를 피하기 위한 가장 쉬운 방법은 화면을 캡처하기 전에 PC 화면의 해상도를 높이는 것인데, 사실 이것만으로는 부족하다. 가장 좋은 방법은 가능한 높은 해상도에서 이미지를 캡처한 후, 역시 가능한 높은 해상도로 프린트하고, 고해상도 사진으로 스캔하는 것이다. 결과는 상당히 인상적이다. 위 슬라이드를 애니메이션 형태로 사이트에서 확인해 보라.

 시각적 이어짐(Segue)은 당신을 프로처럼 보이게 만든다

'이어진다(segue)'는 것은 한 단계에서 다음 단계로 부드럽게 그리고 재빨리 전환되는 것을 뜻한다. 프레젠테이션의 맥락에서 이 개념은 아주 유용한 것이다. '이어지는' 슬라이드는 변하지 않는 배경 위에서 점진적으로 그래픽 요소를 제거하거나 추가함으로써 메시지를 발전시키고 향상시킨다. 이것은 청중의 집중을 도와주는데 고정된 슬라이드 사이사이에 일어나는 '단절'을 방지해 주기 때문이다. 그리고 이런 '이어짐'은 프레젠테이션에 역동적인 흐름을 만들어 청중이 내용을 따라가도록 해주고 발표자가 말하는, 혹은 말해야 하는 내용과도 조화를 이룬다.

프레젠테이션의 구조는 청중에게 중요한 역할을 하는데, 이 구조가 단기 기억을 도와주기 때문이다. 청중은 구조로 인해 편안함을 느끼고 프레젠테이션의 어디쯤에 와 있는지 알 수 있게 되기 때문에 시각적 이어짐이 필요하다. 다음 예제는 우리가 발표자의 전달 능력을 입증하는 5개 부분으로 프레젠테이션을 구조화하기 위해 세일즈 프레젠테이션의 '가치 제안'을 어떻게 사용했는지를 보여 준다. 예를 들어 우리는 배경 이미지나 색깔을 바꾸는 시각적 변화를 통해 주제나 화제가 바뀌는 것을 청중이 알 수 있도록 슬라이드를 디자인한다.

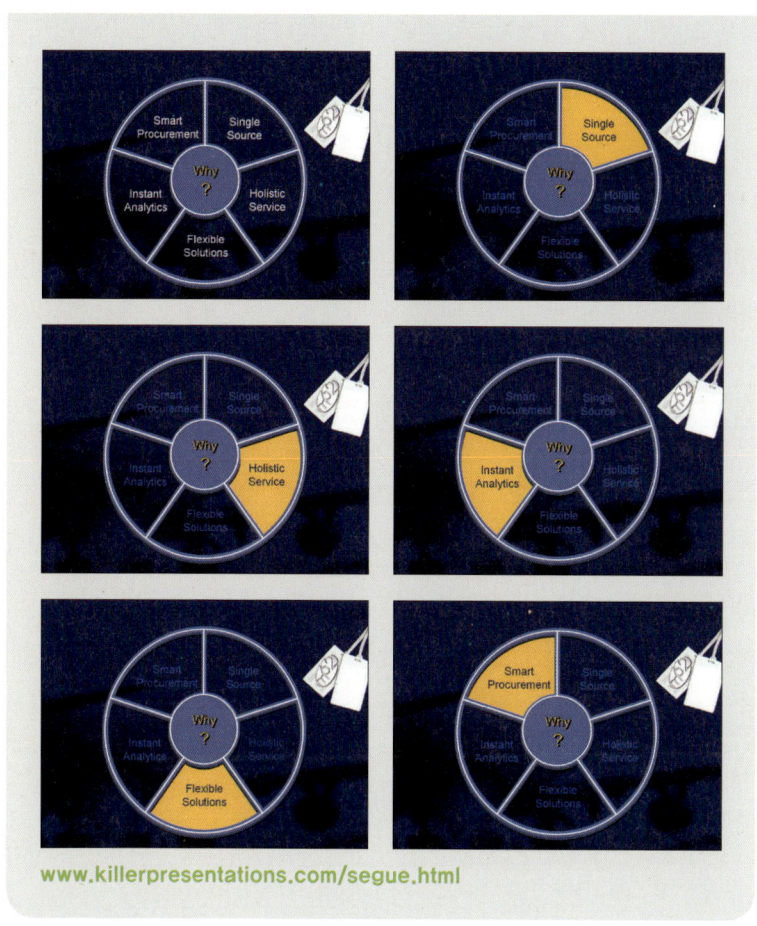

타이틀 바를 효과적으로 사용하자

우리는 프레젠테이션을 이어지게 하기 위해, 그리고 슬라이드를 이어지게 하기 위해서도 시각적 이어짐을 사용했다. m62 프레젠테이션에서 제목은 본문 글자와 시각적으로 다르고 완전히 대조를 이루어야 한다. 그래서 우리는 '타이틀 바'라고 부르는 그래픽을 제목 바탕에 사용해 본문 글자와 대조를 이루도록 했다. 그리고 타이틀 바를 이용해 청중의 주의를 환기시키는데, 제목이 사라지고 다른 제목이 나타남으로써 제목이 바뀌었다는 것을 의식하게 한다. 이런 애니메이션 효과는 청중의 눈을 타이틀 바로 이끌어 제목이 바뀌었음을 알게 하고 새 제목을 읽게 만든다. 이 이론은 우리의 목표에 관한 규칙에도 반영될 수 있다.

타이틀 바는 눈길을 사로잡아 새로운 주제에 집중하도록 하는 역할을 한다. 타이틀 바에 애니메이션 효과가 나타남으로써 청중은 새 제목에 주목하게 된다. 애니메이션은 슬라이드마다가 아니라 제목이 바뀌는 슬라이드에서만 나타나게 해야 한다. 이는 청중의 잠재의식에 제목이 바뀌는 것을 의식하게 하고, 새 제목을 읽게 만든다.

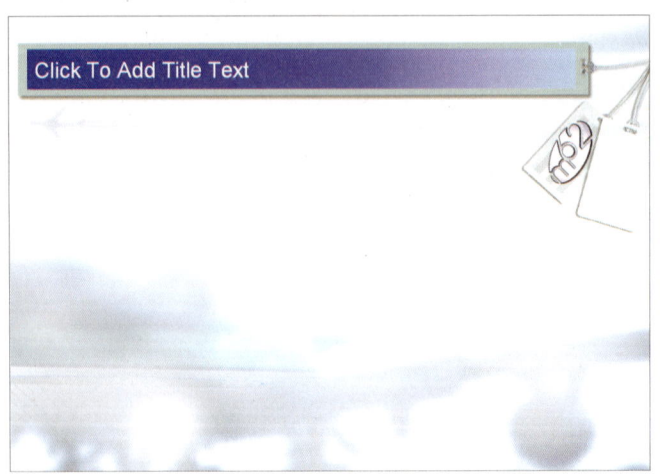

www.killerpresentations.com/titles.html

그래프는 말이 너무 많다

안타깝지만 그래프는 때로 주장을 뒷받침하거나 핵심을 명확하게 하는 것이 아니라 프레젠테이션을 지루하게 만들 뿐이다. 글머리 기호를 이용하는 발표자들은 단지 단조로움을 탈피하기 위한 목적으로 종종 그래프를 집어넣는다. 그래프는 이해에 도움을 주거나 혹은 신뢰를 더하기 위한 근거를 제시하는 역할을 해야 한다. 책 앞부분에서 얘기했던 에드워드 터프트 교수는 파워포인트, 그의 표현대로 하자면 '슬라이드로 된 것'에 대한 가장 큰 불만은 종종 실제 데이터를 정확하게 보여 주지 못한다는 것이다. 그의 주장은 옳지만 내 시각에서 보면 그는 프레젠테이션의 핵심을 놓치고 있는 것 같다. 우리의 목적은 데이터 전체를 보여 주는 것이 아니라 데이터를 기반으로 결론을 이끌어내는 것이다.

우리는 효과적으로 프레젠테이션하기에는 너무 많은 정보가 들어 있는 그래프를 자주 접한다. 앞서 언급했던 정보의 속도와 흐름을 떠올려 보라. 2D 형태인 종이라면 많은 양의 데이터를 보여 주고 독자 스스로가 이를 해석하게 할 수 있지만, 프레젠테이션에서는 이것이 불가능하다. 사실 그렇게 해서도 안 된다. 프레젠테이션의 목적은 거의 항상 결론을 공유하는 것이며, 다른 사람들에게 자신만의 결론을 내리도록 하는 것이 아니다. 프레젠테이션 중에는 데이터를 토대로 의견을 통일할 시간이 거의 없기 때문에 데이터는 대개 발표자의 주장에 힘을 실어 주는 역할을 해야 한다.

이 목적을 위해 우리는 언제나 그래프에서 데이터를 삭제함으로써 핵심 주장을 명확하게 보이도록 한다. 내 관점에서 보면 그래프가 성공적으로 쓰이는 곳은 다음과 같은 경우이다.
- 증가 또는 감소
- 융합하거나 갈라지는 두 가지 데이터
- 경향의 변화

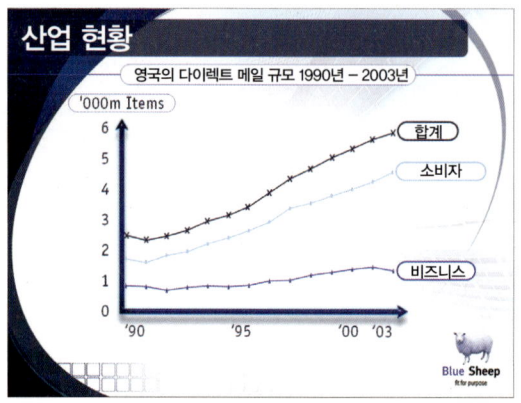

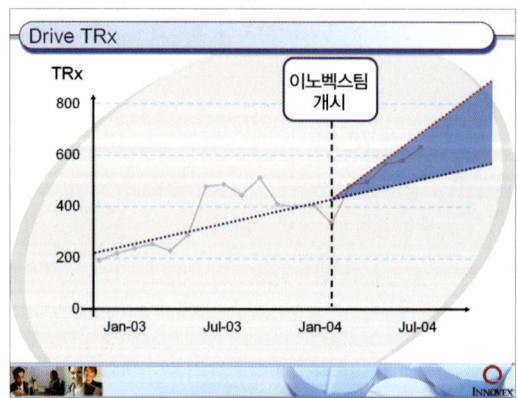

발표자는 정보의 흐름을 조절해야 한다는 개념을 잊지 않았는지? 실제 프레젠테이션에서라면 그래프에 애니메이션 효과를 추가하여 비교를 더 쉽게 해주는 것이 좋다. 다음 진행 상황을 주의 깊게 보자.

❶ 그래프의 축을 그리고 설명한다.

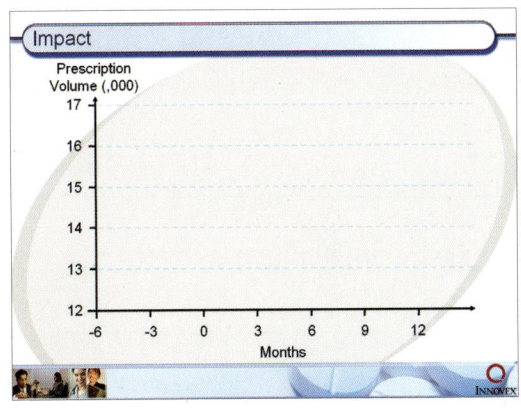

❷ 첫 번째 데이터를 추가하고 설명한다.

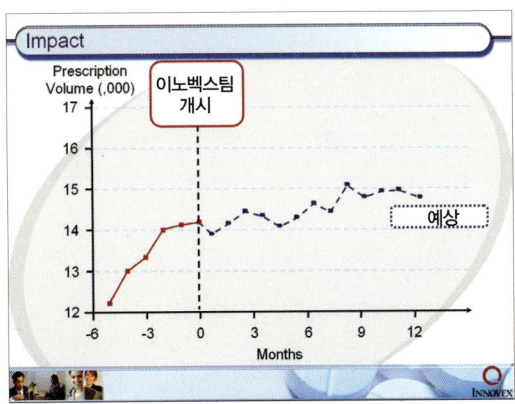

❸ 두 번째 데이터를 추가하고 설명한다.

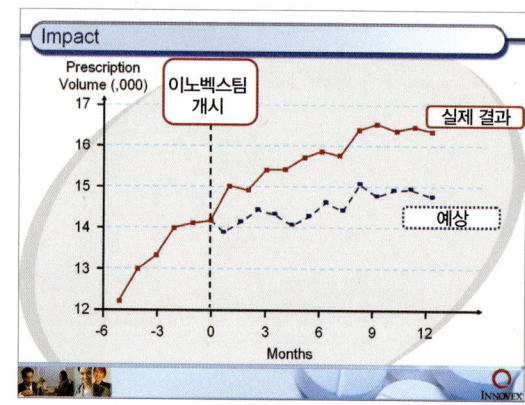

❹ 두 가지를 비교하고 결론을 말한다.

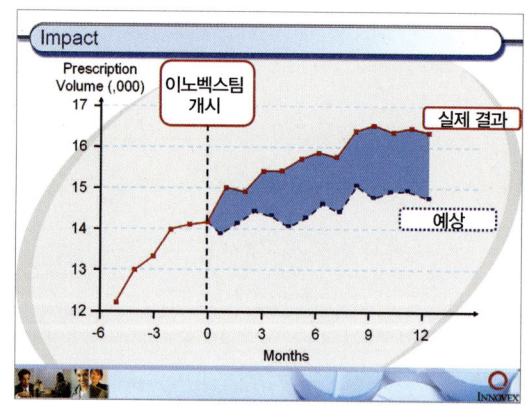

| 목적에 맞는 그래프 선택법 |

우리는 마우스를 클릭하여 아주 다양한 그래프와 차트를 만들 수 있는데 각 그래프는 잘 골라서 사용해야 한다. 이때 작은 변화를 주는 모든 수단을 동원할 수 있으나 목적에 맞는 그래프를 선택했을 때만 정당화될 수 있다.

바 차트

두 가지 데이터를 비교할 때는 바 차트를 쓰는 것이 가장 좋고, 다음 샘플처럼 라인 다이어그램과 함께 쓰면 더 좋다. 이 샘플에서는 신중한 데이터를 바 차트로 보여 준 다음 이것이 사라지고 경향만 남게 하여, GP 훈련에서 규정 행동에 프로젝트가 미치는 영향을 강조하였다. 여기에서 사용할 것은 물론 마지막 그림이다. 이 슬라이드가 완성되는 과정을 다음 사이트에서 참고하라.

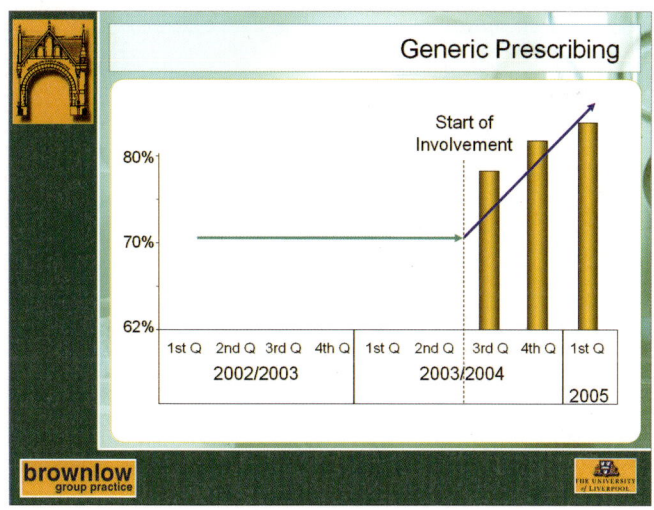

파이 차트

파이 차트는 부분과 전체의 관계, 즉 퍼센티지(%)를 보여 준다. 예를 들면 매년 늘어가는 수익을 보여 주면서 이와 관계없는 한 부문의 매출액 감소를 보여 줄 수 있다.

다음 예는 실험실을 운영하는 데 필요한 인력이 감소했음을 보여 준다. 두 번째 슬라이드를 보면 자동화 이후 수동 작업의 70%가 어떻게 사라질 수 있었는지를 알 수 있다. 이 그래프는 주장을 뒷받침해주며 첫 번째에서 두 번째 슬라이드로 넘어가면서 극적인 표현을 가능하게 한다. 사실 이것은 애니메이션과 함께 보아야 가장 인상적이다.

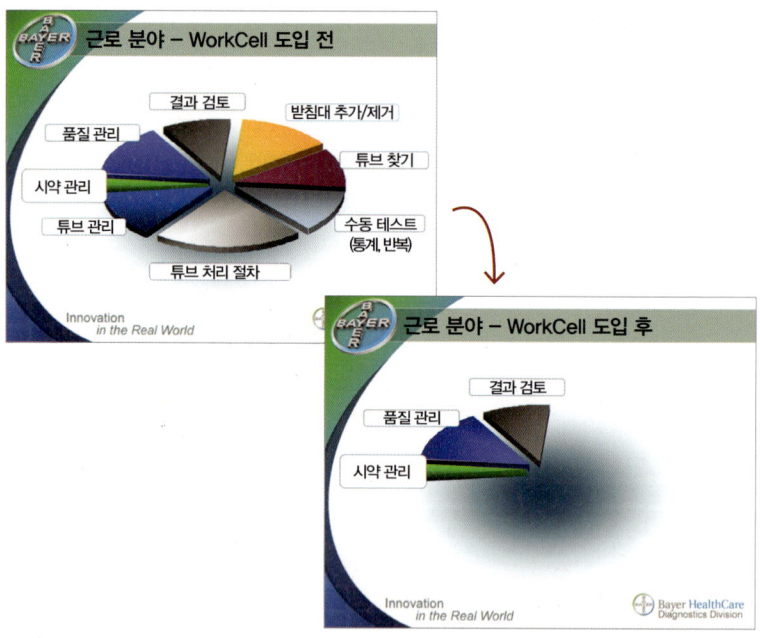

흩뿌리기 구성

이 그래프는 통계 분석을 보여 주는 데 좋지만, 프레젠테이션에서 제대로 사용하기는 어렵다. 다음 그림은 바이엘 사의 혈액학 시스템이 다른 경쟁사의 것보다 정확하다는 것을 보여 주는 데이터인데, 복잡하기 때문에 발표자가 명확하게 말로 정리해 줄 필요가 있다.

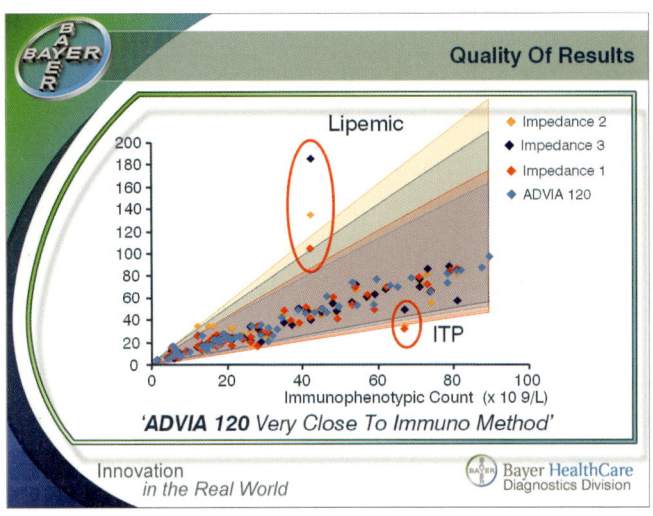

www.killerpresentations.com/scatter.html

버블 차트

버블 차트는 대개 너무 많은 정보를 담을 위험이 있다. 따라서 활용할 때는 불필요한 데이터를 삭제하여 핵심이 시각적으로 나타나도록 해야 한다. 또 버블 차트는 4D 형태로 만들 때 효과가 좋다. 예를 들어 그래프 위로 버블이 움직이면서 당신이 어디 있는지 그리고 어디로 가고 싶은지를 알려 줄 때 유용하다.

라인 다이어그램

이것은 경향을 보여 주는 데 가장 많이 사용된다.

3D 바 차트와 라인 차트

이 그래프는 해독하기가 쉽지 않으므로 가장 먼저 선택할 만한 형태는 아니다.

| 엑셀 그래프 불러오기의 맹점 |

엑셀 파일을 이용하면 데이터에 어떤 변화가 일어나더라도 곧바로 프레젠테이션에 업데이트할 수 있다. 그러나 우리는 이것을 자주 사용하지 않는다. 우리는 대개 객관적인 기준에 따라 그래프에 애니메이션 효과를 넣으려고 하는데 연관된 그래프에 이를 적용하는 것은 상당히 어렵기 때문이다. m62에서는 일반적으로 그래프를 복사해 붙인 후 그룹을 해제한다. 파워포인트에 맞는 형태로 변환하는 것이다. 이렇게 하면 데이터가 손실되어 수동으로 업데이트해야 하지만, 그래프를 다루기가 훨씬 쉬워진다는 장점이 있다.

플로차트는 정돈된 느낌을 준다

플로차트에는 직선 형태와 반복적인 형태의 두 가지 종류가 있다. 일반적으로 리스트에 순서가 있으면, 즉 번호를 붙일 수 있거나 시간 순서대로 흘러간다면 플로차트로 만들었을 때 더 보기 좋다. 직선 플로차트는 시작점과 종착점이 있고, 반복적인 플로차트는 시작점과 종착점이 만난다. 직선 플로차트는 왼쪽에서 오른쪽 방향으로 배치하거나 혹은 왼쪽에 공간을 더 준 채 위에서 아래로 배치하는 것이 좋은데 이는 화면의 비율 때문이다. 반복적인 플로차트는 시계 방향으로 흘러가야 한다. 청중 대다수는 오른손잡이이고, 시계 방향을 부자연스럽게 느끼기 때문이다. 다음 사이트를 참고하라.

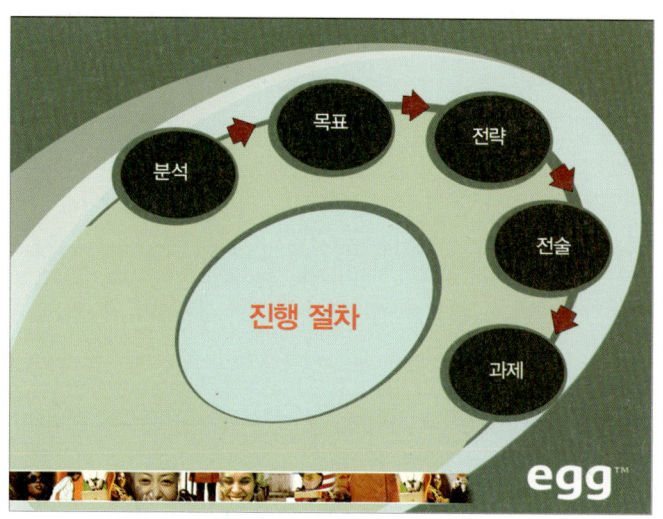

www.killerpresentations.com/flowchart.html

미디어의 두 얼굴, 선을 지켜야 산다

m62를 창립하고 1년 정도 지났을 때 프레젠테이션을 원하는 유명한 캠핑 스토브 제조사가 우리 회사의 문을 두드렸다. 그 회사의 상무이사는 자사의 제품에 대해 열의가 대단했고 프레젠테이션에 대한 간단한 대화를 마친 후 프레젠테이션에 넣고 싶다는 영상물을 나에게 보여 주었다.

영상물은 세계에서 가장 높은 산 중의 하나에 등반하는 등산가들에 대한 60분짜리 다큐멘터리였다. 흑백 영상 중간에 그 회사의 장비로 물을 끓이는 장면이 나왔는데 높은 해발고도임에도 대단한 솜씨였고, 프레젠테이션에 넣기에 더없이 훌륭한 장면이었다. 그러나 나는 영상물에서 30초 분량만을 넣자고 한 데 반해 그 상무이사는 60분 전체를 넣고 싶어

PART Ⅲ. 시각화, 프레젠테이션의 기본 재료들   177

했다. 내가 거절하자 계약은 성사되지 못했고, 이 일로 인해 나는 '고객은 항상 옳다'는 말에 예외도 있음을 알게 되었다.

| 멀티미디어 |

핵심은 이것이다. 중요한 핵심을 담고 있으며 잘 찍은 30초짜리 영상물은 프레젠테이션에 넣어볼 만한 가치가 있지만, '당신이' 재미있게 보았거나 좋다고 생각하는 영상물을 넣는 것은 좋지 않다. 주장을 뒷받침하는 영상물만을 사용하라. 그 주제에 대해 청중이 당신과 똑같은 애정을 가져 줄 것이라 기대하는 것은 무리이다.

| 사운드 |

프레젠테이션에서 애니메이션을 이용할 때, 즉 슬라이드에 움직이는 효과를 넣거나 무비, 플래시 파일 등을 집어넣을 때 10초까지의 침묵은 허용된다. 그러나 침묵이 10초를 넘으면 청중은 불편함을 느끼게 된다. 이 때 사운드를 추가한다면 허용되는 침묵 시간은 90초까지 늘어난다. 애니메이션이 혼자 실행되는 시간이 이보다 길어지면 해설이나 상호작용이 있어야 하는데, 이 두 가지 모두가 프레젠테이션의 영역을 벗어나는 영상 제작의 영역에 속한다.

우리는 프레젠테이션에서 사운드를 거의 사용하지 않고, 가끔 고객의 말을 언급하는데 사용하지만 이것도 영상물로 보여 줄 때 더 효과가 좋다. 사운드는 애니메이션이나 움직임 등 화면 위에서 일어나는 무언가와 함께 등장해야 한다. 음악이 시작되면 청중의 시선은 화면으로 향하지만, 만약 그곳에 아무것도 없다면 그들의 주의는 곧 흐트러지고 만다.

Presentation S·U·M·M·A·R·Y

① 글머리 기호를 쓰지 말라. 목록의 목록 또한 안 된다.
② 적절한 시각 장치를 써라.
③ 정보 흐름의 속도를 조절하라.
④ 청중의 주목을 컨트롤하라.
⑤ 너무 많은 정보를 너무 빨리 진퇼하지 말라.

디자인, 같은 재료라도 만드는 사람에 따라 다르다

Killer Presentation Using Bible

PART **IV**

프레젠테이션 디자인이
가야 할 곳

한 사람의 천정이 다른 사람에게는 바닥이다. | 폴 사이먼 |

디자인의 목적은 그래픽의 완성도가 아니다

시작하기에 앞서 노파심에 한마디해 두자면 나는 디자이너가 아니다. 독자 여러분은 이것을 감안하고 읽어 주기 바란다. 파워포인트 슬라이드에서 디자인은 물론 중요하지만, 슬라이드나 내용의 '목적'만큼 중요하지는 않다. 지루하게 반복되는 것이긴 하지만 다음 슬라이드를 다시 한 번 보자.

나는 이것을 청중에게 보여 줄 때마다 항상 오른쪽 가장자리에 있는 그래픽을 가리키며 묻는다. '이것은 무엇일까요?' 정답은 '쓸데없는 것'이지만 대개 '클립아트'라는 답이 돌아온다.

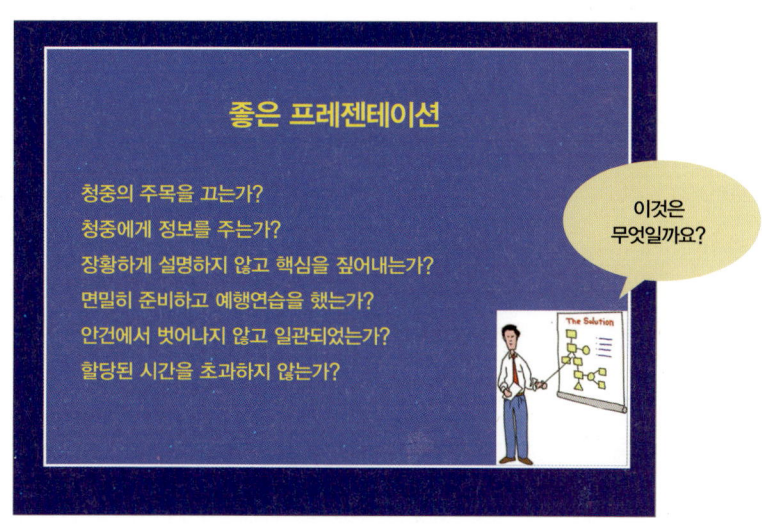

그 다음에 나는 청중에게 요청한다. 다음에 또 프레젠테이션에서 클립아트를 보면 그것을 처음에 넣은 사람 —다른 사람이 넣었던 것을 편집해 사용했을 확률이 높으므로— 을 찾아서 이렇게 물어보라고 말이다. '왜 그러셨어요?'

이 질문이 재미있는 이유는 그들이 어느 나라 사람이건 어떤 언어를 쓰건 답은 항상 똑같기 때문이다. "슬라이드가 너무 지루해서 시각적 재미를 주려고 넣었지요." 반만 맞다. 이것은 단조롭고 지루한 슬라이드이다. 그런데 왜 사람들은 그래픽을 넣는 것으로 이를 만회할 수 있다고 믿을까?

다음 슬라이드는 왼쪽 글머리 목록의 슬라이드와 같은 내용으로 우리 회사의 크리에이티브 디렉터가 디자인한 것이다. 아마 세계 최고의 피워포인트 디자이너일 것이다. 조금 낫지 않은가? 많은 사람들이 그렇다고 생각할 것이다. 나중에 자세히 언급하겠지만 디자인 자체로서도 낫고, 더 보기에 좋으며, 더 읽기 쉽고 이미지는 내용의 핵심을 전달한다. 그러나 중요한 질문을 스스로 해 보아라. '이 새로운 슬라이드가 정보 전달력을 높여 주는가?' 답은 'NO!'다.

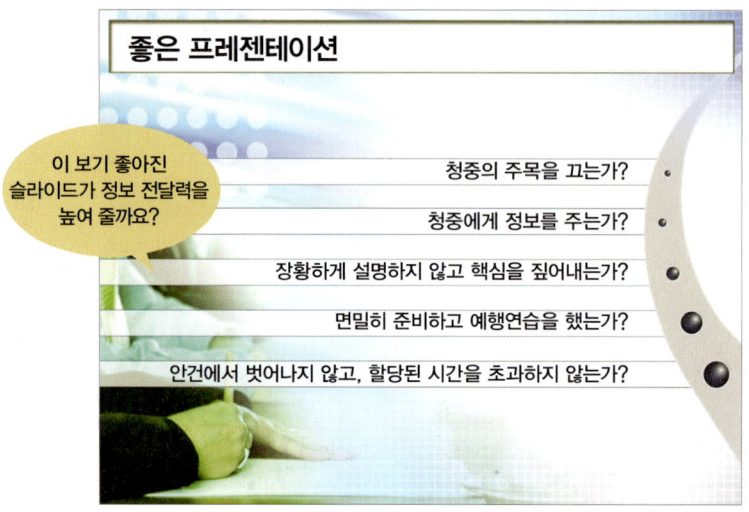

그렇다면 왜 우리는 디자인에 신경을 쓰는가? 발표자로서 우리는 청중의 자리에 앉아 보았고, 제목과 5개의 글머리 기호가 청중 입장에서 어떻게 느껴지는지를 알기 때문인 것 같다. m62에서는 이것을 '청중 학대'라고 부른다. 그래픽의 완성도와 상관없이 단조롭고 지루한 슬라이드가 청중을 잠들게 하지 않으려면 흔치 않은 재능을 지닌 발표자가 필요하다는 것을 우리는 알고 있다. 그래서 어떻게든 해 보려고 클립아트를 집어넣는데 이것은 지금부터 시작하려는 청중 학대에 대한 양심의 가책을 조금 달래 줄 뿐 그 이상의 역할을 하진 못한다.

내가 디자인을 중요하게 생각하지 않는 것처럼 보일 수도 있다. 물론 나는 디자인이 지닌 가치를 인정한다. 나는 디자인이 청중에게 감성적으로 강렬한 인상을 주며 이성적으로는 그보다 약한 인상을 준다고 생각한다. 슬라이드가 보기 좋아야 하는 이유는 그것이 당신 회사의 얼굴이기 때문이다.

내가 항상 이해하지 못하는 것은 많은 회사들이 프레젠테이션 디자인에 너무 무신경하다는 것이다. 커뮤니케이션을 원활히 하기 위해 엄청난 시간과 노력, 비용을 들이지 않는 회사가 이 지구상에 있을까? 디자이너가 디자인하고 정성스레 꾸민 브로슈어, 웹 사이트, 각종 서식 등은 회사의 일관된 통합적 마케팅 커뮤니케이션을 극대화한다. 그러나 막상 세일즈 담당자는 비행기 안에서 뚝딱 만들어낸 자료로 프레젠테이션을 한다!

많은 회사들에 대해 내가 기이하다고 느끼는 점은, 그들이 잠재 고객과의 대화를 시작하기 위해 만드는 인쇄물에는 엄청난 돈을 지불하면서 정작 잠재 고객을 실제 고객으로 만들 수 있는 커뮤니케이션 자료에는 돈 쓰기를 아까워한다는 것이다. 가장 최근 당신의 고객이 이렇게 말하는 것을 들은 것은 언제인가? "브로슈어가 정말 멋져서 주문했어요!" 나는 우리 클라이언트의 고객들이 프레젠테이션을 보고 나서 구매를 결정했다는 사례를 셀 수도 없이 많이 들어 보았다.

프레젠테이션 디자인에 대한 이야기를 시작하면서 이 말을 먼저 해두고 싶다. 많은 청중을 상대로 하는 정말 중요한 프레젠테이션이라면 디자인을 스스로 하려 하지 말고, 전문가에게 맡겨라! 하지만 직접 디자인하지는 못 하더라도 알고 있어야 할 내용은 많다.

내 슬라이드가 나와 딴소리를 하고 있다니?

다음 그림을 보라. 1915년 W.E. 힐이 그린 '나의 아내와 나의 장모'다. 아주 유명한 그림이니 아마 본 적이 있을 것이다. 이 그림에서 무엇이 보이는가? 노파인가 아니면 아름다운 여성인가? 둘 다 보일 수도, 아무것도 안 보일 수도 있다. 옆 사람은 무엇을 보았을까? 과연 당신과 같은 것을 보았을까?

이것은 커뮤니케이션에서 발생하는 문제를 말해 준다. 사람들의 인식은 주관적이라는 것이다. 한 사람이 장점이라고 생각하는 것이 다른 사람에게는 문제점으로 보일 수도 있다. 프레젠테이션을 잘 하는 기술은 청중이 메시지를 잘못 해석할 여지를 최소화하는 것인데, 이는 상당한 노력이 필요하다. 프

레젠테이션을 위한 디자인에서 아마도 가장 중요한 것일 것이다.

휴고 드 버그와 스튜어드의 '실제 메시지와 의도된 메시지' 개념을 다시 언급하겠다. 나는 무심코 원래 의도한 메시지와는 다른 뜻을 전달하는 슬라이드를 무수히 보아 왔는데 남의 이야기가 아니다.

여기에 그런 사례가 있다.

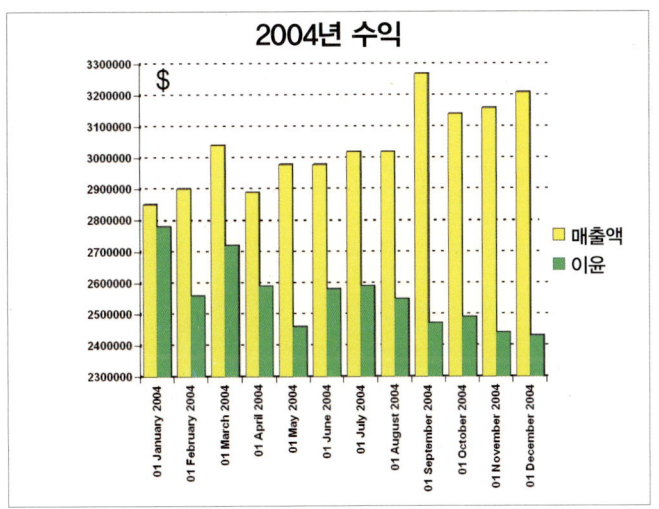

위 슬라이드는 클라이언트를 위한 프레젠테이션의 실제 데이터로 만든 것이 긴 하지만, 실제로 이렇게 디자인하여 쓰지는 않았다. 왜 그런지 살펴보자.

발표자는 회사의 수익이 증가하고 있음을 보여줌으로써 청중에게 신뢰를 심어 주고자 한다. 그러나 이 그래프를 보면 회사의 판매가 늘어날수록 이윤이 줄어들고 있으며 얼마 가지 않아 이 회사의 현금이 바닥나리라는 것을 알 수 있다. 당연히 신뢰감이 떨어진다. 이것은 팀 스튜어드와 휴고 드 버그의 '실제 메시지와 의도된 메시지' 개념에 적용할 수 있는 사례다. 여기서 해야 할 질문은 이것이다. '이 데이터를 다르게 해석할 수 있는가?' 만약 다르게 해석할 수 있다면, 의도한 메시지가 왜곡되는 것을 막기 위해 어떻게 해야 할까? 이 경우 답은 표에서 이윤 부분을 삭제하는 것이다. 그렇게 하면 회사가 성장하는 모습으로 보인다.

또 한 번 말하지만 발표자들이 저지르는 가장 흔한 실수는 너무 많은 정보를 너무 빨리 전달하는 것이다. 나 또한 이 실수를 많이 했다. 목표를 일단 설정했다면 그것을 성취하기 위해 절대적으로 관련된 정보만을 전달해야 하며, 부분적으로든 전체적으로든 관련이 없는 정보를 추가해서 논지를 흐리면 안 된다.

그래프가 할 말만 하게 만들자

종이에 인쇄된 그래프의 주 목적은 사람들이 데이터를 해석하는 것을 돕는 것이므로, 연구에 도움이 될 자세한 정보를 잔뜩 담고 있는 경우가 많다. 그러나 프레젠테이션에서 청중은 데이터를 연구할 만한 시간도, 또 그럴 의향도 없다. 따라서 너무 복잡한 정보를 전달해서는 안 된다. 예를 들어 다음 슬라이드를 보자.

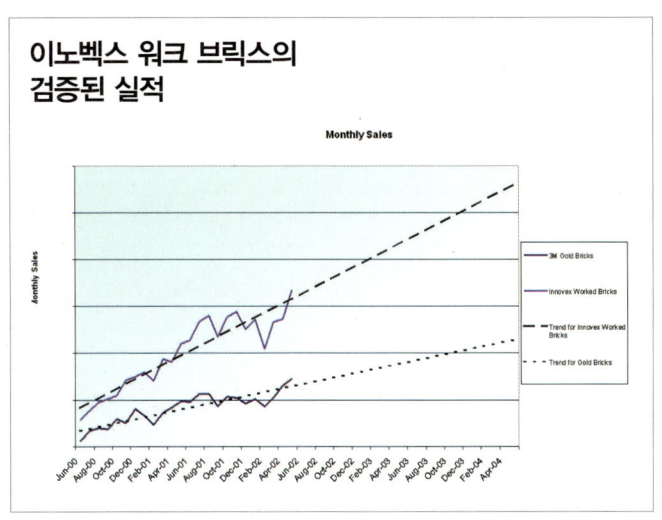

이것은 우리의 영국 클라이언트인 이노벡스의 프레젠테이션 자료이다. 기밀 보호를 위해 수치와 클라이언트의 이름, 로고는 삭제했다는 점을 이해해 주길 바란다. 이노벡스는 제약회사의 영업 업무를 대행하는 회사다. 이 슬라이드는 고객이 현재의 대행사를 떠나 이노벡스로 와야 하는 이유를 잘 말해 준다. 데이터 자료로서 이것은 프레젠테이션에 필수적인 내용이지만, 슬라이드로서는 발표자의 주장에 별로 도움이 되지 못한다. 문제점은 다음과 같다.

수정 전 그래프의 문제점
- 화면을 90도로 돌릴 수 없기 때문에 그래프 왼쪽 축에 있는 글자를 읽기가 힘들다.
- 가로축에 있는 글자가 너무 작아서 잘 보이지 않는다.
- 설령 그래프 설명을 읽을 수 있다 해도 이를 활용하기 어려운데, 실제 데이터와 대조하기 위해 고개를 왔다 갔다 해야 하기 때문이다.
- 한눈에 알아보기에 너무 많은 정보가 들어 있다. 어디에서부터 시작해야 할지 알 수 없다.

한 마디로 한눈에 필요한 내용을 파악하기 힘들다는 얘기다. 이 문제를 해결하기 위해 우리는 다음과 같은 절차를 거쳤다.

❶ 먼저 그래프를 그린다. 우리는 위 그래프와 같은 기간의, 같은 데이터를 보여 주었지만 아래쪽에 5개의 시점만 표기하여 4년간의 데이터라는 점을 쉽게 알 수 있게 했다. 이때 발표자는 이렇게 설명한다.

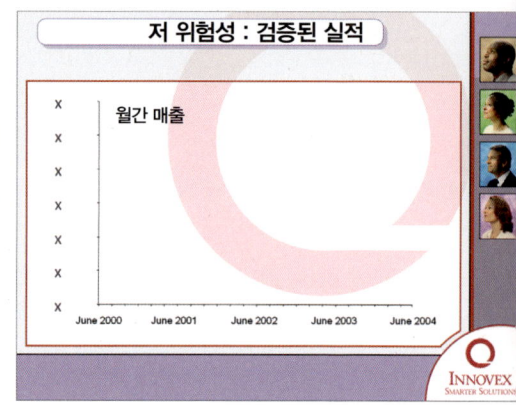

"지금부터 2년간의 실제 데이터와 2년간의 프로젝트 적용 데이터를 보여 드리겠습니다." 클릭.

❷ 그 다음 이노벡스의 매출 데이터를 보여 주고 매출이 증가했음을 알게 해준다. 클릭.

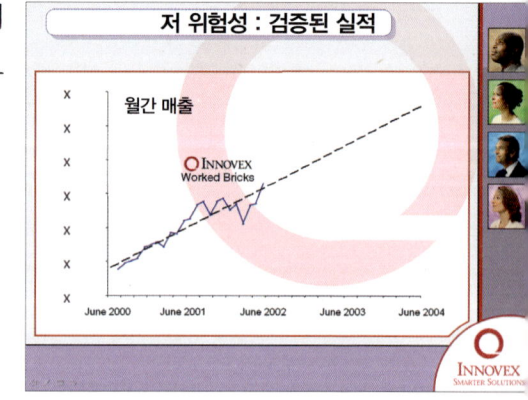

❸ 그리고 비교 데이터를 보여 준다. 이 경우에는 클라이언트의 영업팀이 낸 매출 실적이다. 비교 결과는 명백하다. 이노벡스의 영업팀이 클라이언트의 사내 영업팀보다 일관되게 앞선 실적을 보여 준다. 클릭.

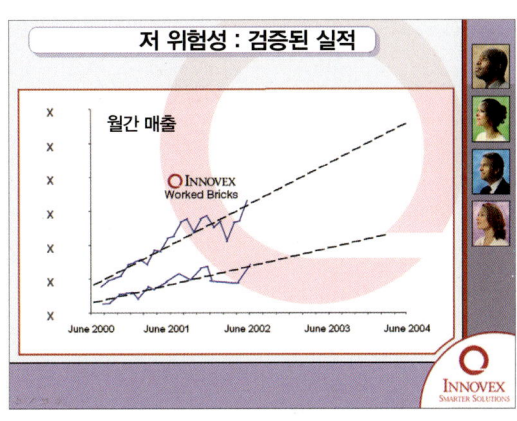

❹ 우리는 클라이언트가 우리와 계약하지 않으면 예상 실적이 유지되지 못할 것이고, 이것은 큰 위험이 될 수 있다는 사실을 강조했다. 이 일련의 슬라이드를 프레젠테이션하는 모습을 사이트에서 참고

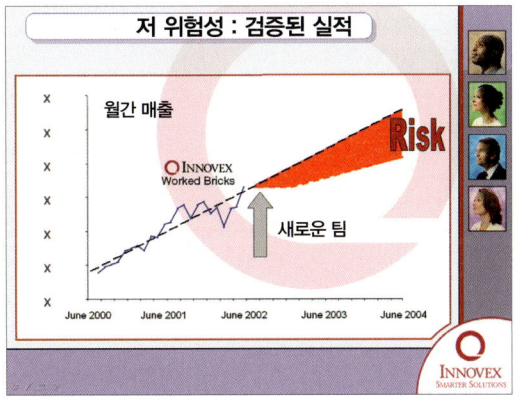

하라. 결과부터 말하면 이노벡스는 재계약에 성공했다.

| 단순하게 만들기 |

그래프 옆에 박스 형태로 기호 설명 즉, 범례 항목 표시를 넣는 것은 피해야 한다. 종이에 인쇄된 그래프라면 기호 설명과 데이터를 번갈아 보

는 것이 쉬우므로 편리할 수도 있다. 그러나 실제 프레젠테이션이라면 큰 화면을 보는 청중이 기호 설명을 일일이 해석하기는 어렵다. 데이터에 최대한 가까운 곳에 설명을 직접 덧붙이는 것이 가장 좋다. 또 그래프를 다른 보고서 등에서 가져와서 그대로 사용하는 경우 당신이 발표해야 할 것에 비해 너무 많은 정보를 담고 있기 때문에 청중은 혼란을 겪을 뿐이다. 청중이 보기 편하도록 수정하는 것은 필수다.

| 정보의 양을 적당하게 유지하기 |

그래프의 가로축에서는 8개 이상, 세로축에는 6개 이상의 숫자를 표기하지 않는다. 가로축의 경우 12개가 최대치다. 숫자가 없는 눈금은 더 많아도 상관없다. 눈금의 역할은 더 많은 데이터가 존재함을 알려 주는 것이다. 예를 들어 24개월간의 매출액 차트에는 그래프 축에 24개의 눈금이 있지만 숫자가 표기된 것은 8개뿐이다. 3개월에 한 번씩만 숫자를 넣는 것이 좋다.

한 가지 예로 다음 슬라이드를 보자. 똑같은 숫자범위를 나타내는 4개의 축이 있다. 어떤 것이 가장 이해하기 쉬운가?

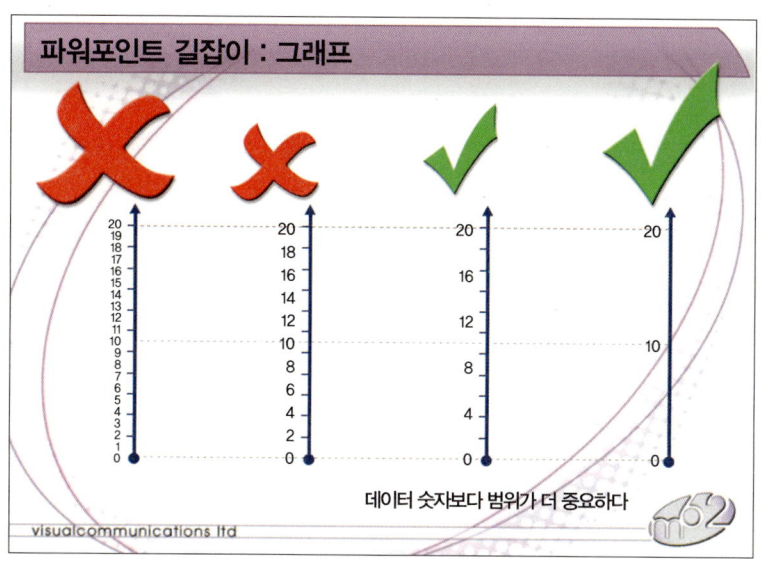

인상적인 프레젠테이션을 넘어 효과적인 커뮤니케이션으로!

| **시각적 열쇠** |

뛰어난 프레젠테이션은 내용뿐만 아니라 스타일에서도 일관되어야 한다. 슬라이드의 이미지는 메시지를 직접 반영하거나 그 메시지와 직접적인 연관성이 있어야 한다. 이렇게 하면 청중은 내용의 각 부분이 전체적인 메시지와 어떻게 연관되는지 쉽게 이해할 수 있다. 예를 들어 회사의 유럽 시장 실적을 언급할 때 유럽 지도를 이용하면 주장을 강화하고 명확성을 더할 수 있다. 우리는 이것을 '슬라이드의 시각적 열쇠'라고 부른다. 그래픽은 청중이 맥락 속에 정보를 위치시키는 데 도움을 준다.

BBC는 방송 중 현재 다루는 사건에 대한 실마리를 주기 위해 시각적 열쇠를 사용한다. 오늘 밤 뉴스를 보면서 그 열쇠를 찾아보라. 이것은 대개 앵커의 머리 위, 화면의 맨 위 오른쪽 귀퉁이에 있다. 이 자리에 있는 그래픽, 그림 혹은 제목의 목적은 시청자가 지금 듣고 있는 정보를 맥락 속에 위치시키는 데 도움을 주는 것이다. 이것이 효과가 있는 이유는 우뇌가 좌뇌를 도와 지금 받아들이는 정보를 해석하도록 해주기 때문이다.

프레젠테이션에서 시각적 열쇠가 중요한 이유도 이와 같다. 우리는 대상이 크레인 회사일 경우에는 크레인 사진을, 정보기술 회사일 경우에는 컴퓨터 사진을 넣는 식으로 일반적으로 주제와 관련 있는 사진을 배경에 넣어 청중에게 시각적 열쇠를 준다. 청중은 의식 속에서 처음에 본 시각적 정보가 흐릿해진 이후에는, 시각 정보가 바뀌는 경우에만 그것을 알아차릴 수 있다.

이것이 바로 우리가 슬라이드 배경을 자주 바꾸지 않는 이유이다. 우리는 항상 꼭 필요한 경우에만 배경의 이미지를 바꾸는데, 새 이미지가 프레젠테이션에 가치를 부여할 때나 혹은 클라이언트가 적절한 제안을 무시하고 추가 작업, 예를 들어 배경 이미지 같은 것에 관심을 기울이기 시작할 때이다.

| 통합 마케팅 커뮤니케이션과 브랜딩 |
프레젠테이션 혹은 마케팅 커뮤니케이션의 전 과정에서 일관된 이미지를 유지해야 함을 이 책에서 장황하게 다루는 것은 적절하지 않은데, 이

에 대해 더 잘 설명하는 책들이 시중에 많이 나와 있기 때문이다. 슐츠, 타넨바움, 로터바움이 쓴 〈통합 마케팅 커뮤니케이션Integrated Marketing Communications〉 등을 참고하라.

그러나 한 가지 강조하고 싶은 것이 있다. 프레젠테이션은 매우 가시적인 커뮤니케이션 수단이며, 그 이유는 일반적인 브랜딩(Branding) 지침에서 한 발짝 떨어져 있기 때문이다. 프레젠테이션은 어떤 마케팅 수단보다 더 많은 사람들이 더 오래 보는 대상이기 때문에 브랜딩을 생각할 때 가장 우선순위에 두어야 한다.

m62는 클라이언트가 특정한 방침을 갖고 있지 않더라도 그들에게 상당한 노력을 들여 일관성을 강조하고, 커뮤니케이션의 일관성을 유지하기 위해 프레젠테이션의 디자인을 바꾸기도 한다. 이를 위해 m62는 거의 항상 우리 팀과 클라이언트의 발표자가 동시에 일관성을 갖도록 도와주는 '기업 ID 프레젠테이션'을 만든다. 자세한 것은 한 장 뒤에 바로 설명하는데 당신의 회사를 위해서도 이것을 만들기를 강력하게 추천한다.

좋은 디자인에는 공통점이 있다

나는 m62의 설립 초기에 디자인은 개인적이라는 사실을 배웠다. 지금까지 5천 건이 넘는 프레젠테이션 자료를 만들었고 배치와 색깔, 이미지가 다른 6천 가지가 넘는 배경화면을 보아 왔다. 이 모든 것들이 별로 중요하지 않다고 나는 자신 있게 말할 수 있다. 같은 디자인을 두고 어떤 사람은 좋아할 것이고 어떤 사람은 싫어할 것이다. 중요한 것은 그것이 당신에게 독창적이며, 비행기에서 대충 만든 것이 아니라 디자이너가 디자인했다는 사실이다. 가벼운 사내회의를 위해 당신이 직접 디자인하는 경우도 마찬가지이다.

좋은 배경화면에는 공통점이 있다. 대비가 뚜렷하고, 적당한 공간이 있으며, 매력적인 시각적 열쇠가 있고, 가시적이지만 브랜딩을 방해하지 않는다는 것이다. 이들 대부분이 금방 이해하기 쉬운 개념이지만 이 중 첫 번째 것인 대비(contrast)에 대해 보충설명을 하겠다.

| 대비 |

인간의 눈은 밝기를 잘 보지 못한다. 예를 들어 당신이 밤에 손전등을 본 다음 낮에 또 다른 손전등을 본다면, 둘 중 어떤 것이 더 밝은지 알아낼 수 있을까? 아마 어려울 것이다. 우리 눈은 밝기 정도를 비교할 수 있을 뿐인데, 이것이 바로 '대비'의 핵심이다.

두 개의 손전등을 어두운 방에 나란히 놓으면 어떤 것이 더 밝은지 알 수 있다. 컴퓨터 프로젝션 장치에서도 마찬가지다. 바로 옆에 놓으면 차이를 알 수 있지만 주위의 빛이 다른 환경에서 따로 보면 차이를 알기 힘들다. 프로젝터가 밝을수록 좋다고 생각하는 사람이 많은데, 밝기가 올라간 것을 감지하려면 100배 가량이 밝아져야 한다는 점을 볼 때 이는 근거 없는 생각이다. 이미지가 보이지 않는다면, 프로젝터를 더 비싸고 밝은 버전으로 바꾸는 것보다 주변의 빛을 조절하는 것이 훨씬 저렴하고 빠른 방법이다. 프레젠테이션을 보기 위해서 어두운 곳에 가야 한다는 말이 아니다. 발표자가 글머리 기호를 이용한다면 이런 환경은 청중을 잠들게 한다. 형광등을 꺼서 화면의 대비에 극적인 효과를 주는 것으로 충분하다.

우리의 눈은 대비를 잘 읽어낸다. 그러므로 프로젝터를 사용하려면 어두운 벽을 찾고, 남향인 방은 이용하지 말며, 화면에 광선을 비추는 밝은 조명은 피하는 것이 좋다.

배경과 본문의 색깔 대비가 뚜렷할수록 식별하기가 쉽다. 어두운 파란색 배경에 밝은 노란색 글자가 나올 때 명확히 읽을 수 있는 이유는 대비가 뚜렷하기 때문이다. 파란색과 노란색을 쓰라는 말이 아니다. 단지 노란 배경에 노란 글자를 쓰고 사람들이 왜 못 읽는지 궁금해 하지 말라는 것이다.

왜 우리의 클라이언트 기업은 ID를 사용할까?

m62는 지금까지 5천 건에 달하는 프레젠테이션 자료를 디자인한 결과 다음과 같은 결론을 내렸다. 슬라이드의 속도를 높이고 품질과 일관성을 높여 전문적으로 보이는 프레젠테이션을 만드는 데 필요한 시간과 노력을

줄이고자 할 때 파워포인트의 기본 템플릿 기능만으로는 한계가 있다는 것이다. 기업 ID의 목적은 파워포인트 템플릿의 유용함을 확장해 사용자가 부가적인 디자인 기능을 더 잘 활용하게 해주고, 제목과 글머리 기호로 구성된 '목록의 목록' 프레젠테이션이 아닌 시각적인 슬라이드를 만들어낼 수 있게 도와주는 것이다. 쉽게 말하면 각 기업에 맞는 파워포인트 템플릿을 만들 필요가 있다는 말이다. m62의 모든 프레젠테이션은 '클라이언트 ID.ppt' 파일이나 그것의 발전된 형태를 실행하는 것으로 시작된다.

| 기업 ID의 장점 |

m62는 비용과 서비스 품질 면에서 좋은 슬라이드를 제작해 제공하지만 때로는 완성된 프레젠테이션에 갑자기 슬라이드를 추가해야 할 일이 생긴다. m62의 프레젠테이션에 추가되는 슬라이드는 나머지 부분과 비교될 만큼 질이 떨어져서도 안 되고 일관성에서 벗어나도 안 된다. 이를 위해 기업 ID는 우리 클라이언트에게는 필수적인 도구이다. 당신의 프레젠테이션에도 도움이 될 것을 확신한다.

ID는 다음 사항들을 보장해 준다.
- 질
- 일관성
- 디자인
- 기업 규정의 고수

회사 입장에서 보면 프레젠테이션 준비와 관련하여 다음의 것들을 줄여 준다.
- 시간
- 노력
- 비용

| 파워포인트 템플릿 |

파워포인트 템플릿은 모든 프레젠테이션 자료에 일관된 외양과 느낌을 제공한다. 템플릿을 디자인하려면 상당한 노력이 들지만 일단 완성해 놓으면 클라이언트는 사내에서 자유롭게 이를 활용할 수 있다.

마이크로소프트 파워포인트는 완전히 디자인되어 전문적인 느낌을 줄 수 있는 디자인 템플릿, 즉 디자인 서식을 제공한다. 디자인 서식이란 프레젠테이션의 디자인 스타일이 저장된 파일로 기호나 폰트의 종류와 사이즈, 배경 이미지, 색채 조합, 슬라이드 마스터와 제목 마스터 디자인 등을 포함하고 있다. 이것은 프레젠테이션에 독창성을 부여하는 대부분의 정보를 전달하는 기능을 하며, 모든 템플릿은 다음 정보를 포함해야 한다.

- 주 배경
- 타이틀 배경
- 기본 폰트
- 기본 색채 조합
- 기본 애니메이션 조합

파워포인트 템플릿(.pot)

pot는 디자인 서식 파일의 확장자로 파워포인트 템플릿(PowerPoint Templates) 파일이라고 부르기도 한다. 파워포인트의 거의 모든 버전에서 쓸 수 있다. 외부에서 다운로드해서 사용할 수도 있다.

주 배경

이것은 프레젠테이션에 삽입된 960×720 사이즈의 jpg 파일로 이미지를 첨부하거나 파워포인트 밖에서 디자인하는 데 쓸 수 있다. 이 이미지는 제목 슬라이드를 제외한 프레젠테이션의 대다수 슬라이드에 쓰인다.

타이틀 배경

타이틀 배경은 프레젠테이션에 구조를 부여할 뿐 아니라 청중이 정보를 머릿속에 정리하는 것을 돕고, 예제를 본 다음 다시 본론으로 돌아오는 것을 도와줌으로써 받아들이는 정보의 양을 향상시키고 프레젠테이션에 계속 집중하도록 해준다. 제목 슬라이드는 나머지 슬라이드와 배경이 달라야 한다. 디자인은 주 배경과 비슷해야 하고 같은 이미지를 같은 위치에 놓아 배경이 바뀔 때 주목을 끌면서도 주의를 흐트러지지 않게 할 수도 있다. 이것 또한 960×720 사이즈의 jpg 파일로 ID에 포함시켜야 한다.

제목 배너

m62의 관점에서 볼 때 슬라이드의 제목은 배경과 시각적으로 달라야 하며, 따라서 대부분의 슬라이드에서는 제목 글자를 돋보이게 할 제목 배

너(제목 글자 밑에 깔리는 제목을 위한 배경 그림)가 들어가야 한다. 그러나 파워포인트 pot 파일에는 제목 위치에 제목 글상자가 있을 뿐 이 기능이 없기 때문에, 우리는 배너와 제목 글자를 위한 적당한 애니메이션과 함께 이 기능을 ID에 추가하였다.

주의할 것은 실제 프레젠테이션이라면 제목이 바뀌지 않을 경우 새로운 슬라이드라고 해도 애니메이션 효과가 나타나지 않아야 한다. 배너의 애니메이션 효과는 새로운 슬라이드가 나타날 때마다 제목이 바뀌었음을 청중에게 알려 주면서도 그들의 주의를 분산시키지 않기 위한 것이기 때문이다. 이런 이유로 대부분의 배너는 배경과 대비를 이루어 글자색을 눈에 띄게 해 주어야 한다.

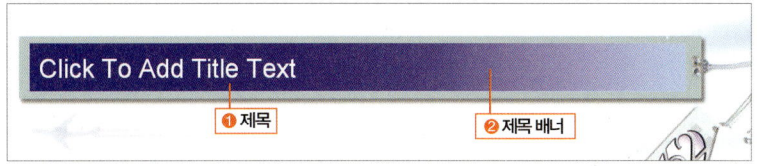

폰트 정보

ID에는 파워포인트 폰트 상자와 함께 알맞은 폰트가 들어간 슬라이드가 포함되어 있다. 이것은 사용자가 자신의 PC에 알맞은 폰트를 설치했는지 알 수 있게 해준다.

워드아트 및 폰트 스타일 정보

워드아트가 전문적으로 보이도록 하는 데는 시간과 노력이 드는데, 워드아트는 상당히 비선분석으로 보이기 쉽기 때문이다. 이 슬라이느에는 프레젠테이션의 질을 높이고 일관성을 주기 위해 잘라 붙일 수 있는 샘플 디자인이 들어 있다.

디자인은 주관적이다, 그러나 객관적으로 지켜야 할 선은 있다

우리는 사업을 시작한 지 얼마 안 되어 '특성'에는 두 가지 정의가 있음을 알게 되었는데, '객관적인', 그리고 '주관적인' 특성이 바로 그것이다. 주관적인 특성은 예술과 비슷하며 대상을 좋아하는지의 여부가 거의 개인에게 달려 있다. 이 책에 있는 우리가 디자인한 슬라이드들을 훑어보라. 그중에는 당신의 마음에 드는 것도 있고 그렇지 않은 것도 있을 것이다. 나는 개인적으로 분홍색을 매우 싫어하지만 나와 취향이 반대인 클라이언트도 있다.

만약 우리가 제작한 프레젠테이션이 주관적인 특성 테스트에서 실패한다면 우리는 별로 염려하지 않고 클라이언트를 위해 재작업에 들어간다. 우리는 이런 취향의 문제는 미리 정해진 것이라고 생각하려 하며, 누군가 디자인을 마음에 들어 하지 않는다고 해서 디자이너들을 추궁하지는 않는다.

객관적인 특성은 또 다른 문제다. 이것은 옳으냐 그르냐의 문제이며 취향의 문제가 아니다. 간단히 말하면 맞춤법, 규칙 준수 같은 것들이고,

애니메이션의 방식, 항목을 줄 세우는 방식 등이 모두 객관적인 특성의 기준에 포함된다. 이 기준에 맞지 않으면 우리는 확인 절차를 거친다. 다음의 객관적인 특성 기준들은 프레젠테이션을 준비하는 데 도움을 줄 것이다.

| 글자 규칙 |

서구 사회에서는 청중이 왼쪽에서 오른쪽 방향으로 읽는 것을 편안하게 받아들인다고 생각하는 것이 안전하다. 그래프의 세로 눈금 표시까지 정확히 읽어야 한다면 그래프 전체의 핵심을 놓치게 된다. 청중의 주의를 불필요한 곳에 낭비하지 않는 것이 좋다. 인쇄매체에서는 대상을 90도로 돌려서 읽는 것이 가능하기 때문에 프레젠테이션에서도 세로쓰기가 통할 것이라 생각하는 듯하다. 그러나 당신이 프로젝터를 실제로 들어 올리지 않는 한 프레젠테이션에서 세로쓰기는 청중에게 방해가 될 뿐이다.

- 글자는 맨 뒤에 있는 사람까지도 읽을 수 있어야 한다. 그래프 눈금 표시의 경우에만 20포인트까지 가능하고, 그 외에는 24포인트가 최소 크기이다. 청중 대부분이 읽을 수 없는 글자 크기를 쓰면 안 된다.
- 필기체는 쓰지 말라. 읽기 어렵다.
- 세리프체도 쓰지 말라. 이것 또한 읽기 어렵다.
- 배경과 글자색의 대비를 최대화하라.
- 대문자 사용 규칙을 통일하라.
- 글자를 세로로 쓰지 말라.

약자는 풀어 써라

TLA(Three Letter Acronyms)은 세 글자로 된 약자를 의미한다. 비슷한 예로 ENT, CAB, CIS, TCF, RRS, NUT 등이 있다. 이 중 당신이 아는 것은 무엇인가? TLA라고 쓰면 물론 간단하지만 그 의미를 모두 알고 있을 거라고 확정하기는 어렵다. 최악의 경우 청중은 약자가 궁금해 하릴없이 그 의미를 추측하기 시작할 수도 있으며, 만약 정말 지루하다면 그들은 약자를 가지고 당신을 묘사하는 웃기는 말을 만들어낼 수도 있다. 약자 사용은 피해야 하며, 더 긴 약자의 경우에도 마찬가지다. 그러나 이 네 글자의 약자는 기억해 두어라. KISS! - Keep it simple, stupid! 단순하고 쉽게 하라.

세리프체를 쓰지 말라

세리프는 Times New Roman이나 Garamond 같은 서체를 장식하는 꼬리나 술을 말한다. 세리프는 인쇄된 글자를 따라 독자의 눈을 부드럽게 안내해 주는 일종의 '시각적인 난간' 역할을 한다. 때로는 단지 정교한 효과를 주기 위해 쓰이기도 한다. 그러나 프레젠테이션 슬라이드에서는 이런 서체를 쓰지 않는 것이 좋은데, 그래픽과 함께 나올 때나 프로젝터로 띄웠을 때 주의 집중을 방해하기 때문이다. Arial이나 Verdana 같은 산세리프체를 쓰는 것이 좋으며, 가능하다면 종이와 컴퓨터 화면에서 똑같은 모양을 유지해 주는 트루타입(TrueType) 글꼴을 쓰는 것이 좋다.

세리프(serif) 체	산세리프(sanserif) 체
문자의 가로획이나 세로획의 끝부분에 꼬리 같은 장식을 붙인 글꼴이다. 한글에서는 명조체로 보면 된다.	'sans'는 프랑스어로 '없다'라는 의미이며, 장식이 없는 글꼴을 말한다. 한글에서는 고딕체로 보면 된다.
명조체 Times New Roman Garamond	고딕체 Arial Verdana

| 레이아웃 규칙 |

● 개체 사이의 공간을 균일하게 하라.

● 개체를 프레젠테이션 화면 중간 정도에 놓아라.

● 육안으로 대충 줄을 맞추지 말고 정렬 기능을 사용하라. 17인치 모니터에서 직선으로 보이는 것이 스크린에서는 20센티미터나 차이가 날 수 있다.

| 그래프 규칙 |

● 그래프 축을 그린 다음 잠깐 멈추고 그것이 무엇인지 청중에게 설명하라.

● 그 다음에 데이터를 차례로 띄워라.

● 잠깐 멈추고 청중이 정보를 소화할 시간을 주어라.

● 관련 있는 데이터를 보여 주거나 데이터 사이를 비교할 때 흐리게 하

기, 강조하기, 확대하기 테크닉을 사용하라.
- 가능한 그래프를 사라지게 해서 청중이 추론하는 것을 막아라.
- 그래프 축마다 2개나 3개의 데이터만을 표시하라. 눈금마다 데이터를 넣을 필요는 없다.
- 슬라이드의 제목은 대개 X축 위에 있다.
- 슬라이드 제목은 본문 글자와 시각적으로 구분되어야 한다.
- 범례 항목을 따로 넣지 말고 설명이 필요한 위치 바로 옆에 표시하라.

| 당신만의 체크리스트 |

위의 규칙들은 우리가 매우 중요하게 여기는 것들이며 m62가 수없이 시도하고 테스트했으며 따라온 규칙이기도 하다. 따라서 당신은 이것들을 받아들일 수도 있고 다른 것들을 추가할 수도 있다. 만약 당신만의 규칙을 추가한다면 이것은 당신만의 '실행 매뉴얼'이 될 것이고, 당신의 회사가 괜찮으면서도 인상적인 기업 스타일을 창조하기 위해 일관되게 따를 수 있는 유용한 길잡이가 될 것이다.

프레젠테이션이 어떻게 보였으면 하는지에 대해 명확한 생각을 가지고 프레젠테이션이 실행되는 현실을 기반으로 이를 실천하는 것은, 특히 청중이 무엇을 기대하고 무엇을 좋아하고 무엇에 반응하는지 같은 것들은 효과적인 슬라이드와 프레젠테이션을 만드는 열쇠가 된다.

퇴근을 앞당기는 작지만 유용한 사용법들을 익혀 두자

지금부터 설명할 파워포인트의 기능들은 매우 쓸모가 있다. 자주 사용할 수 있는 기능들이기도 하고, 때때로 이런 종류의 소소한 일들을 번거롭게 처리하느라 정작 중요한 것들을 신경 쓰지 못하는 일도 많기 때문이다. 아는 사람은 다 알고 있겠지만, 아직도 별 것 아니라고 생각하고 있다면 일단 배워두라. 얼마나 편한지 깜짝 놀라게 된다. 나 역시 그랬으므로.

| 당신만의 도구 모음 만들기 |

우리 디자이너들은 자신만의 도구 모음을 가지고 있다. 당신만의 도구 모음을 만들고 싶다면, 파워포인트의 '빠른 실행 도구 모음 사용자 지정' 기능을 사용하면 된다.

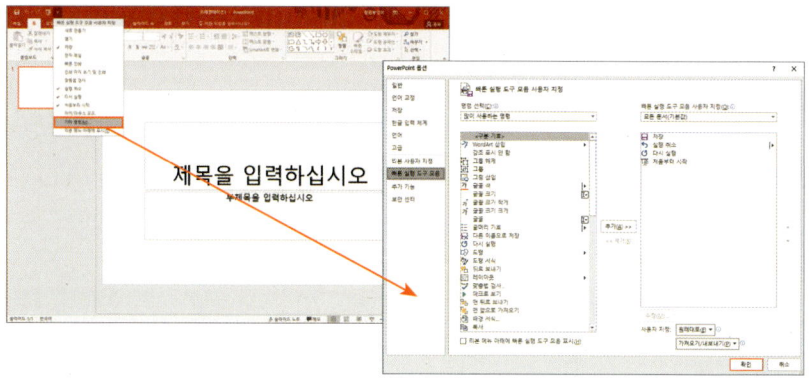

| 'Shift' 키 |

각도 유지하기 : 마우스로 드래그하면서 선을 그릴 때 'Shift' 키를 누르고 있으면 선의 각도가 변하지 않고 수직이나 수평 형태로 유지된다. 15

도 각도로 유지된다.

개체 선택하기 : 마우스로 개체를 하나 선택한 다음, 'Shift' 키를 누른 채 다른 개체를 클릭하면 하나 이상의 여러 개체를 한꺼번에 선택할 수 있다.

도형 그리기 : 'Shift' 키를 누른 채 드래그하면 사각형과 원을 정사각형과 정원 형태로 만들 수 있다.

시프트 선택하기 : 사용자 지정 애니메이션에서 활용할 수 있는 기능이다. 여러 개의 개체에 애니메이션 효과를 넣고 싶을 때 'Shift' 키를 누른 채 원하는 순서대로 개체를 클릭하면 사용자 지정 애니메이션에 저장된다. 이때 시작 시점을 '이전 효과 다음에'로 지정해야 한다. 이렇게 하면 개체가 정확한 순서로 화면에 나타나며, 시간 절약에 도움이 된다.

슬라이드 마스터로 전환하기 : 'Shift' 키를 누른 채 화면 맨 아래 왼쪽에 있는 '슬라이드 기본 보기' 아이콘을 클릭하면 곧바로 '슬라이드 마스터'로 전환된다.

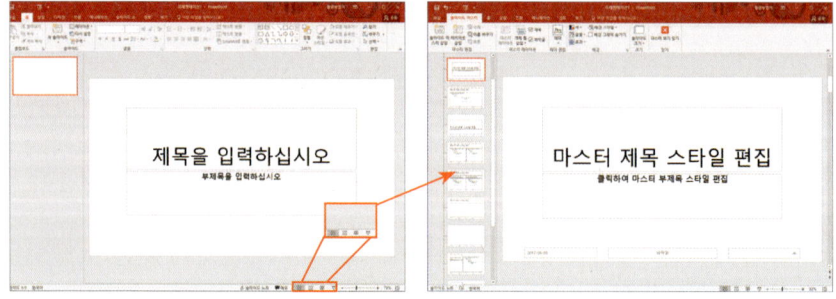

| **'Ctrl' 키** |

중심축 옮기기 : 'Ctrl' 키를 함께 쓰면 개체의 중심축을 정 가운데로 수정할 수 있다. 예를 들어 사각형이나 원, 선의 크기와 모양을 변형할 때 일반적으로 처음 클릭하는 지점의 반대편 모서리가 중심축이 되지만 'Ctrl' 키를 누른 채 변형하면 개체의 가운데가 중심축이 된다. 한 번 해보면 금방 알 수 있다.

'Ctrl'+ 드래그 : 'Ctrl' 키를 누른 채 개체를 드래그하면 개체를 복사할 수 있다. 이 기능은 슬라이드 화면을 복사할 때도 유용하다. '보기' 탭 – '프레젠테이션 보기' 그룹 –'여러 슬라이드'에서 확인해 보자. 이 기능은 다른 오피스 애플리케이션에서도 사용할 수 있는데, 예를 들어 단어를 더블클릭하여 선택하고 'Ctrl' 키를 누른 채 드래그하면 단어를 복사할 수 있다.

| **'Alt' 키** |

마우스나 키보드에서 'Alt' 키를 함께 쓰면 개체를 이동하거나 크기 조절, 잘라내기를 할 때 좀 더 세밀하게 움직일 수 있다.

| **키 조합하여 사용하기** |

이 기능들은 대부분 조합해서도 사용할 수 있다. 예를 들어 'Alt+Ctrl+Shift' 키를 동시에 누르고 있으면 개체를 그릴 때 중심축을 가운데에 둔 채 규칙적인 수치로 세밀하게 크기를 조절할 수 있다.

| 개체 선택하기 |

개체 선택을 취소하려면 먼저 'Esc' 키를 누른다. 'Tab' 키를 연속해 누르면 현재 슬라이드 안의 개체가 차례대로 선택된다. 슬라이드 화면이 복잡해서 원하는 개체를 잘 선택할 수 없을 때 유용하다.

| 자주 쓰는 기호를 간단하게 입력하기(모든 오피스 프로그램 공통) |

특정한 기호나 단어를 자주 사용한다면 '파일 탭 - 옵션 - 언어 교정 - 자동 고침 옵션' 창에 등록시켜 놓으면 편하다.

● **저작권**(Copyright) ⓒ **기호** : (c)를 입력한다.
● **트레이드마크**(Trademark) ™ **기호** : (tm)을 입력한다.
● **등록**(Registered) ⓡ 기호 : (r)을 입력한다.

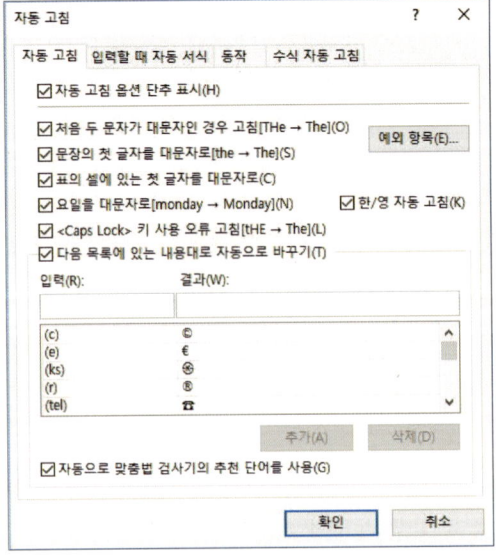

| 마우스 오른쪽 단추 사용하기 |

개체 위에서 마우스 오른쪽 단추를 클릭하면 그룹화, 정렬, 잘라내기와 붙여넣기 등 관련된 기능에 빠르게 접근할 수 있다.

| 대문자, 소문자, 첫 글자만 대문자로 바꾸기 |

수정하고 싶은 글자나 문장을 선택한 후 'Shift' 키와 'F3' 키를 동시에 누른다. 누를 때마다 전체 대문자, 전체 소문자, 첫 글자만 대문자로 순서대로 바뀌며 변환할 수 있다. 영어를 많이 사용할 경우 일단 이 기능을 알게 되면 얼마나 자주 이용하게 되는지 아마 놀랄 것이다.

| 글자 크기 조정하기 |

텍스트 상자나 단어를 선택한 후 글자 크기를 키우고 싶으면 'Ctrl+]' 키를, 작게 하고 싶으면 'Ctrl+[' 키를 누르면 된다.

| 눈금 및 안내선 |

슬라이드의 빈 부분에서 마우스 오른쪽 단추를 클릭한 후 '눈금 및 안내선'을 클릭하면 안내선을 설정할 수 있다. 눈금 단축키 'Shift+F9', 안내선 단축키 'Alt+F9'를 사용하거나 마우스 오른쪽 단추를 클릭한 후 I를 눌러도 된다. 파워포인트에서는 가로세로 방향으로 각각 8개의 안내선을 쓸 수 있고, 안내선을 더 넣고 싶으면 'Ctrl' 키를 누른 채 안내선을 드래그한다. 안내선을 지우려면 드래그해서 화면 밖으로 끌어내면 된다.

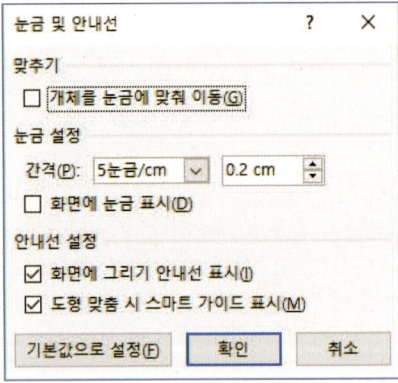

Presentation S·U·M·M·A·R·Y

❶ 단지 인상적인 프레젠테이션이 아닌, 효과적인 커뮤니케이션을 고민하라.
❷ 클립아트 사용을 피하라.
❸ 일관성을 가져라.
❹ 청중이 메시지를 이해하도록 돕는 디자인을 사용하라.
❺ 텍스트는 24포인트보다 작으면 안 된다. 그래프 표기의 경우에만 20포인트!
❻ 한 번에 모두 보여 주지 말고, 논의하는 주제에 따라 데이터를 하나씩 제시하라.
❼ 너무 많은 정보를 너무 빨리 전달하지 말라.

넘치면 망하는 애니메이션

단순화하는 능력은 불필요한 것을 제거하여 필요한 것들이 효과를 내도록 하는 것이다. | 한스 호프만 |

애니메이션의 목적은 당신의 재미가 아니다

슬라이드에 애니메이션을 넣는 것은 청중이 무엇을, 언제 볼지를 컨트롤하기 위해서이다. 좋은 애니메이션은 필요한 장소와 필요한 시점으로 청중의 주목을 이끈다. 나쁜 애니메이션은 주의를 분산시킨다. 잘만 활용한다면 애니메이션은 커뮤니케이션 전체 과정에 상당한 정보를 추가해 준다. 그러나 잘못 사용하면 이것은 슬라이드와 프레젠테이션 전체를 망칠 수도 있다.

애니메이션의 목적은 적당한 시점, 그리고 발표자가 의도한 장소에 청중의 시선이 가도록 하는 것이다. 애니메이션을 쓰는 목적은 파워포인트를 얼마나 잘 알고 있는지 청중에게 자랑하기 위한 것이 아니다. 이때 똑같은 유형의 애니메이션을 반복해 사용하는 것은 발표자에게도 지루하다. 발표자가 나쁜 애니메이션을 사용하는 이유는 프레젠테이션의 빈약한 내용을 조금이나마 무마해 보려는 의도일 것이다. 그러나 좋은 애니메이션은 청중이 의식할 수 없어야 한다. 청중이 주목해야 할 것은 메시지지, 매체가 아닌 것이다. 이 목적을 위해 일관성은 훌륭한 애니메이션의 전제 조건이다.

여기까지 설명하면 초보자들은 이런 질문을 하곤 한다. "그럼 언제 어떻게 애니메이션을 써야 하는 거죠?" 애니메이션은 시각화, 디자인, 전달, 그리고 이 책의 다른 거의 모든 부분에서 필수적인 요소이며 핵심 기술이다. 이제 어떻게 해야 하는지 알아보자.

애니메이션은 굉장히 세련되고 전문적인 프레젠테이션을 만들 수도 있고, 명백히 아마추어적인 노력이 될 수도 있다. 프로처럼 보이고 싶다면, 그리고 당신의 프레젠테이션을 성공시키고 싶다면 아래 리스트에 있는 제안들을 염두에 두자.

| 애니메이션의 규칙 |
- 같은 슬라이드가 다시 등장할 때, 즉 반복될 때는 애니메이션 효과를 쓰지 않는다. 청중을 거슬리게 하기 때문이다.
- 슬라이드에 나타난 한 개체가 사라졌다가 인접한 슬라이드에 다시 나타나지 않아야 한다. 화면 전환 시에도 그 개체는 자리를 지켜야 한다.
- 움직이는 애니메이션을 쓰지 말고, 고정된 애니메이션만을 써라. 주목을 끌려는 것이 아니라면!

- 애니메이션으로 청중의 집중을 방해하지 말라.
- 애니메이션을 논리적인 방식으로 실행하라.
- 도표를 한 번에 다 보여 주지 말고 순서대로 완성한 뒤, 핵심을 제외한 부분을 흐리게 하여 강조하라. 앞에서 배운 완성하기, 흐리게 하기 기술들을 활용하자.

| 애니메이션이 머물 시간은 딱 3초뿐! |

'애니메이션 시간'이란 클릭한 순간부터 애니메이션이 멈추는 순간까지 걸리는 시간을 말한다. 청중을 주목시켜야 할 필요가 있거나 발표자의 설명이 필요 없는 제목 슬라이드를 빼고, 우리는 대개 애니메이션이 지속되지 않도록 하는데 화면에서 뭔가가 움직이고 있으면 청중이 발표자에게 집중하기 어렵기 때문이다. 때문에 애니메이션 시간은 3초를 넘지 않게 만들기를 권한다. 또한 애니메이션이 실행되는 동안에는 발표자가 아무 말도 하지 않는 것이 좋은데, 이렇게 함으로써 청중이 화면에 등장하는 정보를 이해하는 데 집중할 수 있으며 3초 정도의 침묵은 불편한 느낌을 주지 않기 때문이다.

애니메이션의 네 가지 유형 중 당신의 선택은?

애니메이션 효과에는 나타내기, 강조, 끝내기, 이동경로라는 네 가지 기본적인 유형이 있다. 당연히 움직이는 것이 더 주목을 끌지만, 너무 눈에 띄는 나머지 오히려 집중을 방해하는 경우도 많다. 반면 고정된 효과는 훨씬 더 유용한데, 이 중 가장 많이 쓰이는 것은 '실선무늬'이다. 초보자들이 많이 좋아하는 개체가 날아가는 효과는 드라마틱하지만, 실제 프레젠테이션이라면 정말 비전문적으로 보인다. 왼쪽에서 텍스트가 날아오든 오른쪽에서 그림이 날아오든 이 효과는 절묘하지 못하기 때문에 세련되어 보이지 않는다. 절묘함은 애니메이션의 핵심이다. 다음은 파워포인트 2016에서 사용 가능한 다양한 애니메이션 유형이다.

기본 효과	
★ V자형	★ 계단 모양
★ 나누기	★ 나타내기
★ 날아오기	★ 내밀기
★ 다이아몬드형	★ 닦아내기
★ 바둑판 무늬	★ 블라인드
★ 사각형	★ 시계 방향 회전
★ 실선 무늬	★ 십자형
★ 원형	★ 흩어 뿌리기
은은한 효과	
★ 밝기 변화	★ 확대/축소
★ 확장	★ 회전
온화한 효과	
★ 기본 확대/축소	★ 늘이기
★ 돌기	★ 떠오르기
★ 서서히 아래로 띄우기	★ 서서히 위로 띄우기
★ 압축	★ 중심 회전
★ 회전하며 밝기 변화	
화려한 효과	
★ 기본 회전	★ 떨어지기
★ 바람개비	★ 바운드
★ 부메랑	★ 선회 비행 2
★ 영화 크레디트	★ 튀기기
★ 휘몰아 나타내기	★ 휘리릭
★ 휘어 올라오기	

강조하기 효과 변경	
기본 효과	
가 글꼴 색	★ 선 색
★ 채우기 색	★ 크게/작게
★ 투명	★ 회전
은은한 효과	
★ 개체 색	가 굵게 번쩍이기
★ 대비색	가 밑줄 긋기
★ 보색	★ 보색 2
★ 색칠하기	★ 어둡게 만들기
★ 연하게 만들기	★ 펄스
★ 흐리기	
온화한 효과	
★ 변색 확대	★ 색 파동
★ 울룩불룩	★ 흔들기
화려한 효과	
가 굵게 나타내기	★ 깜박이기
★ 물결	

이동 경로 변경		끝내기 효과 변경	
기본 경로		**기본 효과**	
4 꼭지점 별	5 꼭지점 별	V자형	계단 모양
6 꼭지점 별	8 꼭지점 별	나누기	날아가기
다이아몬드형	물방울	내밀기	다이아몬드형
미식축구 공	사다리꼴	닦아내기	바둑판 무늬
오각형	원형	블라인드	사각형
육각형	정사각형	사라지기	시계 방향 회전
정삼각형	직각 삼각형	실선 무늬	십자형
초승달	팔각형	원형	흩뿌려 사라지기
평행 사변형	하트	**은은한 효과**	
직선 및 곡선 경로		밝기 변화	수축
S자 1	S자 2	확대/축소	회전
계단 내려가기	깔때기	**온화한 효과**	
물결	박동	기본 확대/축소	늘이기
사인 곡선	스프링	돌기	붕괴
아래로	아래로 틀기	서서히 아래로 띄우기	서서히 위로 띄우기
오른쪽 아래로 틀기	오른쪽 위로	중심 회전	축소하면서 회전
오른쪽 위로 틀기	오른쪽 호	하강	
오른쪽으로	오른쪽으로 감기	**화려한 효과**	
오른쪽으로 바운드	오른쪽으로 휘기	기본 회전	떨어지기
왼쪽 호	왼쪽으로	바람개비	바운드
왼쪽으로 감기	왼쪽으로 바운드	부메랑	선회 비행 2
왼쪽으로 휘기	위로	영화 크레디트	튀기기
위로 틀기	위쪽 호	휘몰아 사라지기	휘리릭
작아지는 물결	지그재그	휘어 내려가기	
기타 경로			
8자	누운 8자		
둥근 X	둥근 별		
둥근 사각형	땅콩		
뾰족한 별	쉬익		
십자형	여러 번 반복		
연속 8자	오목 사각형		
오목 삼각형	중성자		
콩			

PART IV. 디자인, 같은 재료라도 만드는 사람에 따라 다르다

애니메이션의 구체적인 예를 들면 이렇다

| 화살표 |

화살표가 날아오는 것은 그다지 효과가 없다. 일반적으로 화살표는 그것이 가리키는 방향으로 '닦아내기'를 사용하는데, 어느 쪽에서 날아오든 이미 청중의 눈은 자연스럽게 화살표가 가리키는 방향으로 향하고 있기 때문이다. 꼭 넣고 싶다면 화살표가 나타나는 방향에 주의하자.

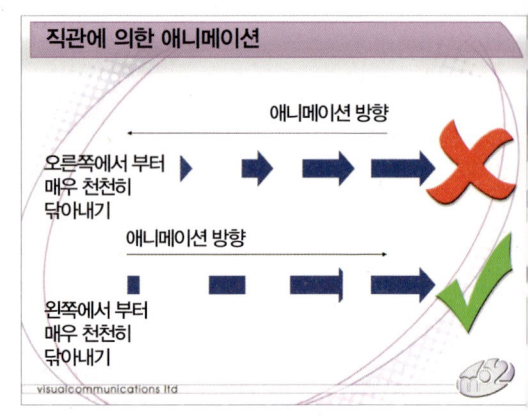

| 플로차트 |

플로차트에는 직선 형태와 반복적인 형태의 두 가지 유형이 있다. 플로차트는 시작부터 끝까지 애니메이션 효과가 들어가야 한다. 그 예로 다음 슬라이드를 보자. 이 플로차트는 네 번 클릭하는 동안 왼쪽에서 오른쪽 방향으로 완성된다. 마지막으로 클릭하면 배

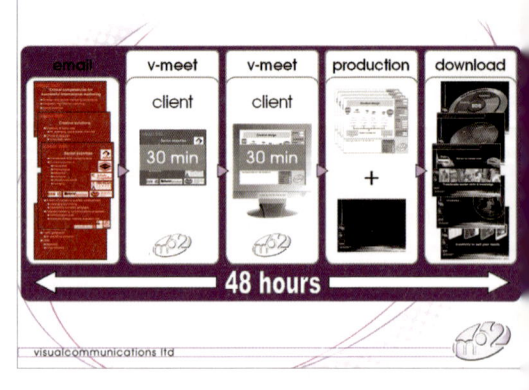

경의 박스와 '48시간'이라는 글자가 나타난다. 이 말은 프레젠테이션을 제작하는 전체 과정이 2일 이내에 마무리될 수 있음을 보여 준다.

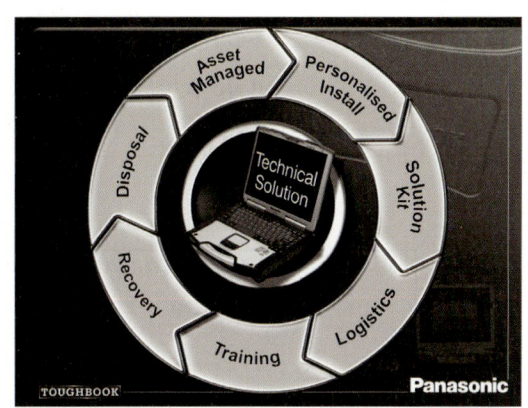

오른쪽의 반복적인 차트 샘플은 일이 진행되는 과정을 단계별로 보여 준다. 이 과정은 마지막 단계 없이 지속적으로 반복된다. 이 샘플에서 슬라이드는 1시 방향에 있는 첫 번째 단계부터 시계 방향으로 완성되며, 단계별 배치는 순환되는 과정을 보여 준다.

| 바퀴 모양 |

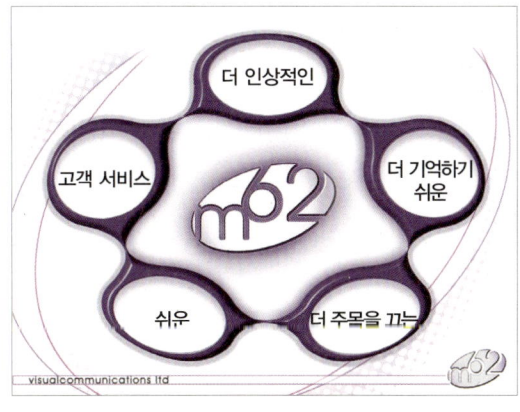

이 책의 프레젠테이션 자료들을 보다 보면 가치 제안을 보여 주기 위해 바퀴 모양 그래픽을 자주 사용한다는 것을 알 수 있을 것이다. 킬러 슬라이드로 알려진 이 슬라이드는 발표자와 관련된 근거들

을 설명하며, 프레젠테이션에 구조를 부여하기 위해 이어지는 형태이다. 실제 프레젠테이션에서는 처음에 그래픽이 고정된 애니메이션으로 나타나고, 그 다음에 첫 번째 혜택이 등장한다. 발표자는 이 혜택을 청중에게 설명하고 다음 것을 클릭하며 진행한다.

| 그래프 |

그래프 축은 일반적으로 고정된 애니메이션 형태로 나타나지만, 데이터는 대개 직관적인 방향으로 다시 '닦아내기' 형태로 등장한다. 막대 그래프는 '아래쪽에서부터 닦아내기', 선 그래프는 '왼쪽에서부터 닦아내기'가 주로 사용된다.

| 반복되는 슬라이드 |

슬라이드가 처음 나타날 때는 애니메이션 효과가 나와야 하지만, 같은 슬라이드 내에서 애니메이션 효과가 반복되면 청중은 거슬림을 느낀다. 따라서 우리의 제안은 슬라이드 전체의 애니메이션 효과가 한 번에 끝나는 것이다. 제목이 바뀔 때는 예외인데, 이 경우에는 타이틀 바, 타이틀, 그리고 슬라이드의 나머지 부분이 차례로 등장하는 것이 좋다.

| 반복되는 개체 |

마찬가지로, 인접한 슬라이드에서 반복되고 움직이지 않는 개체가, 단지 같은 자리에 다시 등장하기 위해 사라지는 일은 없어야 한다. 사이트를 참고하여 무슨 말인지 확인해 보자.

| 화면 전환 |

지금까지 말한 사용자 지정 애니메이션의 규칙들은 화면 전환에도 대부분 적용된다. 움직이는 화면 전환은 실제 프레젠테이션에서는 거의 사용되지 않는 기술이지만, 제대로만 활용하면 절묘하고 멋진 효과를 만들 수도 있다. 가장 빈번히 사용되는 움직이는 화면 전환은 '왼쪽으로 밀어내기'인데, 이것은 마이크로소프트 프로젝트 파일에 많이 쓰이는 방법이다. 한 슬라이드에 담기에 너무 큰 스프레드시트를 보여 주는 경우라면 '아래로 밀어내기'가 효과적이다.

Presentation S·U·M·M·A·R·Y

❶ 애니메이션의 목적은 청중이 적절한 시점에 적절한 대상을 보도록 하는 것이다.
❷ 애니메이션의 핵심은 집중과 속도이다.
❸ 애니메이션을 논리적으로 전개하라.
❹ 애니메이션 시간은 3초를 넘기지 말라.
❺ 집중을 방해하지 말라.
❻ 애니메이션을 반복하지 말라.

발표자,
Killer Presentation Using Bible
당신은 왜 거기 서 있나?

PART

V

발표자가
전달해야 할 것들

행동 없는 꿈은 백일몽이다.
꿈 없는 행동은 악몽이다. | 일본 속담 |

지금까지 우리는 목표를 설정하고 목표에 맞는 구조를 세우고 내용을 만들어 디자인하고 애니메이션을 넣는 과정까지를 다루었다. 이제 이 모든 것을 프레젠테이션으로 완성시키는 중요한 요소인 '발표자'에 대해 논의할 차례다.

시각적인 것이 중요한 이유는 이 책의 다른 부분에서 충분히 많이 다루었지만, 이 사실의 심리학적 근거는 우리가 '시각적인 존재'라는 데에 있

 발표자의 역할이 작아져도 성공할 수 있다

대부분의 프레젠테이션에서 주목의 중심이 되는 것은 발표자이다. 발표자는 프레젠테이션의 중심에 있으며 커뮤니케이션의 80%는 발표자를 통해, 나머지 20%는 시각 자료를 통해 이루어진다. 그러나 '시각 자료를 동반한 프레젠테이션'에서 '그 자체로 시각적인 프레젠테이션'으로 바뀌면 청중이 정보를 받아들이는 방식의 비율도 80:20에서 20:80으로 바뀐다. 제대로 준비된 프레젠테이션이라면 발표자의 비율이 작아진다는 얘기지만, 물론 이것은 목표일 뿐 현실에서는 이보다 낮을 것이다.

다. 시각은 우리의 주요한 감각이며 우리는 언어 정보보다 시각 정보를 훨씬 더 빨리 처리한다.

예를 하나 들어 보자. 내 아들 매튜가 1살일 때 바나나를 먹고 싶은지 물어본다면 나는 대답을 듣지 못할 것이다. 5살일 때 물어본다면, 즉 만화영화에 푹 빠진 매튜의 관심을 10초간 끄는 데 성공한다면 녀석은 잠깐 멈추고 생각한 다음 대답할 것이다. 내가 바나나를 손에 들고 물어본다면 매튜가 1살일 때나 5살일 때나 모두 긍정적인 반응을 즉각 얻을 수 있을 것이다. 반응 시간이 다른 이유는 무엇일까?

1살의 매튜는 '바나나'라는 소리가 달콤하고 노란 과일과 연관된다는 것을 아직 배우지 못했다. 5살의 매튜는 '바나나'의 의미를 알지만 그 소리를 해독하여 그것이 달콤하고 노란 과일을 의미한다는 것을 기억해 내고 나서야 결정을 내릴 수 있다. 이때 매튜는 청각 정보를 머릿속에서 처리해야 하는데, 심리학자들에 따르면 이것은 과일을 직접 보고 시각 정보를 처리하는 것보다 오래 걸린다고 한다. 청각 정보를 처리하려면 우리는 일단 언어를 배워야 하며, 이것은 바나나의 맛이 어떻고 우리가 그 맛을 좋아하는지 깨닫는 것보다 오래 걸린다. 우리가 청중에게 그들의 모국어가 아닌 언어로 프레젠테이션할 때도 이와 같은 현상이 일어난다. '바나나'라고 말하면 반응을 얻지 못한다. 하지만 바나나의 사진을 보여 주면 모두가 이해한다.

따라서 우리는 말하기보다 보여 주어야 하며, 이럴 경우 발표자의 역할은 '정보(언어 정보)의 주요 원천'에서 '시각적인 자료를 뒷받침하는 해설자'로 바뀌어야 할 것이다. 이것이 바로 시각적인 프레젠테이션의 힘이지만, 이를 위해서는 발표자의 행동이 완전히 바뀌어야 한다.

프레젠테이션할 때 슬라이드의 본문을 그대로 읽는 나쁜 습관은 고치기가 어렵다. 이런 프레젠테이션 방법은 지루한 슬라이드를 재미있고 매력적으로 보이게 하려고 애쓰는 것보다는 훨씬 쉽기 때문이다. 그래서 발표자들은 단순히 주르륵 읽는 방법을 택하게 되고 이 방법에 중독되어 버린다. 이제 발표자가 무엇을 해야 할지, 어떻게 하면 잘할 수 있을지에 대해 자세히 알아보자.

프레젠테이션 발표자로서 당신의 수준은 몇 단계인가?

프레젠테이션을 준비하고 실행하면서 가장 첫 번째로 고려해야 할 것은 청중이다. 모든 것을 청중 중심으로 해야 한다. 프레젠테이션은 당신이 말하는 것으로 완성되는 것이 아니다. 발표자의 역할은 청중이 메시지를 이해할 수 있도록 그들을 이끌어 목표를 달성하기 위해 계획된 대로 일을 진행시키는 것이다. 프레젠테이션을 올바르게 이해하기 위해 프레젠테이션에는 3가지 레벨이 있음을 알아 두면 도움이 될 것이다. 당신은 어떤 수준의 발표자인지 확인해 봐도 좋다.

1레벨 이 레벨의 발표자는 바쁘다. 클릭하고(다음 슬라이드를 불러오기 위해서), 읽고(슬라이드의 내용을 주욱 훑는 과정인데, 글자 그대로 읽는 경우가 많다), 설명한다.(슬라이드에 없는 내용을 추가하는 과정인데, 발표 내용과 관련 있는 것들이 지나간 다음 슬라이드를 그대로 둔 채 청중의 집중을 방해하는 경우가 많다.) 청중은 당신이 소리 내어 읽는 것보다 화면의 내용을 7배나 더 빨리 읽을 수 있음을 기억하라!

2레벨 발표자는 프레젠테이션에 좀 더 익숙한 상태로 설명하고 클릭하며 슬라이드를 보여 준다. 이것은 훨씬 발전된 프레젠테이션이고, 청중의 입장에서도 자연스러워 보일 것이다.

3레벨 이 레벨은 시각 자료와 발표자의 말을 하나로 결합하여 통합적으로 접근하는 단계이다. 이로 인한 효과는 '매끄럽다'는 말로 가장 잘 묘사할 수 있으며, 보는 것 혹은 듣는 것 중 어떤 요소가 가장 큰 역할을 하는지 청중에게 물어보면 그들은 구분하기 어려워할 것이다. 이 단계의 가장 훌륭한 예는 잘 만들어진 텔레비전 프로그램으로, 내가 개인적으로 가장 좋아하는 사례는 BBC의 일일 시사 프로그램인 〈Newsnight〉이다.

청중의 집중을 이끄는 몇 가지 방법을 알아 두자

프레젠테이션의 어떤 순간에 청중이 집중하고 있는지 어떻게 알 수 있을까? 적절한 순간에 모두가 적절한 도표를 보고 있으며, 혹은 적절한 영역으로 관심을 돌리고 있다고 어떻게 확신할 수 있을까? 청중이 올바르게 집중하도록 하려면, 슬라이드를 전환할 때 시각요소가 필요 이상으로 오래 화면에 머물지 않도록 시각적 신호를 신중하게 디자인해야 한다. 이것을 잘 하기만 하면 필요한 시간만큼 청중을 손안에서 다룰 수 있을 것이다.

| 화면으로 이끌기 |

화면을 주목하게 하는 가장 쉬운 방법은 화면을 가리키면서, 동시에 애니메이션이나 슬라이드의 단계적 완성 같이 화면에서 어떤 일이 일어나도록 하는 것이다. 또한 돌아서서 화면을 본다면 청중의 시선을 화면으로 이끌 수 있을 것이다. 이것은 등을 보인 채로 청중에게 말하지 말라는 전통적인 규칙을 잠정적으로 깨는 것이다! 하지만 아주 잠깐이라면, 효과적이다.

| 발표자에게로 이끌기 |

이것은 더 어려운 경우가 많다. 일단 화면에 청중의 집중을 방해할 만한 것이 없도록 만들어라. 그리고 필요한 경우에 'B'나 'W' 키를 눌러서 화면의 내용을 사라지게 하라. 아마 청중은 거의 즉시 당신을 바라볼 것이다! 두 번째 방법은 집중을 유도하기 위해 침묵을 이용하는 것이다. 청중이 하던 행동과 생각을 멈추고 무언가를 기대하며 발표자를 바라보게 하는 데는 아무 말도 하지 않는 것이 최고의 방법이다.

발표자의 언어는 쉽고, 명확해야 한다

언어의 사용은 광범위한 주제이나 이것의 몇 가지 측면은 여기에서 언급할 만하다.

● **전문용어** : 말 그대로 '전문적인 용어'라고 할 수 있는데, 조직이나 회사 등 한 분야에 대해 잘 아는 사람들 사이에서는 유용한 소통수단이다. 그러나 이 용어를 모르는 사람들 앞에서 사용하면 문제가 생긴다. 사람들은 이해하지 못하면서도 질문하고 확인하기를 주저한다. 그들은 질문을 미룬 채 프레젠테이션이 지속되는 동안 그 용어에 대한 힌트를 얻을 수 있기를 기대한다. 만약 용어에 대한 호기심이 줄어들면, 주제에 대해 어느 정도 감을 잃을 수밖에 없다. 게다가 시간이 흐르면 질문을 하기가 점점 더 부끄러워지고, 따라서 질문할 확률은 더 줄어든다.

● **축약** : 많은 전문용어들이 축약의 형태를 하고 있는데, 이에 대해서도 언급할 필요가 있다. 요즘 사람들은 이니셜로 축약한 단어를 많이 쓴다. 물론 이것은 유용한 면이 있고 NATO 혹은 VBI처럼 잘 알려진 축약어는 단어처럼 쓰이기도 하며, 새로운 단어를 만들기도 한다.

두 가지 경우 모두 발표자가 말하는 것이 무엇인지 그 의미와 스펠링을 쉽게 알려 주어야 한다. 비즈니스에서 언어는 산업, 제품, 조직, 진행절차 및 기술의 특별한 특성과 관련된 경우가 많다. 특히 정보기술 분야만큼 전문용어가 많은 분야는 없을 것이다. 어떤 경우에도 언어는 청중에게 적합해야 한다. 당신이 본능적으로 사용하는 전문용어를 청중이 모두 이해할까? 당신은 언어를 얼마나 수정해야 할까? 항상 청중에게 맞는 언어를 채택해야 한다!

언어에 대해 마지막으로 말해 둘 것은, 정의는 강력하며 혹은 강력할 수 있다는 점이다. 당신이 하는 말은 다른 뜻으로 오해받을 소지가 항상 있다는 점을 명심하라. 물론 당신은 지루한 언어 사용을 피해야 한다. 좀 더 강력한 말이 더 효과가 있기 때문이다. 비즈니스 상황에서 '상당히 좋은, 또는 아주 실용적인' 것에 대해서만 말할 필요는 없다. 강조해야 할 긍정적인 면이 있다면 강조하라.

반대로 청중은 복잡할 것이라 예상한 것을 쉽고 빠르게 설명해 주면 만족스러워 한다. 자신감과 전문성을 보여 주면 신뢰는 높아진다. 그리고 대상을 강렬하고 특이하게 묘사하면 평범하게 하는 것보다 기억에 더 오래 남는다. 예를 들어 매끄러운 것에 대해 '방금 버터를 바른 아이스링크처럼 반들반들한'이라는 묘사를 들은 사람은 그것을 그냥 반짝이기만 한 것이라고 생각하지는 않을 것이다.

| 지루하지 않게 본문을 읽는 방법 |

화면에 나타난 글자를 읽는 것은 비생산적이며 청중의 집중을 방해할 수 있다. 발표자의 역할은 시각 자료에 가치를 더하는 것이지, 그와 충돌하는 것이 아니다. 청중이 읽어 주기를 원한다면 그것을 글자 그대로 읽어 주기보다는 다른 말로 바꾸어 표현하거나 단어를 거꾸로 뒤집는 것이 좋다.

예를 들어 슬라이드에 '고객 서비스'라고 쓰여 있다면 발표자는 이렇게 말하는 것이 좋다. '저희는 비즈니스의 가장 중요한 측면이 클라이언트라고 생각합니다. 여러분이 필요로 하는 것을 제공하는 것이 저희의 대단히 중요한 기술입니다.' 또는 단어의 순서를 뒤집어서 중간 정도의 효과를 기대할 수도 있다. 예를 들어 '주목을 끄는 것을 목표로 하는 것'이라는 글이 있다면 '당신의 목표는 주목을 끄는 것이 되어야 한다.'는 식으로 말이다.

그러나 때로는 대상의 특성상 글자 그대로 읽어야만 하는 경우도 있다. 세일즈 프레젠테이션에서 고객들의 추천사가 그렇고, 정의나 인용, 혹은 정확한 표현이 중요한 경우에도 그렇다. 물론 가장 좋은 것은 화면에 글자를 넣지 않음으로써 읽고 싶은 유혹을 애초에 제거하는 것이다. 이것은 말하기는 쉽지만 실행하기 어렵다는 점을 기억하라. 본문을 효과적으로 읽는 발표 기술을 연마하는 데는 상당한 시간을 투자해야 할 것이다.

| 인용문을 발표하는 방법 |

인용문을 발표할 때는 그 어느 때보다 글자를 그대로 읽지 않는 것이 중요하다. 인용문을 효과적으로 전달하기 위하여 다음 단계를 따르기를 바란다. 일단 해보면 이것이 인용문을 발표하는 효과적인 방법임을 알게 될 것이다.

❶ 제목과 클라이언트의 로고를 차례로 띄우며 슬라이드를 완성시켜라.
❷ 인용문이 주제와 어떻게 연관되는지를 설명하라.
❸ 클릭하고 화면을 향해 몸을 돌린 다음 인용문을 혼자 마음속으로 읽어라. 이 행동은 청중이 당신을 똑같이 따라하도록 유도하는 것이며, 청중이 그것을 읽는 데 걸리는 시간을 당신이 추측할 수 있도록 해준다. 그들은 인용문을 처음 보기 때문에 그것을 읽는 데 당신보다는 오래 걸릴 것이다.
❹ 청중을 향해 돌아선 다음 그들과 눈이 마주칠 때 인용문의 신뢰성을 높일 수 있는 설명을 하라. 눈이 마주쳤다는 것은 그들이 인용문을 다 읽었다는 신호다.

물론 핵심을 강조하기 위해 때로는 글자를 그대로 읽어도 좋을 때가 있다. 그러나 이것은 어디까지나 예외의 경우이다. 다음 슬라이드는 4개의 단어를 골라 빨간색으로 표시했는데, 청중은 'didn't read bullets, brilliant! (기호를 읽지 않아도, 대단하다!)'라는 4단어를 먼저 읽게 될 것이며 인용문의 핵심을 알 수 있을 것이다. 그럼에도 불구하고 나는 셀리아가 누구이고 무슨 일을 하는 사람인지 말할 것이며 위에 정리한 절차를 거쳐 이 인용문을 발표할 것이다.

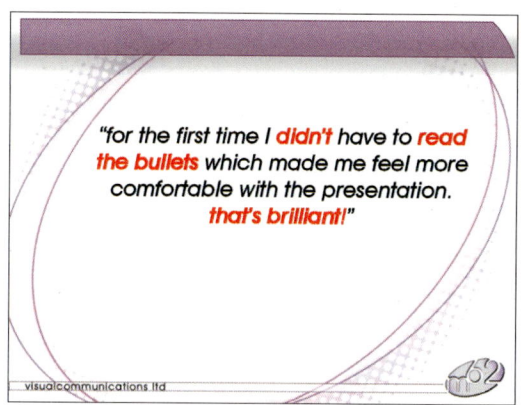

"처음으로 나는 지금까지 프레젠테이션을 편하게 해주었던
글머리 기호를 읽지 않아도 되었다.
이것은 대단하다!"

— 셀리아 드 올리베이라(국제 프로그램 매니저)

발표장에 들어가기 전에 당신이 반드시 알아야 할 것들

만약 미디어를 이용한다면 영상물이 처음부터 재생되는지를 확인하라. 우리는 파워포인트에 비디오나 애니메이션을 wmv 파일 형태로 삽입하는 경향이 있는데, 용량이 큰 비디오의 경우 DVD에 넣고 전용 플레이어로 재생하는 것이 더 낫다.

- 발표할 때는 수치를 반올림하거나 전달하기 쉬운 가까운 숫자로 바꿔라. 예를 들어 76.4%는 '75% 가량'이라고 말한다.
- 무슨 말을 할지 잊어버렸더라도 클릭하고 계속 진행하라. 청중은 알아채지 못할 것이다.
- 설명 없이도 이해되는 슬라이드는 청중의 흥미를 끌지 못하므로, 슬라이드를 단계적으로 완성하고 바꾸고 혹은 삭제하라.
- 클릭 후 무엇이 나타날지를 잘 알고 있어야 한다.
- 적절한 효과를 위해 발표 도중에 잠깐씩 멈추어라.
- 프레젠테이션 중에 사과하지 말라.
- 프레젠테이션 중에 자신의 프레젠테이션이나 슬라이드를 스스로 비판하지 말라.
- 발표할 때는 단위를 받아들이기 쉽게 만들어라. 예를 들어 '매년 120만 파운드'는 '매달 10만 파운드'로 바꾸어 말하라.
- 앞뒤의 수치가 맞도록 하라.

> **Presentation S·U·M·M·A·R·Y**
>
> ❶ 글자를 읽지 말고 가치를 추가하라.
> ❷ 애니메이션과 충돌하지 말라.
> ❸ 본문을 읽을 시간을 주어라. 침묵은 괜찮다.
> ❹ 당신의 슬라이드와 애니메이션을 완벽히 이해하라.
> ❺ 청중이 보고 있는 것을 설명하라.
> ❻ 연습하라. 연습하라. 연습하라.

실수를 줄여 줄
마지막 **힌트**

성공은 세부적인 것들의 집약이다. | 하비 S 파이어스톤 |

비즈니스 프레젠테이션의 목적은 교육이나 설득을 위하여 한 무리의 사람들에게 정보를 전달하는 것이다. 지금까지 다룬 모든 것, 즉 메시지를 바르게 이해하고 시각화하고 디자인하고 리허설하는 것은 우리가 그것을 실제로 전달하지 않는다면 아무 의미가 없다. 지난 15년 동안 발표 전문가로 일하면서 나는 일어날 수 있는 문제란 문제는 다 겪었다. 엉뚱한 시간에 엉뚱한 장소로 찾아가기도 했고, 장비가 고장 나거나 장비가 오지 않은 적도 있고, 프레젠테이션 중에 컴퓨터가 고장나기도 했으며 발표가 한창인데 프로젝터가 작동을 멈춘 적도 있다. 당신이 상상할 수 있는 모든 일은 다 겪었다. 이들 대부분은 내 잘못이 아니었다.

그러나 어떤 상황도 프레젠테이션의 진행을 막지는 못했다. 청중이 없는 경우는 예외였는데 이 상황은 내 발걸음을 멈칫하게 했다. 왜일까? 우리는 발표자로서 혹은 프레젠테이션 주재자로서 상황에 대처하는 법을 매우 빨리 배우기 때문이다.

프레젠테이션은 대부분 얼굴을 마주본 채 이루어지며, 노트북과 함께 일대일로 혹은 프로젝터와 함께 일 대 다수로 진행된다. 그러나 인터넷을 통해 이루어지는 프레젠테이션도 점점 많아지고 있다. 각각의 프레젠테이션을 상황별로 잠깐 살펴보자.

프레젠테이션 상황에 따라 준비할 것이 다르다

메시지를 잘 이해했고, 프레젠테이션과 발표 내용을 논리적으로 구성하여 연습까지 끝냈다고 가정해 보자. 이제 차이를 만드는 것은 어떻게 이것을 실행하느냐에 달려 있다. 궁극적으로 프레젠테이션의 실행은 무대의 앞과 중앙에 서는 것을 의미한다. 프레젠테이션이 불안을 일으키는 것은 이 때문이다. 불안하지 않다고 말하는 사람은 거짓말을 하고 있거나 혹은 죽은 것이다. 누구나 프레젠테이션을 앞두고 긴장하는데, 중요한 것은 그 긴장을 열의로 바꾸어 프레젠테이션에 에너지를 불어넣는 것이다.

| 일대일 프레젠테이션 |

소규모 그룹 혹은 개인을 상대로 프레젠테이션할 때는 대개 노트북을 사용하면 된다. 그러나 인원이 4명이 넘어가면 노트북의 작은 화면으로는 부족하며, 프로젝터 같이 좀 더 큰 화면이 추가적으로 필요하다. 다음 내용은 이런 상황에 대해 공들여 얻은 팁이다.

❶ 노트북을 연결하고, 모니터를 컨 다음 PC를 부팅하라. 이렇게 하면 PC가 외부 모니터를 실행할 수 있다. 이렇게 하지 않으면 기능키를 눌러 화면을 왔다갔다 전환해야 한다. 내 노트북의 경우 'F5' 키인데, 기종에 따라 이 기능키가 다르다.

❷ PC의 해상도가 프로젝션 장비와 호환되는지 확인하라. 프로젝터의 기본 해상도에서 가장 높은 해상도를 선택하는 것이 좋은데, 이것은 대상을 감지하고 보여 줄 만큼 높은 해상도가 아니라 크기를 바꾸지 않을 만큼의 해상도이다. 이렇게 해야 이미지가 훨씬 선명하게 보인다.

❸ 자료를 백업하라. 우리는 발표 자료를 USB 메모리에 백업하는데, 이 때 파워포인트 뷰어도 같이 백업한다. 이 방법이 좋은 이유는 컴퓨터와 USB 2.0 포트만 있으면 대부분의 프레젠테이션 자료를 저장 장치에서 바로 실행할 수 있기 때문이다. 파워포인트가 설치되어 있지 않은 컴퓨터에서라도 말이다!

| 대규모 그룹 프레젠테이션 |

❶ 다른 백업 컴퓨터를 꼭 준비하라. 컴퓨터에 문제가 생겼을 때 재부팅하는 동안 3분만 기다려 달라고 1명에게 말할 수는 있지만, 100명의 군중에게는 무리한 부탁이다.

❷ 프레젠테이션에 앞서 장비를 점검하라. AV 기술자를 활용할 수 있다

면 더욱 꼼꼼한 사전점검이 가능하다.

❸ 가능하면 리모컨 마우스를 사용하라.

❹ 맨 뒤에 앉은 사람도 화면 내용을 보고 들을 수 있는지 확인하라. 앞에 다른 사람이 앉아 있는 경우 대개 화면 아래쪽은 보기 힘들다.

❺ 제한시간을 엄수하라. 특히 대규모 회의에서는 더욱 그렇다. 청중을 가장 괴롭히는 발표자는 허용된 시간을 초과하는 사람이다. 내용이 너무 길다면 제한시간에 맞게 조절하라. 청중은 감사해 할 것이다.

❻ 당신의 것이 아닌 다른 컴퓨터에서 전문 기술자에게 프레젠테이션 실행을 맡겨야 한다면, 최신 패치와 보안 업데이트를 갖춘 올바른 버전의 파워포인트가 깔려 있는지 확인하라. 맞는 버전의 프로그램이 없으면 당신이 예상한 대로 자료가 실행되지 않을 것이다.

❼ 크게 심호흡을 하고 시작하라.

| 유인물 |

대체로 우리는 유인물 사용을 권하지 않는다. 물론 이에 대한 논란이 많을 것이다. 프레젠테이션에 앞서 한 페이지에 3개에서 6개의 슬라이드를 넣은 유인물을 만들어 청중에게 나누어 주는 경우가 많이졌다. 내기 이

에 반대하는 이유는 다음과 같다.

❶ 나는 청중이 발표자와 화면에 집중해 주기를 바라며 그 집중된 상태를 최대한 이용하고 싶다. 그런데 청중이 프레젠테이션 중에 무언가 다른 것을 읽고 있으면 이것이 어려워진다.

❷ 나는 정보의 속도와 흐름을 통제하고 싶다. 이것 또한 청중이 내용을 미리 읽을 수 있다면 어려워진다.

❸ 세일즈 프레젠테이션에서 가장 중요한 정보는 내가 가진 메시지다. 내가 그것을 종이에 인쇄해 버리면 나는 메시지에 대한 통제력을 잃게 되고, 역효과가 나타난다. CEO가 프레젠테이션을 보고 싶어 한다면 나는 그 회사의 직원에게 맡기지 않고 내가 직접 메시지를 전달하기를 원한다. 메시지를 종이에 옮기는 순간 나는 그 전달권을 놓고 다른 사람과 경쟁하게 될 것이다.

❹ 좋은 파워포인트 슬라이드라면 발표자가 설명하기 전까지는 내용을 이해할 수 없어야 한다. 슬라이드를 인쇄해도 이해하기 어렵기는 마찬가지인데, 굳이 그것을 청중에게 주어 스스로 해석할 여지를 주어야 할까?

❺ 우리는 프레젠테이션할 때 4가지 차원을 모두 사용한다. 청중에게 내용을 2D 형태로 주면 정보와 임팩트를 모두 잃게 된다.

| 평가 |

경쟁 프레젠테이션에 참가하는 클라이언트를 컨설팅해 줄 때 우리의 성공률은 85%가 넘는다. 그런데 이것의 부정적인 면은, 우리가 대부분 이기기 때문에 우리 스스로 발전할 만한 계기가 없다는 것이다. 세일즈 담당자들은 항상 계약에 집착하기 때문에 일단 계약을 따내면 모든 것이 잘 끝났다고 믿으며 안심하는 경향이 있다. 나는 '더 잘할 수 있었던 것'을 찾아내는 것이 중요하다고 생각한다. 그래서 우리는 프레젠테이션이 끝난 후 결과보고를 요청하여 무엇이 잘 되었고 무엇이 부족했는지를 확인한다. 이것이 발전할 수 있는 유일한 방법이며, 이는 당신의 경우 역시 마찬가지일 것이다.

Presentation S·U·M·M·A·R·Y

❶ 항상 예비안을 준비하라. 어떤 일이 생길지 모른다!
❷ 유인물을 사용하지 말라.
❸ 결과보고를 들어라.

기억과 프레젠테이션,
Killer Presentation Using Bible

그 복잡한 내용 중 당신이 '꼭' 건져야 할 것

SPECIAL Ⓐ

기억하기 쉬운
프레젠테이션

기억이 사실을 흐리는 것을 보며 나는 항상 깜짝 놀란다. | **다이안 소여** |

당신의 기억력은 얼마나 좋습니까?

대부분의 사람들은 자신의 기억력이 꽤 좋다고 생각하지만 그 이유는 주로 자신이 잊어버린 것을 기억해 내려고 애쓴 결과 자신이 얼마나 많이 잊어버렸는지를 거의 모르기 때문이다. 안타깝게도 우리 대부분은 우리가 얼마나 기억하는지조차 알지 못한다. 우리는 분명히 기억하는 것보다 잊는 것이 더 많으며, 프레젠테이션의 발표자도 청중이 그럴 거라고 예상하는 것이 좋다.

앞서 말했듯이 사람들은 프레젠테이션 내용의 많은 부분을 잊어버린다. 애초부터 모르는 것은 잊을 수도 없으므로 프레젠테이션의 첫 번째 기술은 청중의 주목을 얻고 그것을 유지하는 것이며, 프레젠테이션의 목적은 물론 청중이 내용을 기억하도록 하는 것이다.

우리와 같은 시각을 갖도록, 즉 우리의 제품을 구매하도록 청중을 설득하거나 지식 전달을 위해 교육하여 그들의 행동을 바꾸는 정보 전달 행위가 프레젠테이션이라면, 어떤 경우든 우리는 청중이 내용을 기억하도록 만들어야 한다. 발표자가 특히 기억에 관심을 기울이고, 청중이 내용에 집중하게 할 방법을 고민해야 하는 이유이다.

이 장을 시작하면서 밝혀 둘 것이 있는데, 나는 학자가 아니고 학자인 체하려는 것도 절대 아니며, 그저 기억에 대한 연구 결과를 프레젠테이션에 실용적으로 적용해 보고 싶을 뿐이라는 것이다. 그러므로 내가 아는 연구 결과를 전달하는 이 부록을 읽을 때는 다음 사실을 고려해 주기 바란다. 나는 커뮤니케이션 효과를 높일 방법을 찾는 발표자이지 중간고사를 통과하려는 심리학 전공 학생이 아니라는 것이다. 이제 우리가 무엇에 주목할지를 관장하는 기억에는 어떤 것들이 있으며, 어떻게 상호작용하는지를 알아보자.

기억에 관한 연구 조사에서 우리가 건질 것

기억에 대해 처음으로 연구한 사람은 100여 년 전 독일의 심리학자인 에빙하우스(Ebbinghaus)라고 알려져 있다. 기억은 복잡한 것이며 그것을 간단한 모델로 표현할 수 없다는 사실은 이제 명백해졌다. 에빙하우스는 일련의 무의미한 철자들을 만들어 자신의 회상 능력을 실험했는데, 그는 기억 혹은 더 정확히 말해 기억을 회상하는 능력이 시간에 따라 쇠퇴한다는 것을 최초로 보여 주었다. 19세기 말 제임스(James, 1890)는 기억에는 각각 다른 유형이 있다는 것을 처음 제안한 사람이다. 그에 따르면 기억의 유형 중 하나는 방금 읽은 마지막 문장 등을 떠올리는 즉각적인 기억이고, 다른 하나는 3년 전 오늘 아침식사로 무엇을 먹었는지 혹은 지금까지 가장 맛있었던 식사는 무엇이었는지 등을 생각해 내는 오래된 기억이다.

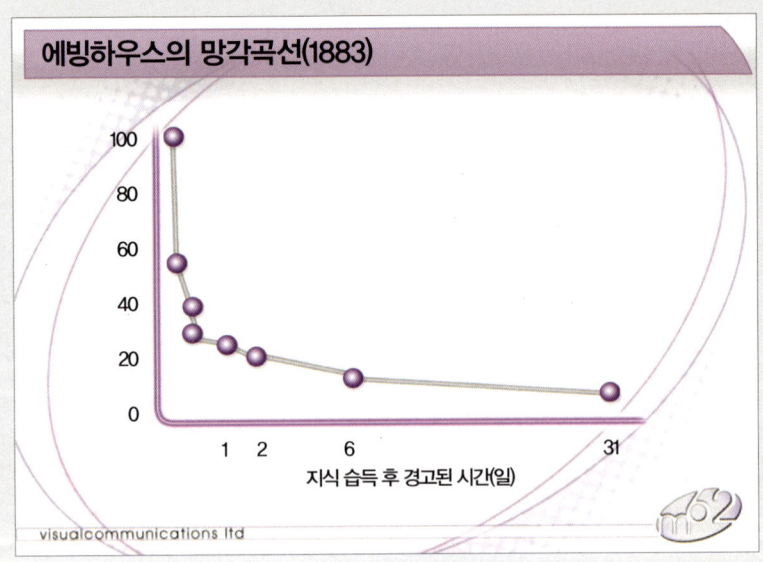

>>> 킬러 프레젠테이션을 위한 핵심
청중은 내일보다 오늘, 다음 주보다는 내일 더 많은 것을 기억할 것이다. 발표자들은 이것을 알고 있어야 한다. 정보를 전달했다고 해서 그것이 곧바로 청중에게 익숙해질 것이라고 생각하지 말라.

제임스는 이것을 '단기 기억(Short Term Memory)'과 '장기 기억(Long Term

Memory)'이라고 칭하며 각각 다른 범주로 구분했다. 단기 기억은 '작동 기억(Working Memory)'이라고도 불리는데, 최근의 이론들은 더 많은 기억의 유형을 제안하며 각각 더 세분화되고 있다. 나는 곧이어 작동 기억에 대해 다룰 것인데 이것이 프레젠테이션에 더 직접적인 영향을 미치기 때문이다. 장기 기억은 감각 기억과 절차 기억, 그리고 서술 기억으로 나뉘는데, 서술 기억에는 또 일화 기억과 의미 기억이 있다.

밀러(Miller, 1956)의 연구 결과 작동 기억은 한정되어 있으며 용량이 작아 7개를 기준으로 +/- 2개의 대상만을 기억할 수 있다. 그러나 장기 기억은 한계가 없거나 있더라도 그 규모가 크며, 청중의 행동에 영향을 미칠 정보가 이곳에 있으므로 발표자는 장기 기억에 저장될 정보를 전달해야 한다.

장기 기억에 도달하기 전에 작동 기억이 정보를 걸러 주는 역할을 한다고 볼 수 있으므로, 이에 대해 자세히 알아 두면 청중이 미래의 어느 시점에 정보를 떠올릴 수 있게 하려면 프레젠테이션에서 어떻게 하면 될 것인지를 파악하는 데 도움이 될 것이다. 장기 기억에 대한 이야기를 마치기 전에 짚고 넘어가야 할 것이 있다. 장기 기억은 그다지 정확하지 못하며, 사람들은 실제 사실을 반영하기보다 자신에게 이해되는 방식으로 기억하려는 경향이 있다는 사실이다.

밀러가 옳다면 작동 기억은 7 +/- 2의 법칙을 따른다. 7가지가 넘는 정보를 담은 슬라이드를 프레젠테이션하는 순간 당신은 그중에서 청중이 무엇을 기억할지에 대해 통제력을 잃게 된다는 말이다. 따라서 한 슬라이드 화면에 보이는 정보의 개수가 5개가 넘지 않도록 제한하면 청중이 기억할 가능성을 높일 수 있다. 프레젠테이션 전체에서도 마찬가지로, 주장이나 생각이 5개가 넘어가면 청중이 잊어버리는 정보는 늘어나고 프레젠테이션의 효과는 감소한다.

> 〉〉〉 **킬러 프레젠테이션을 위한 핵심**
> 슬라이드 하나에 5개 이하의 정보를 넣고, 프레젠테이션 전체에 5개 이하의 정보 덩어리를 넣어라. 더 많은 정보를 전달할수록 전체에서 청중이 기억하는 것의 비율은 적어진다.

작동 기억은 글자가 효과적이지 않은 이유를 말해 준다

배들리(Baddeley, 1981)에 따르면 작동 기억에는 4개의 뚜렷한 기능이 있다. 음운 고리, 기본 청각 저장소, 시공간 스케치판, 그리고 이것을 하나로 통합하는 중앙 집행기이다. 따로 설명하지 않아도 이름에서 알 수 있듯이 이 중 절반은 소리를 처리하는 과정과 관계가 있으며, 이것만 보아도 프레젠테이션에서 글머리 기호가 왜 그렇게 비효율적인지 짐작할 수 있다.

● 음운 고리 : 스스로에게 말할 수 있는, 그리고 무엇을 말할지 연습할 수 있는 '내면의 목소리'이다.

- 기본 청각 저장소 : 소리나 청각 정보를 듣는 '내면의 귀'이다.
- 시공간 스케치판 : 육면체 같은 이미지를 마음속으로 그려볼 수 있는 '내면의 눈'이다.
- 중앙 집행기 : 장기 기억에 연결되며 어디에 주목할지를 결정하는 '주목 체계'이다.

| 글자가 프레젠테이션을 방해하는 이유 |

이제 이 내용을 프레젠테이션과 연관지어 생각해 보자. 화면에 글자가 뜨면 청중은 그것을 읽고 싶어 한다. 이는 대개 내면의 목소리(음운 고리), 즉 마음속으로 글자를 읽는 과정을 동반하고 이로써 발표자가 무엇을 말하는지(기본 청각 저장소) 듣기 어려워진다. 이때 뇌(중앙 집행기)는 글자를 해독하여 그 글자가 생각(음운 고리)을 방해하지 않고 발표자에게 집중해도 된다는 정보를 얻을 때까지 발표자를 무시하기로 결정한다. 요점은 글자가 거의 없는 경우 방해하는 것이 없기 때문에 뇌는 우리가 발표자에게 귀를 기울이기 쉽도록 만든다는 것이다.

> >>> 킬러 프레젠테이션을 위한 핵심
> 화면에 글자가 적을수록 좋다. 인지적 부담을 발표자에 대한 집중으로 전환함으로써 시각적 이해를 빠르게 해주기 때문이다

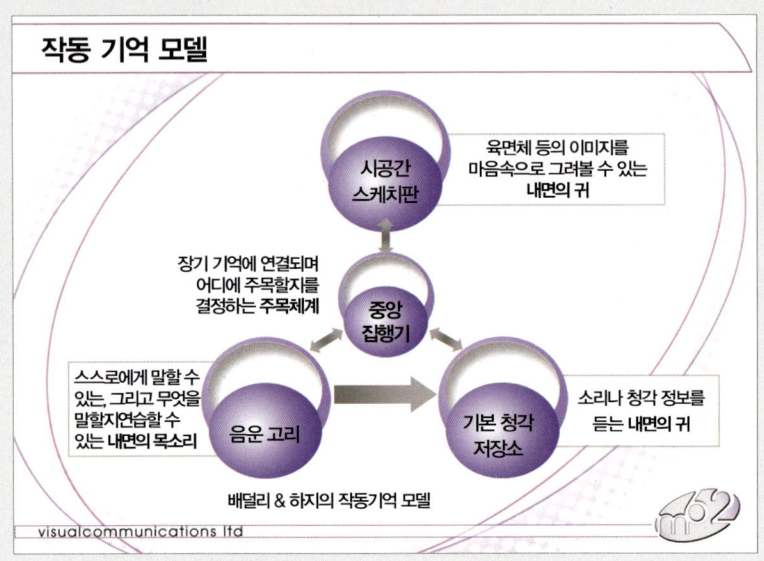

| 시각적 인지 부조화의 효과 |

내가 다음 슬라이드를 보면서 청중에게 "효과적인 프레젠테이션에는 세 가지 필수 요소가 있습니다."라고 말했던 것을 기억하는가? 청중은 방금 세 가지 요소가 있다는 말을 들었으나 화면의 동그라미는 두 개뿐이다. 이것이 '시각적 인지 부조화'라고 부르는 상황이다. 청중이 보는 것과 들은 것 사이에 충돌이 나타나고, 이를 해결하기 위해 청중은 발표를 주의 깊게 보고 듣게 되며 결국 '청중의 집중'이라는 귀한 결과를 얻게 된다. 왜 이런 결과가 나타나는지를 알려면 기억에 관해 좀 더 알아야 한다.

청중이 불완전한 이미지를 보게 되면 이 이미지는 시공간 스케치판(내면의 눈)에 저장되며, 다음으로 중앙 집행기(뇌)가 장기 기억에 접속해 이와 비

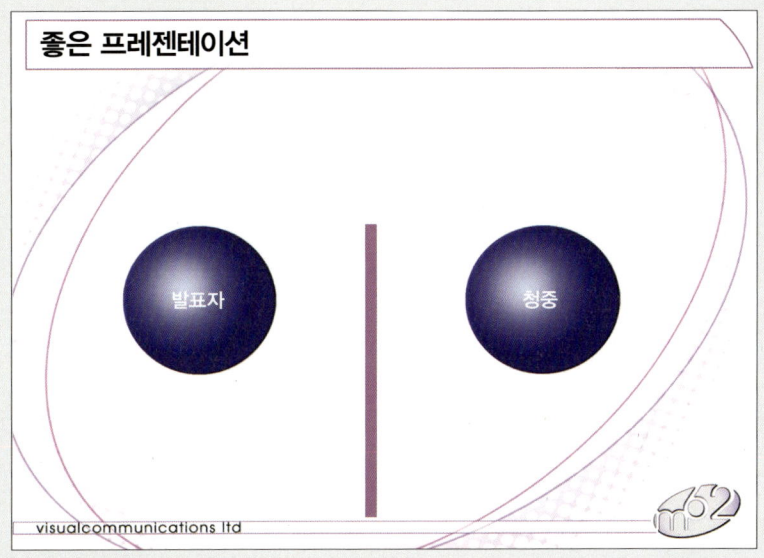

숫한 것을 본 적이 있는지 찾아 이것을 이해하려고 한다. 만약 찾을 수 없으면 중앙 집행기는 기본 청각 저장소, 즉 귀로 관심을 전환하여 발표자가 이 이미지를 어떻게 설명하는지에 귀를 기울이는데, 이때 청중의 집중이 나타난다.

RAS라고 하는 잘 알려진 체계는 우리가 뭔가 불완전한 것을 보거나 들을 때 활동을 시작한다. 이것은 작동 기억의 한 부분으로, 어떤 대상의 패턴을 완성하고자 하는 것이 특징이다. 최근 스도쿠 퍼즐이 다시 유행하는 이유도 우리가 빠진 번호를 채우고 대상을 완성하는 것을 즐기기 때문인 것 같다. 만약 우리가 대상을 완성하지 못하면 완성하고 싶은 욕구가 강해지는데, 시각적 인지 부조화는 이 욕구를 이용해 청중이 프레젠테이션에 집중하도록 유노한다.

> 〉〉〉 킬러 프레젠테이션을 위한 핵심
> 이해되지 않는 이미지는 청중으로 하여금 프레젠테이션에 적극적으로 몰입하도록 유도한다.

기억하려고 하는 능동적 연상기호 절차

만약 내가 당신에게 4476262458404라는 숫자를 외우라고 한다면, 이것을 어떻게 외울 것인가? 나의 두 아들은 내 휴대폰 번호를 외울 수 있으며, 18개월인 딸은 번호의 첫 6자리를 외운다. 아이들이 번호를 외울 수 있는 이유는 비상사태를 대비하여 내가 마음먹고 이것을 가르쳤기 때문이다. 나는 아이들이 번호를 기억하게 하기 위해 덩어리 묶기, 반복, 시각화, 서술 연상, 청각 연상이라는 잘 짜인 기술을 사용했다. 당신은 분명히 이 기술들을 모두 알고 있을 것이다. 당신은 자신이 무엇을 하는지도 의식하지 못한 채 이 모든 기술을 일상적으로 사용하며, 아마도 부모에게서 배웠을 것이고 당신의 아이들에게도 가르칠 것이다.

무슨 말인지 모르겠다고? 종이를 한 장 꺼내서 당신의 휴대폰 번호를 적어보고, 두 가지의 차이에 주목하

실험을 해 보자. 종이를 한 장 꺼내
당신의 휴대폰 번호를 적는다.

4476262458404 식으로 썼는가?
4476 2624 584 04 식으로 썼는가?

당신이 어떻게 썼는지 주의 깊게 보아라.
여러분 중 90%는 숫자를 풀어서 쓰지 않고,
'덩어리 묶기' 방식으로 썼을 것이다.
왜 그럴까?

라. 만약 당신이 전화로 누군가에게 휴대폰 번호를 알려달라고 하면, 아마 그들은 번호를 몇 단위로 쪼개서 각 단위에 숫자가 5개 미만이 되도록 하여 알려 줄 것이다. 우리는 본능적으로 이렇게 행동하는데, 다른 사람이 번호를 받아쓰기 편하게 하려고 그렇게 한다는 사람도 있을 것이다. 하지만 단지 그게 이유라면 번호 하나하나를 천천히 불러주면 되지 않을까? 사실 이것은 우리가 번호를 기억하는 방식, 그리고 그것을 장기 기억에 기호화해 저장하는 방식을 반영하는 것이다. 밀러는 이것을 '덩어리 묶기'라고 지칭했으며, 일반적인 사람은 작동 기억 속에 5개에서 7개 덩어리의 정보를 수용할 수 있다고 생각했다.

이 절차는 우리가 '능동적 연상기호 절차(Active Mnemonic Process)'라고 부르는 것의 예이다. 이는 개인이 어떤 것을 기억하기로 결정했을 때 이용하는 절차이기 때문에 '능동적'이라고 할 수 있다. 이 절차를 프레젠테이션에 적용하여 프레젠테이션 내용을 5개의 논리 단위라는 덩어리로 쪼개 청중이 기억하기 쉽도록 만든다면, 이것을 '수동적 연상기호 절차 (Passive Mnemonic Process)'라고 한다.

기억시키기 위한 수동적 연상기호 절차

우리가 쓰는 가장 기본적인 수동적 연상 기술은 가치 제안을 반복하는 것이다. 우리의 가치 제안은 '인상적인, 더 기억하기 쉬운, 더 흥미를 끄는, 쉬운,

그리고 48시간 내로 완성되는'이라는 5개의 요소를 갖고 있다(연상 1). 처음에 우리는 이 5개의 요소에 대해 서술 연상작용을 이끄는 슬라이드를 보여 준다(연상 2). 이것은 그래픽이 가치 제안을 시각화하는 형태로 나타난다(연상 3). 그리고 프레젠테이션이 진행되는 동안 이것은 7번까지 반복된다(연상 4). 각 부분마다 우리는 연관성을 보여 주기 위해 노력한다(연상 5).

대체로 우리는 이런 방법을 통해 청중이나 잠재 고객이 경쟁사가 아닌 우리의 제품을 구매해야 하는 5가지 이유를 기억하는 확률을 높이기 위해 노력하며, 대부분 성공한다. 이제 우리가 프레젠테이션에 적용하는 수동적 연상기호 절차에는 어떤 것들이 있는지 알아보고, 청중이 기억하는 정보의 양을 늘리기 위해 이것을 어떻게 활용할 수 있는지도 살펴보자.

| 덩어리 묶기 – 5개 정도로 묶으면 더 잘 기억된다 |

앞서 말했듯이 이것은 정보를 의미 있는 논리 단위로 묶어 정보를 구조화하는 절차이다. 프레젠테이션할 때 우리는 이 단위들을 그래픽과 함께 흐르게 하는데, 이때 그래픽은 각 단위가 프레젠테이션의 어떤 부분에 속하는지 알려 주는 시각적 단서 역할을 한다. 우리는 프레젠테이션을 여러 단위로 나누었을 때 청중이 기억하는 정보의 양이 늘어나고, 그중 어떤 정보를 기억할 것인지에 현저히 영향을 미칠 수 있다는 것을 수없이 경험했다.

>>> 킬러 프레젠테이션을 위한 핵심
당신의 주장을 적당한 덩어리들로 쪼개라. 만약 이것이 5개가 넘는다면 생략할 수 있는 것들을 찾아라. 예를 들어 '더 적은 비용'과 '더 많은 수익'은 '이윤 증가'로 합쳐 표현할 수 있을 것이다.

| **단순 반복과 정교한 반복 – 반복하면 더 잘 기억된다** |

반복이나 되풀이는 연상기호 절차의 주된 부분이며, 두 가지 방식으로 실행할 수 있다. '단순한 반복'은 프레젠테이션 전체에 걸쳐 핵심 메시지를 반복하는 것이다. 예를 들어 우리는 세일즈 프레젠테이션에서 가치 제안 바퀴를 최소한 7번 이상 보여 준 적이 있다. 그러나 크레이크와 왓킨스(Craik & Watkins, 1973)는 이 같은 단순한 반복이나 암기는 '정교한 반복'보다 훨씬 효과가 적다는 것을 입증했다. 정교한 반복은 우리가 가치 제안 바퀴를 발표할 때 사용할 것을 권하는 방식이며, 이야기나 해설의 5가지 주제와 연결된다. 이것은 바우어와 클락(Bower & Clark, 1969)의 '이야기 해설 기법'으로 불리기도 한다. 이에 대해서는 서술 연상 작용 부분에서 자세히 다룬다.

나는 사람들을 가르칠 때 반복이 기억에 어떤 효과를 미치는지 입증하기 위해 간단한 실험을 해보았다. 5개의 숫자를 소리 내어 읽은 다음 청중에게 5초의 시간을 주어 그동안 마음속으로, 즉 내면의 목소리를 이용하여 그 숫자를 반복하게 한다. 그 후에 숫자를 쓰게 하면, 그들이 숫자를 기억하는 비율은 예상대로 평균 80% 정도이다. 그 다음에는 숫자를 읽은 후 마음속으로 반복하지 못하도록 10부터 0까지 큰 소리로 말하게 하여 연상기호 절차를 방해한다. 그 후 숫자를 적게 하면 이때는 20% 정도밖에 기억하지 못한다. 이 실험은 '브라운-피터슨 테크닉(BROWN-PETERSON)'이라고 부르며 1959년에 연구되었다.

> **》》 킬러 프레젠테이션을 위한 핵심**
> 발표자들은 여기에서 유용한 팁을 얻을 수 있다. 청중에게 방금 보고 들은 프레젠테이션의 내용을 생각할 수 있는 5~6초 정도의 시간을 주지 않으면, 그들은 정보를 연상기호적으로 처리할 시간을 갖지 못하게 되고 결과적으로 기억하는 정보의 양이 적어질 것이다. 그러나 잠시 멈추고 청중에게 시간을 주어 정보를 능동적으로 처리할 수 있도록 유도하면 그들은 아주 높은 기억률을 보일 것이다.

보다 효과적이라는 정교한 반복은 본질적으로 4차원(4D) 프레젠테이션의 핵심이며, 시각 정보의 의미를 발표자의 말 속에서 정교하게 반복하는 것이다. 쉽게 말하면 슬라이드의 글자를 단순히 다시 읽어 되풀이하는 것이 아니라 거기에 뭔가를 더하는 것인데, 우리가 권하는 방법은 자세히 설명하는 것, 그리고 다른 말로 바꾸어 표현하는 것 두 가지이다. 예를 들어 슬라이드에 '더 기억하기 쉬운'이라는 단어가 있으면 이렇게 바꾸어 말할 수 있다.

"당신은 프레젠테이션이 끝난 후 청중이 내용을 기억할 수 있게 해야 합니다."

> **〉〉〉 킬러 프레젠테이션을 위한 핵심**
> 화면의 글자를 그대로 읽지 말고 다른 표현을 써서 그것을 설명하라. 이렇게 하면 청중의 기억률이 높아질 뿐 아니라 누구나 눈앞에 뻔히 보이는 것을 읽기 시작할 때 생기는 관심의 이탈을 방지할 수 있다.

| 관련성 – 이미 알고 있는 것에 관련된 것이 더 잘 기억된다 |

이것이 중요한 이유는 두 가지다. 첫 번째로 관련성은 청중의 관심을 유도한다. 사람들은 자신이 알고 있거나 자신이 직접 활용할 수 있는 정보에 관심을 기울이기 때문이다. 두 번째로 사람들은 자신이 이미 알고 있는 것에 관련된 정보를 더 쉽게 기억하는 경향이 있다. 관련성은 메시지를 올바르게 이해하기 위한 조건이며, 정보가 얼마나 유용한지 입증하기도 하고 왜 유용할지를 청중에게 상기시켜 주기도 한다. 이 사실을 다시 알려 주지 않으면 청중은 쉽게 잊어버리기 때문이다.

관련성은 정보를 프레젠테이션의 내용에 포함시킬지 결정하는 데 영향을 주고, 또 발표자의 해설에도 영향을 주는데 발표자는 청중이 스스로 이미 알고 있는 것들에 내용을 연관시킬 수 있도록 도와주어야 하기 때문이다. 이것의 가장 좋은 예는 세일즈 프레젠테이션에서 찾아볼 수 있다. 우리는 세일즈맨들에게 프레젠테이션에 앞서 프레젠테이션 대상에게 질문을 통해 가치 제안의 자료를 찾으라고 권하는데, 청중에 대해 많이 알수록 관련성을 증명하는 데 도움을 준다.

예를 들면 앞서 말한 '더 기억하기 쉬운'이라는 단어에 대해, 관련성을 강조하여 추가하면 이렇게 발표할 수 있다.

"당신은 프레젠테이션이 끝난 후 청중이 내용을 기억할 수 있게 해야 합니다. 왜냐하면 당신이 동의한 바와 같이 청중은 구매 의사를 프레젠테이션 중에 결정하지 않고 프레젠테이션이 끝난 후에 결정하기 때문입니다. 그들이 결정의 토대로 삼는 것은 프레젠테이션에 실제로 들어 있던 내용이 아니라 그중에서 그들이 기억하는 부분입니다!"

> >>> 킬러 프레젠테이션을 위한 핵심
> 관련성 있는 내용을 찾기 위해 애써라. 그리고 청중에게 그 정보가 그들에게 어떻게, 그리고 왜 관련이 있는지 구체적으로 설명하라.

좀 더 구체적인 예를 들어 내가 제품의 고객 서비스가 향상된다는 것을 이야기하려 한다고 하자. 프레젠테이션 전에 나는 청중에게 최근 받은 서비스에 대한 만족도를 물을 것이다. 만약 그들이 이에 답하면서 연간 조사 결과를 알려 준다면, 실제 프레젠테이션에서 나는 이를 활용해 이렇게 발표할 것이다. "앞서 말씀하신 내용을 참고할 때, 만약 저희가 이 제품을 공급하게 된다면 고객 서비스에 대한 여러분의 인식은 달라질 것이며 내년의 조사 결과도 달라질 것입니다." 이 말 속에 나는 청중이 이미 아는 사실을 언급했다. 또한 이 과정에서 '준비시키기'라고 하는 또 다른 연상기호 기술을 사용하였다.

| 시각화 – 글보다 그림이 더 잘 기억된다 |

이 책을 끝까지 열심히 읽어 본다면 우리 사업의 초석은 '시각화'라는 사실이 분명해질 것이다. 우리는 아이디어를 해설과 조화시켜 시각적으로 해석함으로써 강력한 연상작용을 만들어낸다.

심리학자인 바우어(Bower)는 1972년에 단어를 보고 마음속에 이미지를 그리게 하면 기억률이 45%에서 80%까지 거의 두 배로 향상된다는 사실을 증명했다. 프레젠테이션을 할 때 관련된 이미지를 보여 주면, 글머리 기호 슬라이드에서 15%에 머물던 기억률이 70%까지 쉽게 올라간다.

이 기술이 효과가 있는 이유는 청중에게 무엇인가를 유도하기 때문일 것이다. 메이어(Mayer, 2002)는 이것을 '이중 기호화(Dual encoding)'라고 부르는데, 우리 뇌는 정보를 시각적으로 그리고 청각적으로 동시에 기호화함으로써 시각 정보와 청각 정보를 다른 방법으로 처리한다고 한다. 메이어는 이런 과정을 통해 우리 뇌가 더 많은 것을 기억할 수 있다는 사실을 보여 주었다.

> 〉〉〉 킬러 프레젠테이션을 위한 핵심
> 시각적 메시지는 말로 전하는 메시지보다 효과적이며, 시각적 메시지와 설명이 함께 이루어지면 효과는 더욱 좋아진다. 이때 시각적 메시지란 단순히 슬라이드에 삽입한 사진을 말하는 것이 아니다. 이미지는 구체적인 정보를 전달해야 하며, 그렇지 않다면 그것은 클립아트나 마찬가지이다.

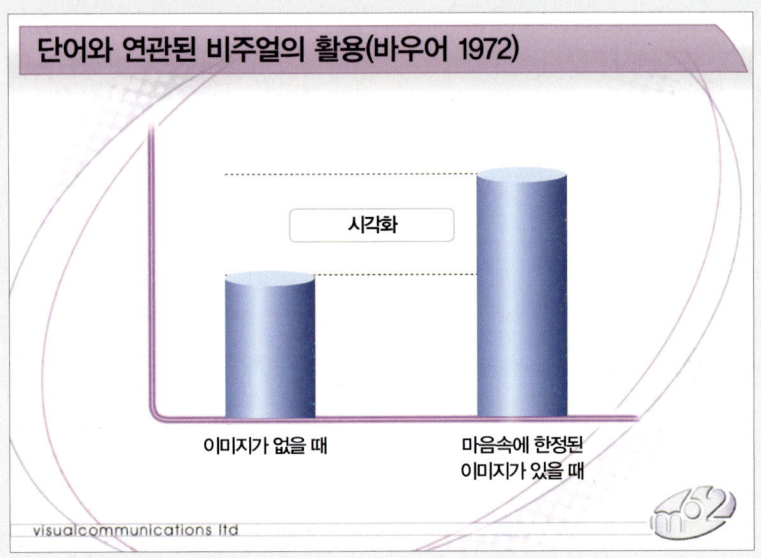

| 기억의 우선순위 – 처음 것과 마지막 것이 더 잘 기억된다 |

내가 숫자 기억 활동에 사용한 것과 비슷한 기술을 가지고 머독(Murdock, 1962)은 청중이 목록의 첫 번째 것과 마지막 것을 더 잘 기억한다는 사실을 입증했다. 아마도 청중은 처음에 본 것을 반복하는 기회를 갖게 되고, 모든 내용이 끝나고 조용해지면 마지막 것을 반복해 떠올리게 되기 때문인 것 같다. 작동 기억의 다양한 부분이 바쁘게 돌아가기 때문에 나머지 것들을 반복할 시간은 거의 없다.

>>> 킬러 프레젠테이션을 위한 핵심
우리는 이 이론에 따라 가치 제안의 배열 순서를 정하는데, 가장 강력한 것을 처음에 놓고 그 다음으로 강력한 것을 마지막에 놓는다. 만약 이야기(서술 연상작용)가 있다면 이 순서는 달라질 수도 있는데, 더 좋은 이야기는 우선순위의 효과를 넘어서기 때문이다.

| 서술 연상작용 – 단어보다는 이야기가 더 잘 기억된다 |

바우어와 클락이 1969년에 연구한 '이야기 서술법(Narrative Story Method)'에 따르면 단어들을 연결하여 이야기 형태로 바꾸면 기억률이 확실히 향상된다. 우리는 이 이론에 따라 아이디어를 연결하는데, 구매를 이끌기 위한 혜택을 청중이 떠올리기 쉬운 이야기로 만들어 전달하는 것이다. 예를 들어 시스템이 제공하는 혜택이 '생산성, 빠른 작업 시간, 양질의 결과, 일관성, 그리고 환자 케어'라면 우리는 세일즈맨에게 이렇게 발표하도록 권할 것이다.

"저희 클라이언트들은 저희의 의학 진단 장비가 5가지 핵심 분야에 효과가 있다고 말했습니다. 그들은 모두 인력 부족을 겪고 있으며(생산성), 동시에 의사들에게 검사 결과를 더 빨리 전달해야만 합니다(빠른 작업 시간). 검사 결과가 임상 성과에 도움을 주어야 한다면(환자 케어), 재검사와 오진을 방지하기 위해 검사 결과는 정확해야 하며(양질의 결과) 이어지는 검사는 일관되어야 합니다(일관성)."

그러나 세일즈맨에게 융통성 있는 의사소통 기술이 있다면 발표 내용은 다음과 같이 발전할 것이다.

"응급실에 있는 환자의 입장에서 생각해 보십시오. 일단 의사가 검사를 위해 채혈을 해가면 환자는 실험실에 직원이 부족하기 때문에 기다려야 한다는 말은 듣고 싶어 하지 않습니다(생산성). 환사는 응급실에 있는 동안 검사 결과를 최대한 빨리 알아 불확실한 상황의 불안함을 지우고 싶어 합니다(빠른 작업 시간). 환자에게 최악의 상황은 미비한 장비로 인한 오진입니다(양질의 결과). 그리고 만약 두 번째 방문이라면 이 검사가 전에 했던 것과 같은 것이며 다른 직원이 한다고 해서 달라지는 것은 아니라는 것을 알고 싶어 합니다(일관성). 마지막으로 환자가 원하는 것은 가능한 최선의 임상 성과입니다(환자 케어). 당신이라면 그렇지 않겠습니까?"

응급실에서 검사 결과를 기다리는 환자를 예로 들어 이야기를 하면 청중이 5가지 혜택을 기억하는 데 도움이 될 것이다. 못 믿겠으면 이렇게 한 번 해보라. 책을 내려놓고 이야기를 다시 떠올리며 이 회사가 제공하는 혜택들을 적어 보아라. 5가지 모두가 쉽게 생각날 것이다. 물론 세일즈맨이 이렇게 발표하도록 하는 것은 쉽지 않은 일이다.

| 청각 연상작용 – 리듬을 타면 더 잘 기억된다 |

솔직히 말하면 나는 프레젠테이션에서 이 방법으로 내용을 기억해 낼 수는 없지만, 내 18개월짜리 딸은 이렇게 하여 내 휴대폰 번호를 외웠다. 숫자를 운이 맞는 동요로 만들어 불러준 것이다. 전체적으로 보면 이런 청각적 기법은 비즈니스에 관한 것보다는 사회적인 것들을 기억하는 데 더 좋은 방법이지만, 마케팅에도 쓰이는 기본적인 기술이다. 선창, 운, 그리고 리듬은 슬로건이나 표어를 기억하는 데 도움을 준다. 다음은 우리의 슬로건 중 하나이다.

인상적인 프레젠테이션을 넘어 효과적인 커뮤니케이션으로!
Effective Communication not just Impressive Presentation!

이것을 읽어 보면 반복되는 운의 효과를 느낄 수 있을 것이다. 내면의 목소리로 다시 읽어도 마찬가지다.

정보를 구조화시키면 더 잘 기억된다

털빙(Tulving, 1968)은 정보에 구조가 없을 경우 청중은 자신만의 구조를 만들어낸다는 '조직화(organisation)' 이론을 증명하였다. 이것은 조직화의 주체에 따라 주관적 조직화와 실험자 조직화로 나뉜다. 바우어, 블랙 그리고 터너(Bower, Black & Turner, 1969)는 정보에 구조를 부여함으로써 기억률을 3배까지 향상시킬 수 있음을 입증했다. 그 이유는 아마도 청중이 정보를 주관적으로 조직화할 필요가 없다면 정보를 연상기호적으로 처리하기 위한 인지 부하에서 해방되기 때문일 것이다.

> >>> 킬러 프레젠테이션을 위한 핵심
> 정보의 구조를 청중이 잘 알아볼 수 있는 시각적 형태로 만들어 프레젠테이션에 시각적 구조를 부여하라. 이렇게 하면 발표자가 말하는 내용 속에서 정보가 명백하게 드러내지 않더라도 청중이 정보를 이해하기가 쉬워지며 청중이 기억하는 정보의 양도 늘어난다.

구조의 중요성은 결코 저평가되어서는 안 되지만, 정보를 구조화하는 데는 여러 가지 방법이 있고 직선 형태의 배열이 항상 가장 좋은 것은 아니다. 정보는 시간의 흐름에 따라 직선의 형태로 전달되어야 하지만 시각적으로 비직선적인 형태로 전달될 수도 있다. 구조는 프레젠테이션에 지대한 영향을 미친다. 프레젠테이션의 전체 과정 중 메시지 전달 단계에서 우리는 전달하고 싶은 내용에 따라서 정보를 구조화하며, 시각화 단계에서 이 구조를 청중에게 분명하게 보여 준다.

이제 좀 더 구체적으로 프레젠테이션의 구조를 어떻게 만들면 될지, 유형별로 알아보자. 다시 말하지만 지금부터 보여 줄 것들은 슬라이드 레이아웃이 아니라 '프레젠테이션의 구조'를 말하며, 이와 같이 정보를 구조화하면 청중의 기억률이 높아진다는 것이 입증되었다. 우리의 획기적인 방법은 이 구조를 누가 보아도 알 수 있게 시각적으로 만드는 것이며, 이를 '시각적 구조화'라고 한다. 시각적 구조화는 메시지를 강화해 준다.

| 직선 구조 |

이것은 가장 일반적인 프레젠테이션 구조다. 청중이 소규모 그룹이거나 당신이 탁월한 발표능력을 갖고 있지 않은 한 프레젠테이션은 정보가 직선적으로 흐르는 형태일 수밖에 없기 때문이다. 이 문서는 기본적으로 우리가 프레젠테이션하기에 적절하다고 여기는 순

서대로 정보를 배열한 목록이다. 그러나 앞서 말했듯이 목록은 연상적 속성이 거의 없기 때문에 이를 토대로 시각적 구조를 만드는 것은 좋은 방법이 아니다.

정보를 시각화하여 시각적 구조로 활용하면 청중이 스스로 프레젠테이션의 어디쯤에 와 있는지 아는 데 도움이 된다. 우리는 때때로 다음과 같은 방법을 쓴다. 화면 가득한 다이어그램을 보여 주고 말하려는 부분을 강조한 다음, 그 부분의 그래픽이 작게 줄어들어 화면 귀퉁이로 이동한 후 정보의 시각적 열쇠 역할을 하도록 만드는 것이다.

| 계층 구조 |

콜린스와 콜란(Collins & Quillan, 1969)은 정보를 계층 형태로 전달하면 기억률을 높일 수 있다고 하였다. 이때 중요한 것은 청중이 이 순서를 알게 하는 것이다. 다음 다이어그램은 구조를 시각적으로 해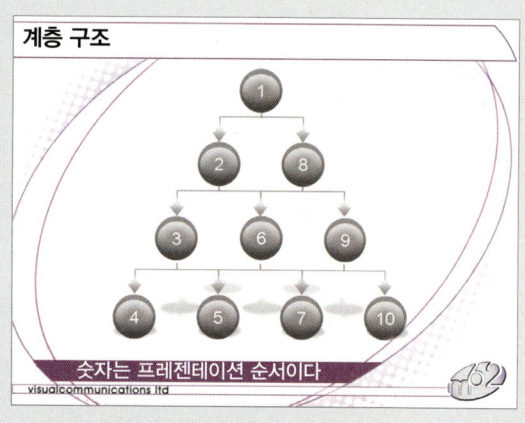석한 것이며 이상적인 프레젠테이션 순서를 보여 준다.

| 행렬 구조 |

행렬 구조는 굉장히 유용하게 활용할 수 있다. 계층 구조에서와 같이 여기에서도 중요한 것은 이 구조를 청중이 쉽게 이해할 수 있도록 하는 것이며 내용을 논리적 순서로 배열하는 것이다.

| 확산 활성화 구조 |

콜린스와 로프터스(Collins & Loftus, 1975)는 마인드 맵 이론을 창안하였다. 생각의 상호 연결처럼 정보의 상대적 위치 또한 중요하다. 청중에게 다이어그램의 형성 과정을 보여 주면 이 구조를 이용한 최대한의 연상 효과를 기대할 수 있다.

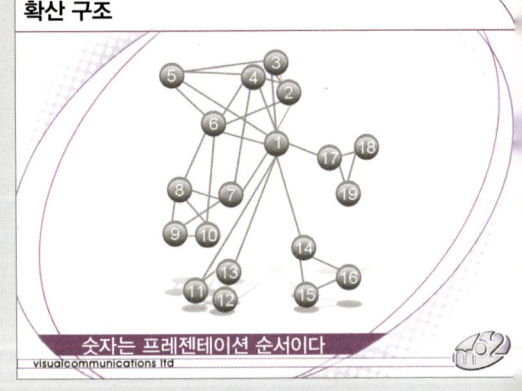

| 방사형 구조 |

가장 흔히 사용하는 구조,
5개의 바퀴살이 각각 5개의
요소를 나타낸다.

Presentation S·U·M·M·A·R·Y 그러니 오래 기억시키기 위해 우리가 할 일들

프레젠테이션의 결론은 발표자가 기억에 대해 잘 이해해야 한다는 것이다. 기억은 메시지 개발에서부터 시각화, 디자인, 그리고 전달까지의 모든 과정에 영향을 미치기 때문이다. m62가 행하는 모든 것은 청중이 발표에 주목하고 내용의 10% 이상을 기억할 때 프레젠테이션의 목적을 달성할 수 있다는 것을 전제로 한다. 이는 타당한 전제인 것 같다.

❶ 내용은 주제와 관련성이 있어야 한다.
❷ 정보의 양을 적정한 수준으로 제한하라. 12.5분 안에 125가지를 전달하려 하지 말라.
❸ 내용을 5개 덩어리로 만들어라. 3개 이상, 7개 이하가 가장 좋다.
❹ 정보에 적합한 구조를 선택하라.
❺ 이 구조를 청중이 잘 알아볼 수 있게 하라. 시각적인 것이 좋다.
❻ 프레젠테이션이 진행되는 동안 시각 요소와 그래픽을 활용하라.
❼ 주목을 끌기 위하여 시각적 인지 부조화 이론을 적용하여 정보를 시각화하라.
❽ 4D 프레젠테이션에 맞게 슬라이드를 시각화하라. 청중은 프레젠테이션이 진행되어야 내용을 이해할 수 있다.
❾ 한 번에 보여 주는 정보의 개수를 5개 이하로 제한하라.
❿ 청중에게 정보가 주제와 어떻게 연관되는지 알려 주는 설명을 하라.
⓫ 반복을 정교하게 할수록 청중이 내용을 기억할 확률은 높아진다.
⓬ 발표자의 역할은 시각 자료를 청중에게 설명하는 것이어야 한다.
⓭ 5~6초간 잠시 멈추고 청중이 정보를 연상적으로 처리할 시간을 주어라.
⓮ 청중과 눈맞춤을 너무 많이 하지도, 적게 하지도 말라. 적절한 정도로 유지하라.
⓯ 가능한 경우에는 수사적인 질문을 사용하라. 연상 절차를 강화하는 데 도움을 주기 때문이다.

물론 이것은 목록이고, 목록은 기억하기 어렵다. 그래서 아래에 간략한 형태로 묶어 보았다.

내용
- 주제와 관련되어야 한다.
- 적절한 양을 유지한다.
- 덩어리로 묶는다.

해설
- 주제와의 관련성을 설명한다.
- 정교하게 반복한다.
- 시각 자료를 설명한다.

구조
- 적절해야 한다.
- 알아보기 쉬워야 한다.
- 시각적이어야 한다.

수동적 연상 절차
- 잠깐 멈추고 정보를 처리할 시간을 준다.
- 눈맞춤을 적절히 활용한다.
- 수사적인 질문을 한다.

시각화
- 시각적 인지 부조화
- 4D 프레젠테이션
- 슬라이드에 담는 정보는 5개를 넘지 않는다.

여러분이 이것을 보다 확실하게 기억하도록 하려면, 다음과 같이 시각적으로 보여 줄 수 있다.

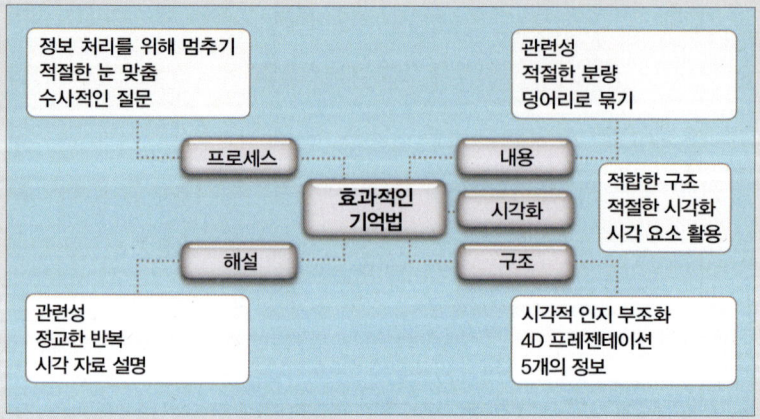

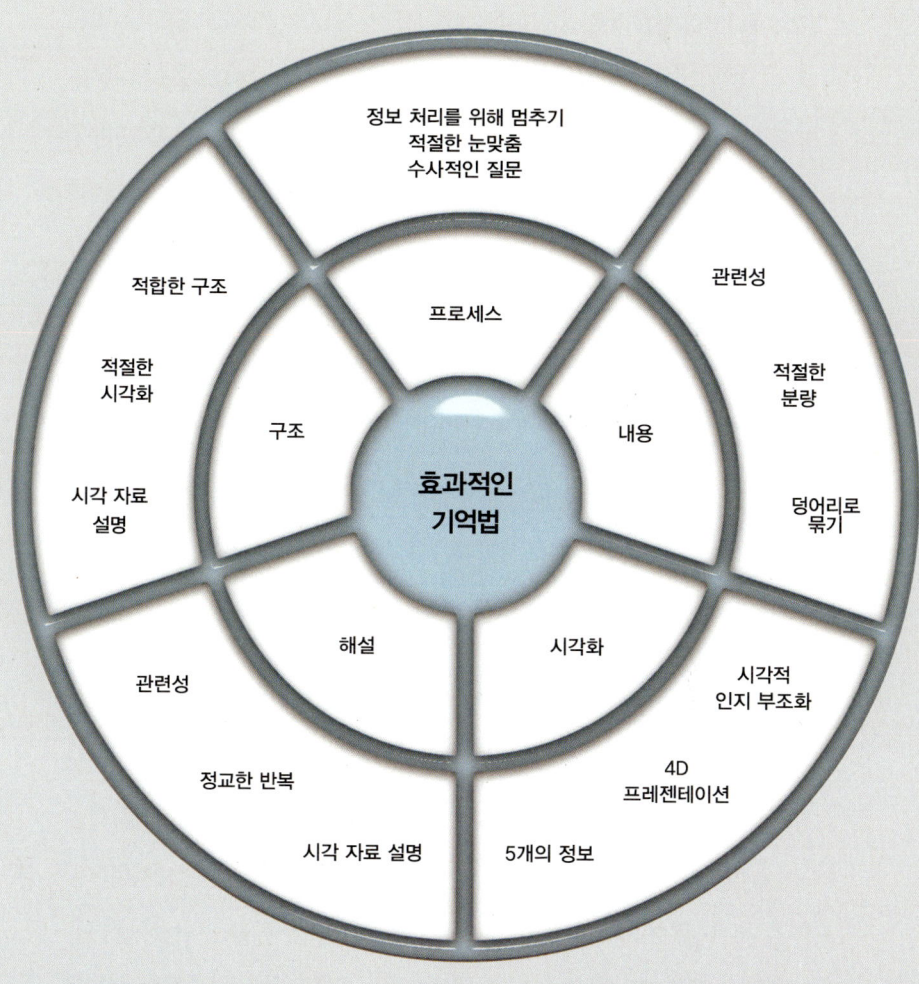

스마트! 프레젠테이션
Killer Presentation Using Bible

SPECIAL ⓑ

또 다른 프레젠테이션 도구, 키노트와 프레지

파워포인트는 더 이상의 설명이 필요 없는 대표적인 프레젠테이션 프로그램이다. 지금도 여전히 많은 사람들이 효과적인 프레젠테이션을 위해 파워포인트를 이용해서 문서를 만들고 있다. 그러나 이 책의 맨 앞에서 말했듯이 파워포인트만이 유일한 답은 아니다. 세상은 변하고 있고, 다양한 사용자층의 요구에 따라 새로운 프레젠테이션 프로그램이 등장하고 있다. 여기서는 그 대표격인 키노트와 프레지에 대해 알아보자. 한 번쯤 들어봤겠지만 아직 정확히 모르고 있다면 좋은 기회가 될 것이다.

| 매킨토시용 프레젠테이션 툴 – 키노트(keynote) |

애플 사의 제품에 관심이 없는 사람이라도 애플의 CEO인 스티브 잡스에 대해 모르는 사람은 거의 없다. 특히 애플 신제품 발표 때마다 선보이는 키노트를 활용한 프레젠테이션은 언제나 신제품 그 이상으로 많은 관심을 받고 있다. 키노트는 매킨토시용 프레젠테이션 프로그램으로, 파워포인트가 일반화된 국내에서는 거의 관심을 받지 못하다가 아이폰과

아이패드 사용자층이 늘어나면서 갑자기 관심을 받게 되었다.

키노트는 메뉴들이 버튼으로 구성되어 있어 한눈에 바로 필요한 기능을 찾을 수 있다. 또 파워포인트가 텍스트와 도형을 자유자재로 배치하고 체계적으로 보여주는 것에 뛰어난 반면 키노트는 이미지 툴이 발달하여 따로 포토샵을 사용하지 않아도 어느 정도의 사진 편집이 가능하고 화면 전환 효과나 애니메이션 효과가 다양한 편이다. 기존 사용자들이 초보자들에게 너무 효과를 남발하지 말라고 조언할 정도이다. 특히 아이패드에서는 손가락 터치만으로 이미지 편집, 오브젝트 배치, 애니메이션 효과 등을 구현할 수 있어서 마우스를 사용하는 것과는 달리 좀 더 자유로운 편집을 할 수 있다. 키노트는 맥 앱스토어에서는 19.99달러, 아이패드의 앱스토어에서는 9.99달러에 구입할 수 있다.

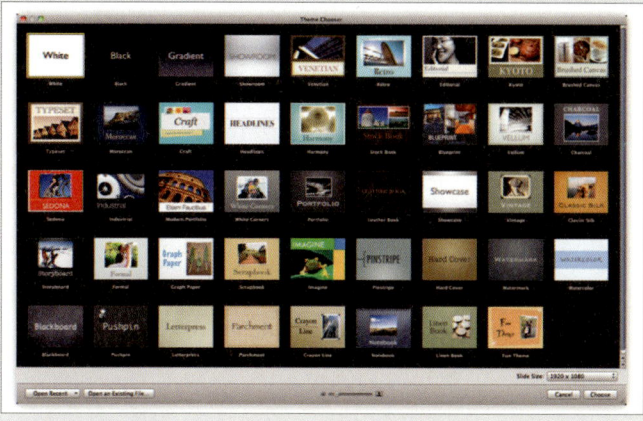

▲ 키노트의 데미 화면

| 온라인 기반의 역동적인 프레젠테이션 툴 – 프레지(Prezi) |

프레지는 웹을 기반으로 '스토리텔링'을 강조한 프레젠테이션 툴이다. 하나의 화면에서 텍스트, 이미지, 동영상 등을 펼쳐 놓고 미리 설정해 놓은 화살표를 따라 줌인과 줌아웃으로 화면을 구성해서 파워포인트에서는 보기 힘든 역동적인 프레젠테이션을 보여 준다. 따로 애니메이션 효과를 적용하지 않아도 텍스트들이 움직이는 것이다. 또 웹을 기반으로 하기 때문에 언제 어디서나 프레젠테이션을 할 수 있고, 완성된 프레지 파일은 파워포인트나 블로그 등에 삽입할 수 있어서 활용도가 높은 편이다.

프레지 사이트(www.prezi.com)에 가입하면 100MB의 무료 공간을 사용할 수 있는데, 학생이나 교사는 학교에서 제공하는 이메일을 등록하면 4GB까지 무료로 사용할 수 있다. 오프라인 상태에서 사용할 수 있는 데스크톱 버전은 14일 동안 무료다. 프레지 애플리케이션을 설치하면 스마트폰에서도 사용할 수 있지만, 안드로이드폰에서는 편집 기능이 지원되지 않는다는 단점이 있다.

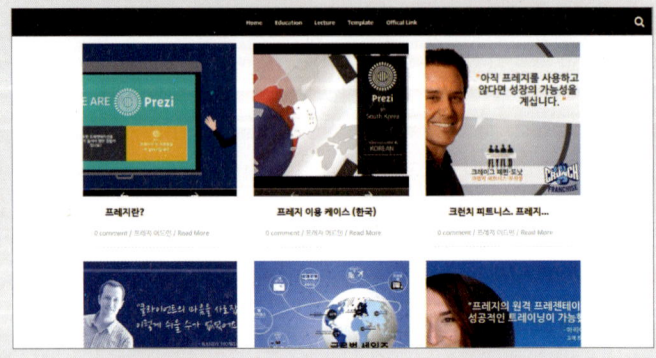

▲ 프레지 사이트

프레젠테이션의
새로운 동반자 스마트폰

대부분의 사람들이 스마트폰을 사용하는 시대. 언제 어디서나 휴대하기 편리한 스마트폰이 프레젠테이션의 보조 도구로 각광받고 있다. 물론 작은 화면 크기 때문에 스마트폰만으로 프레젠테이션을 진행하는 것은 무리가 있지만 아무 때나 문서를 확인할 수 있고, 컴퓨터나 노트북을 연결해서 원격 제어하거나 무선 마우스로 사용할 수 있는 애플리케이션을 이용하여 간단한 프레젠테이션을 진행할 수 있다는 장점이 있다. 현재도 업무에 도움이 되는 애플리케이션이 계속해서 발표되고 있으니 지속적인 관심을 가진다면 자신에게 꼭 맞는 업무용 애플리케이션을 찾을 수 있을 것이다. 좀 더 나은 프레젠테이션을 만드는 데 도움을 주는 스마트폰의 면면을 살펴보자.

문서 확인하고 수정하기

외근이나 출장 중에 메일로 PT자료나 문서를 보냈으니 검토해 달라는 요청을 받았다면? 스마트폰에서 메일에 첨부된 파일을 바로 확인해서 피드백할 수 있다. 물론 문서를 수정까지 해야 한다면 또 다른 애플리케이션이 필요하다.

| 폴라리스 오피스 |

폴라리스 오피스 MS 오피스로 만든 문서뿐만 아니라 한컴 오피스 문서도 확인하고 수정할 수 있는 애플리케이션이다. 간단하게 문서를 작성할 수도 있어서 컴퓨터가 없는 곳에서 급하게 업무를 처리해야 할 경우 유용하다. 아이폰과 안드로이드폰에서 모두 사용할 수 있다.

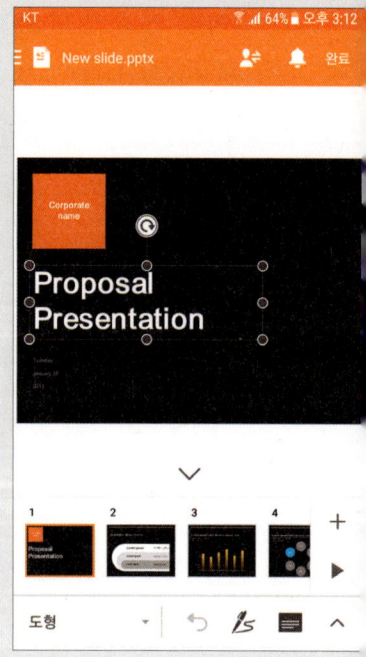

| 한컴 오피스 뷰어 |

단순히 한글 문서를 확인해야 한다면 편리한 문서 뷰어 애플리케이션입니다. 한컴 오피스 문서는 물론 MS 오피스 문서까지 확인할 수 있습니다. 문서를 확인만 할 수 있고 수정은 할 수 없습니다. 문서 수정까지 하고 싶다면 '한컴 오피스' 애플리케이션을 설치해야 하는데, 별도로 '넷피스 24' 애플리케이션을 설치하고 넷피스 24 회원 가입을 하는 등 다소 번거로운 절차를 거쳐야 합니다.

| MS 오피스 애플리케이션 |

MS 오피스 문서를 자유롭게 이용하고 싶다면 마이크로소프트 사에서 만든 오피스 애플리케이션을 사용하면 됩니다. MS 계정이 있다면 원드라이브를 이용해서 PC에서 작업한 문서를 확인하고 수정할 수 있어서 여러 사람이 문서를 공유하는 작업을 할 때 사용하면 편리합니다.

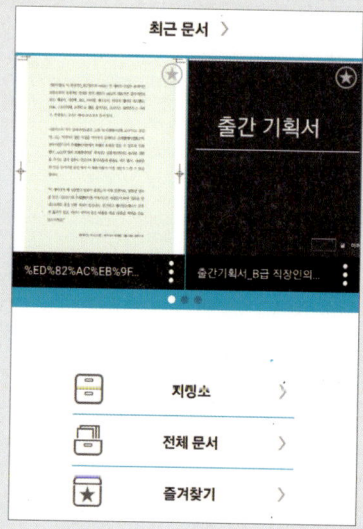
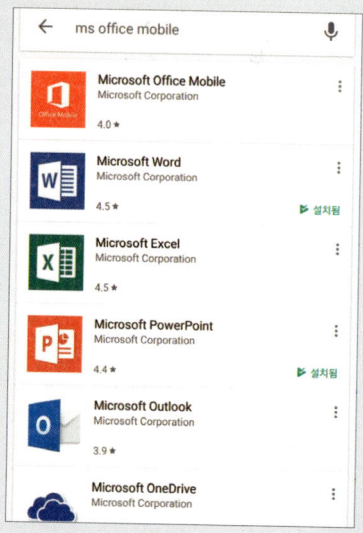

프레젠테이션 보조 도구로 활용하기

| 마우스 키트 |

노트북 앞에서 일일이 마우스로 파일을 열고 화면을 넘길 상황이 안 된 다면 스마트폰을 무선 마우스 및 프리젠터로 활용해 보자. 대표적인 앱이 마우스 키트이다. 스마트폰에 앱을 설치했다면 PC에도 '모바일 버디' 프로그램(http://www.yooiistudios.com)을 설치해야 한다. 같은 와이파이가 연결되었다면 스마트폰의 마우스 키트 화면에 프리젠터, 마우스, 키보드, 컨트롤 4개 탭이 나타나 PC를 조정할 수 있다.

| 팀뷰어 |

팀뷰어(Team Viewer)는 컴퓨터를 원격 제어할 수 있는 애플리케이션으로, 윈도우, 매킨토시는 물론 아이폰과 안드로이드폰 모두에서 무료로 사용할 수 있다. 스마트폰과 컴퓨터 양쪽에서 설치한 후 실행하면 스마트폰으로 컴퓨터 화면을 자유자재로 제어할 수 있어서 조금 떨어진 거리에서 상대방에서 프레젠테이션을 할 때 유용하다.

▲ 스마트폰 화면

▲ PC 화면

FAQ

Q. 슬라이드를 이해하기 어렵다면, 고객을 위해 어떤 설명을 넣어야 할까요?

저 같으면 아무 설명도 넣지 않겠습니다. 분명히 가치 제안을 제대로 준비하지 못해서겠지만 주장을 반복하지는 않을 것입니다. 그러나 꼭 필요하다면 '파일 탭 – 내보내기 – 유인물 만들기'를 클릭하면 됩니다. 프레젠테이션의 각 슬라이드와 발표자의 설명을 같이 넣을 수 있는 문서가 자동으로 열리기 때문에, 이렇게 하면 고객이 이해하는 데 도움이 될 것입니다.

Q. 화면을 사용할 수 없어서 슬라이드를 종이에 프린트하여 프레젠테이션해야 할 때도 있습니다.

저라면 시청각 프레젠테이션이 가능한 날짜로 스케줄을 다시 잡을 것입니다. 우리의 기술을 이용해 프레젠테이션하면 청중이 기억하는 정보의 양이 3~4배 늘어난다는 것을 잊지 마십시오. 그러니 날짜를 바꾸고 기다릴 가치가 충분히 있습니다. 그래도 종이를 사용할 수밖에 없는 상황이라면 프레젠테이션에서 4D 정보는 전부 삭제해야 합니다.

Q. 프레젠테이션에 앞서 자료를 먼저 보내 주고 싶습니다.

가능하면 그렇게 하지 마십시오. m62의 룰에 따라 슬라이드를 만들었기 때문이라고 설명하시고 발표하기 전에는 내용을 이해할 수 없게 하는 것이 좋습니다. 이렇게 설명했는데도 고집을 피우는 고객은 아직 본 적이 없습니다.

Q. 고객이 다른 언어권의 사람입니다. 프레젠테이션 내용을 이해하기 위해 그림만 보아도 알 수 있는 '스스로 설명하는' 슬라이드를 원하는데 어떻게 할까요?

제 경험상 글자가 적을수록 좋고 그렇게 하면 번역의 필요성도 적어집니다. 그림은 보편적인 언어입니다. 이런 경우는 아마 제가 종이에 프린트한 유인물을 사용하는 유일한 상황일 텐데, 고객의 언어로 번역하여 유인물을 준비합니다. 듀얼 스크린(dual screens)을 사용하여 각 언어로 된 두 개의 똑같은 슬라이드를 띄울 때도 많습니다. 이것은 준비하는 데 시간이 많이 걸리고, 비용도 많이 들지만 가장 좋은 방법입니다.

Q. 20분의 프레젠테이션에는 몇 장의 슬라이드가 적당할까요?

이런 생각은 구식입니다. 20분 동안 슬라이드 1장으로 이야기할 수도 있고, 45장의 슬라이드를 보여 줄 수도 있습니다. 중요한 것은 20분 동안 프레젠테이션을 해야 한다는 사실입니다!

맺음말

최근 몇 년 동안 어떤 생각을 버리거나 새로 얻지 않았다면, 맥박을 확인해보라.
당신은 죽었을지도 모른다. | 젤레트 버기스 |

이 말은 이 책의 핵심을 다시 한 번 확인해 준다. 모든 프레젠테이션은 고객에게 초점을 맞춰야 하고 그들의 요구를 만족시켜야 하며, 오늘날의 역동적이고 경쟁이 심한 시장에서 이를 제대로 해내려면 프레젠테이션의 방식은 지금과 바꿔어야 한다. 알다시피 아무리 고함을 쳐도 설득에는 효과가 없으며, 이 책의 방식이 상대를 설득하는 격식 있는 방법이 될 수 있을 것이다. 우리가 이 책에서 주장하는 방식은 일상적인 글머리 기호 스타일 프레젠테이션과 비교하면 확실히 '격식이 있지만', 이것은 핵심이 아니다. 물론 보기에 더 좋은 것은 사실이지만 제대로 방향 설정을 하고 초점을 잘 맞추었을 때, 그리고 '이 프레젠테이션의 목적이 무엇인가?'라는 질문에 고객 중심의 구체적인 목표에 대해 명확하게 답할 수 있을 때만 효과를 발휘한다.

여기서 명확해지는 것은 목표가 핵심이라는 사실이다. m62가 제작하는 모든 프레젠테이션에서는 이 사실을 실천하는 것만이 중요하다. 사실 우리는 명확한 목표를 갖는 것에 대해 거의 종교적인 열정을 가지고 있다. 클라이언트에게 조언을 할 때도 마찬가지다. 그러니 여기에서 메시지는 무엇인가? 이 책이 달성하고자 하는 목표는 무엇인가?

가장 간단히 말하면 이 책의 목표는 다음과 같다. 프레젠테이션, 특히 파워포인트 프레젠테이션에 대한 당신의 생각을 바꾸는 것이다.

사실 이 목표는 너무 일반적이다. 그리고 우리의 목표는 이것을 넘어선다. 우리는 관행을 바꾸고 더 좋은 결과를 만들어내고자 한다. 당신은 지금까지 파워포인트를 다룬 방식에 대해 꽤 만족했을 수도 있지만, 이제 생각을 바꾸었을 것이고 예전의 방식대로라면 모든 가능성을 최대한 활용하지 못한다는 것을 깨달았을 것이다. 당신이 특별히 뛰어난 재능을 갖고 있지 않는 한, 이것이 첫 단계이며 우리의 목표는 이 방식으로 당신의 생각을 바꾸는 것이다. 우리 또한 우리의 방법만이 파워포인트를 효율적으로 이용하는 유일한 방법이라고 주장할 만큼 거만하지는 않다.

이에 더해, 우리는 당신이 이 책에 펼쳐진 메시지를 출발점으로 삼아 시간이 흐른 뒤에 더 많은 가능성을 활용할 수 있기를 바란다. 그리고 두 가지를 실천하라.

1. 최근의 프레젠테이션을 꺼내 내용을 비판해 보라. 객관적인 눈으로 평가하고 질문해 보라. 목표가 명확했는가? 혹은 단순히 무엇에 '대한' 프

레젠테이션이었는가? 메시지를 얼마나 잘 전달했으며 청중의 주목을 어떻게 유도하고 유지했는가? 성공적인 결과를 얻은 프레젠테이션을 선택했을 수도 있는데 당신이 직접 발표했던 경우라면 그럭저럭 넘어갈 수도 있겠지만 당신은 사실 더 잘할 수도 있었다. 스스로에게 물어야 할 핵심은 이것이다. 프레젠테이션이 더 좋을 수도 있었는가? 당신의 목표를 더 잘 달성할 수 있었고, 좀 더 확실하게 그 목표를 이룰 수도 있지 않았을까?

2. 이 질문의 결과 부족한 부분을 발견했다면, 다음 프레젠테이션을 준비할 때는 좀 더 의식적으로 접근하라. 이 책이 보여 준 접근방식은 가이드이자 템플릿이 되어 줄 것이다. 새로운 접근법이 당신의 다음 프레젠테이션을 더 좋게 만들어 준다면 아마도 당신은 그 성공을 반복하고 싶을 것이다. 당신은 분명히 다음 프레젠테이션에서는 더 잘할 수 있다.
의식하지도 않은 채 과거의 아이디어와 방법을 재사용하기만 하는 일상화된 프레젠테이션 준비 방식에서 일단 벗어나기만 하면, 당신은 발전할 수 있는 새로운 길을 연 것이나 다름없다. 이렇게 하면 청중은 더욱 만족할 것이고 당신은 원하는 결과를 더 잘 얻어낼 수 있을 것이다.

이 접근법은 마술 같은 것이 아니다. 이 책이 말하는 요소들을 활용하는 것은 근본적으로 상식적인 범주에 속한다. 이 접근법은 수많은 시도와 실험을 거쳤다. 이것은 전 세계의 수많은 조직에 속한 사람들에게 효과가 있었으며, 당신에게도 효과가 있을 것이다. 이 접근법은 시간과 노력을 들여 이해할 만한 가치가 충분히 있다.

다음과 같은 인용구를 잊지 말라. '프레젠테이션은 열린 목표의 비즈니스적인 형태이다.' 맞는 말이다. 목표는 끊임없이 계속 달성되어야 한다. 효과적인 프레젠테이션은 즉흥적으로 성공하거나 운이 좋아서 되는 일이 아니다. 그러므로 행운을 빌겠다는 말로 끝맺지는 않겠다. 당신만의 킬러 프레젠테이션을 창조할 수 있는 기반이 여기 있으니, 그것을 활용하여 성공하길 바란다.

 인상적인 프레젠테이션을 넘어 효과적인 커뮤니케이션으로!

프레젠테이션이 끝난 후 청중이 그래픽에 대해 이야기한다면 당신의 프레젠테이션은 실패한 것이다. 그런데 만약 청중이 정보를 담은 매체가 아니라 그 내용이나 그 안의 주장을 이야기한다면 당신은 곧 긍정적인 의사결정을 얻을 수 있을 것이다.

좋은 프레젠테이션의 정의는 '메시지를 전달하는 프레젠테이션'이다. 다른 것은 중요하지 않다.

청중에게 강한 인상을 주는 것도 물론 중요하지만, 프레젠테이션의 목적은 커뮤니케이션이므로 '인상적인 프레젠테이션을 넘어 효과적인 커뮤니케이션으로!'는 마땅히 우리의 킬러 아이디어 중 하나이다.

찾아보기

| ㄱ |

가로축	192
가르치기	93
가치 제안	105, 112
강조하기	154
강조하기 효과	216
개체 선택하기	208
게시	281
게티즈버그 연설	46
계층 구조	265
공감	103
관련성	257
교육	85, 91
교육 프레젠테이션의 구조	94
교육 프레젠테이션의 속도	95
구체적인 세일즈 프레젠테이션	54
그래서요? 게임	114

그래프	169, 188, 220
그래프 규칙	205
그림 압축	163
글머리 기호 목록	32, 68
글머리 목록의 슬라이드	56
글자 규칙	203
글자 크기 조정하기	211
기본 개념	92
기본 청각 저장소	249
기억력	244
기억의 우선순위	260
기업 ID	198
끝내기 효과	217

| ㄴ |

| 나쁜 프레젠테이션 | 30 |
| 나타내기 효과 | 216 |

내면의 귀	249
내면의 눈	249
내면의 목소리	248
내용	61
눈금 및 안내선	212
능동적 연상기호 절차	252
니콜라스 아울튼	5

| ㄷ |

다이어그램	156
단기 기억	247
단순 반복	255
단순하게 만들기	191
닫힌 질문	97
대규모 그룹 프레젠테이션	238
대문자로 바꾸기	211
대비	196
덩어리 묶기	254
도식	158
동기부여	86, 92
듀얼 스크린	282
디자인	62
디자인 서식	199
디자인의 목적	182
디자인 템플릿	199

| ㄹ |

라인 다이어그램	175
라인 차트	175
레이아웃 규칙	205

| ㅁ |

마름모	157
마우스 오른쪽 단추 사용	211
마우스 키트	278
마이크로소프트 오피스 애플리케이션	277
마케팅 커뮤니케이션	194
망각곡선	246
매트릭스	160
머독	260
멀티미디어	141, 178
메시지 전달	66
메이어	259
목표 설정	80
물리적인 장애	73
미디어의 두 얼굴	177
밀러	247

| ㅂ |

바 차트	173
바우어	255
바퀴 모양	219
반복되는 개체	220
반복되는 슬라이드	220

발표자	62, 72, 224	소프트 스킬	86
발표자에게로 이끌기	228	수동적 연상기호 절차	253
발표자의 수준	226	스마트폰	275
발표자의 언어	229	스스로 설명하는 슬라이드	57
발표자의 역할	224	스스로 설명하지 않는 슬라이드	58
발표자의 적	61	슬라이드를 즉시 불러내는 방법	51
방사형 구조	267	시각 장치	148
배들리	248	시각적 열쇠	193
버블 차트	175	시각적 이어짐	166
범례 항목 표시	191	시각적 인지 부조화의 효과	250
벤 다이어그램	157	시각화	60, 117, 133, 259
복합적 개념	92	시공간 스케치판	249
브랜딩	195	신뢰	103, 106
비즈니스에서의 비디오 활용법	67, 70	실제 메시지	186
비판적으로 생각하기	70		
빠른 실행 도구 모음	207	**｜ㅇ｜**	
		애니메이션	62
｜ㅅ｜		애니메이션의 규칙	214
사운드	178	애니메이션의 네 가지 유형	215
사진 크기	163	애니메이션의 목적	213
산세리프체	205	애니메이션이 머물 시간	215
서술 연상작용	261	약자	204
설득	85, 100	언어	92
세로축	192	에빙하우스	245
세리프체	204	엑셀 그래프 불러오기	176
세일즈 프레젠테이션 과정	102	열린 질문	97
세일즈 프레젠테이션 구조	109	오락	85
소프트 브레이크	74	완성하기	149

워드아트	201	조직화	263
유인물	239	좋은 디자인	195
유인물 만들기	281	좋은 프레젠테이션	30
음운 고리	248	주 배경	200
응용방안 찾기	77	주목체계	250
의도된 메시지	187	주의 집중 전략	76
의사소통 기술	261	주제	73
이동경로 효과	217	중앙 집행기	249
이야기 서술법	261	지도	164
이중 기호화	259	직선 구조	264
이중 매체	141	집중시간	72
이해	92	집중시간에 영향을 주는 요소	73
인용문을 발표하는 방법	232	집중을 연장하기 위한 전략	74
일대일 프레젠테이션	237		
일반적인 세일즈 프레젠테이션	53		ㅊ	

		청각 연상작용	262
	ㅈ		청중	73
자동 고침 옵션	210	청중의 목표	89
작동 기억	247	청중의 시선	148
작동 기억 모델	250	청중의 집중을 이끄는 방법	228
장기 기억	246	초기 의사결정	77
전문용어	229	축약	229
정교한 반복	255		
정당화	107		ㅋ	
정보 전달력	184	캡처 화면	165
정보의 양	192	커뮤니케이션에서 발생하는 문제	186
제목 배너	200	케어 맵	151
제임스	246	큐카드	68, 122

클립아트	129	프레젠테이션의 목적	100
키 조합하여 사용하기	209	프레지	274
키노트	272	플로차트	176, 218
킬러 슬라이드	112	피라미드	159
킬러 슬라이드의 위치	110	피터 노르빅	46
킬러 프레젠테이션	126		

ㅎ	
하드 브레이크	74
하드 스킬	24
학습 피라미드	93
한컴 오피스 뷰어	277
해상도	163
행렬 구조	266
허점 찾기	78
혜택	105, 110
화면 전환	221
화면으로 이끌기	228
화살표	218
확대하기	154
확산 활성화 구조	266
효과적인 기억법	269
흐리게 하기	152
흩뿌리기 구성	174

ㅌ	
타이밍 전략	76
타이틀 바	167
타이틀 배경	200
털빙	263
통합 마케팅 커뮤니케이션	195
특성	105
팀뷰어	279

ㅍ	
파워포인트	28, 44
파워포인트 템플릿	199
파워포인트의 인지적 방식	45
파이 차트	173
평가	241
폰트 정보	201
폴라리스 오피스	276
프레젠테이션 디자인	182
프레젠테이션 상황	237
프레젠테이션 센세이션	46
프레젠테이션 준비 과정	137

A~Z	
Achievable	83
Alt 키	209
attention span	70

B 키	50	organization	263
Baddeley	248	Prezi	274
Bower	255	RAS	251
build up	149	Realistic	83
Ctrl 키	209	segue	166
cue card	68	Shift 키	169
Dual encoding	259	Short Term Memory	246
dual screens	282	SMART한 목표	82
DVD	234	soft skill	25
Ebbinghaus	245	Specific	82
F1	52	Teaching	93
Fade down	152	Timed	83
GE 맥킨지 매트릭스	160	Tulving	263
hard skill	25	W 키	50
Highlight	154	wmv	234
IPD	77	Working Memory	247
James	246	Zoom-in	154
keynote	272		
Long Term Memory	246		기타		
m62 비주얼커뮤니케이션	5	2차원 프레젠테이션	145
m62 프레젠테이션	122	2D 모델	161
Mayer	259	3D 모델	161
Measurable	82	3D 바 차트	175
Miller	247	4차원 프레젠테이션	145
MS 오피스 애플리케이션	277	4D 모델	161
Murdock	260	72dpi	163
Narrative Story Method	261		
OHP 필름 방식	34		

킬러 프레젠테이션
KILLER PRESENTATION
Using Bible

2017년 7월 5일 개정판 1쇄 인쇄
2017년 7월 12일 개정판 1쇄 발행

지은이 | 니콜라스 B. 아울튼
옮긴이 | 이경
펴낸이 | 이준원
펴낸곳 | (주)황금부엉이

주소 | 서울시 마포구 양화로 127 (서교동) 첨단빌딩 5층
전화 | 02-338-9151
팩스 | 02-338-9155
인터넷 홈페이지 | www.goldenowl.co.kr
출판등록 | 2002년 10월 30일 제 10-2494호

Additional Contents Writer | 강현주
전략마케팅 | 구본철, 차정욱, 나진호, 이동후, 강호묵
제작 | 김유석

ISBN 978-89-6030-487-1 13000

* 값은 뒤표지에 있습니다.
* 잘못된 책은 구입하신 서점에서 바꾸어 드립니다.
* 이 책은 신저작권법에 의거해 한국 내에서 보호를 받는 저작물이므로 무단 전재 및 복제를 금합니다.
* 이 책은 『킬러 프레젠테이션 Using Bible』의 장정개정판입니다.

> 황금부엉이에서 출간하고 싶은 원고가 있으신가요? 생각해보신 책의 제목(가제), 내용에 대한 소개, 간단한 자기소개, 연락처를 book@goldenowl.co.kr 메일로 보내주세요. 집필하신 원고가 있다면 원고의 일부 또는 전체를 함께 보내주시면 더욱 좋습니다. 책의 집필이 아닌 기획안을 제안해 주셔도 좋습니다. 보내주신 분이 저 자신이라는 마음으로 정성을 다해 검토하겠습니다.